CW01511708

GUÉRIR À DEUX VOIX

Professeur émérite de psychiatrie à Stanford, Irvin D. Yalom est l'auteur, entre fiction, philosophie et psychothérapie, de nombreux essais, romans ou récits, best-sellers dans le monde entier, dont *La Méthode Schopenhauer, Le Bourreau de l'amour, Le Jardin d'Épicure, En plein cœur de la nuit, Le Problème Spinoza* (lauréat du Prix des lecteurs du Livre de Poche en 2014), ou encore *Créatures d'un jour* et *Comment je suis devenu moi-même.*

IRVIN D. YALOM
et GINNY ELKIN

Guérir à deux voix

TRADUIT DE L'ANGLAIS (ÉTATS-UNIS)
PAR DOMINIQUE LETELLIER ET BARBARA ARRIGHI

ALBIN MICHEL

Titre original :

EVERY DAY GETS A LITTLE CLOSER
Publié avec l'accord de Basic Books, an imprint of Perseus Books LLC,
a subsidiary of Hachette Book Group, Inc., New York, États-Unis.

Première traduction française parue sous le titre :
Dans le secret des miroirs
chez Galaade éditions en 2011.

ISBN : 978-2-253-23887-4 – 1re publication LGF

Préface

Il est vrai que les ouvrages traitant de psychothérapies réussies ne manquent pas. Depuis le début du siècle, de plus en plus de psychiatres choisissent de publier les récits de cas exceptionnels pour défendre leur méthode, et les patients, pour ne pas être en reste, exposent également leur version de la thérapie. Ce livre est unique, parce qu'il retrace le cheminement d'un traitement du point de vue à la fois du patient et du psychiatre, à travers leur relation, délicate et complexe, mais aussi très importante personnellement pour chacun d'eux.

Cet ouvrage est le fruit d'une expérience entreprise par mon mari, le Dr Irvin Yalom, de l'université de Stanford, et l'une de ses patientes, que nous appellerons Ginny. À l'automne 1970, mon mari décida qu'il n'était pas souhaitable pour Ginny de continuer une thérapie de groupe, menée par l'un de ses collègues et lui, puisqu'elle n'avait presque pas progressé dans ce cadre depuis un an et demi. Il lui suggéra donc une thérapie individuelle. Comme Ginny souffrait, entre autres, du « syndrome de la page blanche » – grave handicap quand on souhaite devenir romancière –, le Dr Yalom lui proposa de payer son traitement sous forme de comptes rendus de séances, ce qui devait également stimuler sa capacité à écrire. Il décida de consigner lui aussi leurs rencontres hebdomadaires, et il fut convenu que les deux parties échangeraient ces comptes rendus tous les six mois, dans l'espoir de tirer des bénéfices thérapeutiques du procédé. Pendant les deux années qui suivirent, médecin et patiente notèrent, chacun de leur côté, leurs souvenirs de l'heure passée ensemble, ajoutant souvent des réflexions, des interprétations, des émotions et des associations d'idées qui n'avaient pas été exprimées pendant la séance.

Bien que mon mari évoque très peu ses patients avec moi, j'ai eu la primeur de certaines de ses pensées concernant Ginny, alors qu'il réfléchissait à cette méthode, espérant l'encourager à écrire. Comme je suis professeure de littérature, il savait que ce projet serait d'un grand intérêt pour moi. Je lui ai donc suggéré de conserver précieusement, et ce, jusqu'à la fin de la thérapie, les deux ensembles de comptes rendus, afin de pouvoir décider ensuite s'ils gagnaient à être connus. Secrètement, je me demandais déjà s'ils ne pourraient pas un jour faire l'objet d'une publication, une œuvre épistolaire d'un genre nouveau, avec ses deux personnages et leur style bien à eux.

C'est donc avec un intérêt tout particulier que, deux ans plus tard, je me suis plongée pour la première fois dans la lecture de ce manuscrit. Par mon enthousiasme, et celui d'autres lecteurs moins biaisés, j'ai réussi à convaincre les auteurs de publier leurs textes. Si des changements ont été nécessaires pour protéger l'identité de la patiente et adapter à l'écrit les notes prises oralement par le Dr Yalom, les mots sont pour l'essentiel ceux des comptes rendus originaux. Aucune pensée supplémentaire, aucun événement fictif n'ont été greffés au drame symbiotique de la psychothérapie. Aucune réflexion importante n'a été ajoutée ni retirée au récit du médecin, à ceci près que quelques enregistrements ont été malencontreusement égarés. En dehors de quelques corrections stylistiques mineures, les comptes rendus de Ginny sont presque inchangés.

Des lecteurs ayant suggéré que le manuscrit était, en l'absence d'explications, difficile à appréhender, et d'autres s'étant enquis de ce qu'était devenue Ginny après la thérapie, le Dr Yalom et Ginny ont rédigé, un an et demi après leur dernière séance, un avant-propos et une postface, afin d'apporter les informations et les clarifications nécessaires, tant personnelles que théoriques. Je reste malgré tout convaincue que l'essentiel du livre peut se lire comme un roman, comme l'histoire de deux êtres humains qui se rencontrent dans l'intimité du tête-à-tête psychiatrique – et nous autorisent à faire leur connaissance, comme cela a été le cas entre eux.

Marilyn YALOM,
le 20 février 1974

Avant-propos du Dr Yalom

J'ai toujours un pincement au cœur en retombant sur d'anciens agendas remplis de noms à moitié oubliés de patients avec qui j'ai pourtant vécu des expériences si profondes. Tant de gens, tant de moments précieux ! Que leur est-il arrivé ? Mes nombreux classeurs, mes montagnes de cassettes m'évoquent souvent un vaste cimetière : des vies compressées dans des dossiers bien nets, des voix piégées sur des bandes magnétiques qui rejouent éternellement leur tragédie. Vivre avec ces vestiges me rappelle à quel point tout est éphémère. Même si je m'immerge dans le présent, je sens le spectre qui veille et attend : celui de la désagrégation qui finira par vaincre le vécu, mais qui pourtant, par son inexorabilité même, est poignante et belle à la fois. Ma volonté de relater mon expérience avec Ginny était intense ; j'étais fasciné à l'idée de repousser cette désagrégation, de prolonger notre temps passé ensemble, bien trop court, d'autant que celui-ci existerait désormais dans l'esprit du lecteur plutôt que dans ce triste entrepôt de notes jamais relues et de bandes jamais écoutées.

L'histoire commence par un coup de téléphone. Un brin de voix me dit qu'elle s'appelle Ginny, qu'elle vient tout juste d'arriver en Californie, après avoir suivi une thérapie avec une collègue, qui me l'adresse. Tout juste de retour d'une année sabbatique à Londres, j'ai moi-même assez de temps libre pour lui donner rendez-vous deux jours plus tard.

Je l'accueille dans la salle d'attente et la conduis dans mon cabinet. Je marche le plus lentement possible; telle une épouse orientale, elle me suit sans bruit à quelques pas. Dans son apparence, rien n'est accordé – ses cheveux, son sourire, sa voix, sa démarche, son pull, ses chaussures… tout cela semble avoir été assemblé au hasard, sans aucune cohérence – son jean déchiré, ses chaussettes militaires, même ses cheveux et ses membres ! Que reste-t-il ? Son sourire peut-être. Un tableau pas vraiment harmonieux, même en recollant tous les morceaux. Elle est cependant aussi attirante qu'intrigante. En quelques minutes, elle réussit à me faire savoir qu'elle est à ma disposition, et s'en remet totalement à moi. Je ne suis pourtant pas inquiet. À ce stade, le fardeau ne me semble pas si lourd à porter.

Elle parle, et j'apprends que cette fille d'un ancien chanteur d'opéra et d'une femme d'affaires de Philadelphie a vingt-trois ans, une sœur de quatre ans sa cadette et un don pour l'écriture. Elle est venue en Californie car elle a été admise par une université de la région dans un cours d'écriture créative d'un an, après avoir envoyé ses nouvelles.

Pourquoi a-t-elle besoin d'aide ? Elle m'explique vouloir continuer sa thérapie entamée l'an passé et, de manière confuse et décousue, me raconte peu à peu quelles sont ses principales difficultés dans la vie. À mesure qu'elle parle, j'identifie, en plus de ses plaintes explicites, plusieurs autres problèmes majeurs.

Elle commence par son autoportrait : vite brossé, sans presque reprendre son souffle, litanie autodestructrice ponctuée de quelques charmantes métaphores. Masochiste en tout, elle a toute sa vie négligé ses propres besoins et ses plaisirs. Elle n'a aucun respect pour elle-même et se voit comme un esprit désincarné – un canari pépiant et sautillant de-ci, de-là, d'épaule en épaule, tandis que ses amis et elle marchent dans la rue. Elle s'imagine ne présenter d'intérêt pour les autres qu'en tant que feu follet éthéré.

Elle n'a aucune idée de qui elle est. Elle dit : « Je dois me préparer chaque fois que je vois du monde. Je prévois tout ce que je vais dire. Je n'ai pas de sentiments spontanés – enfin, si, mais dans une sorte de petite cage. Chaque fois que je sors, j'ai peur et je dois m'y préparer. » Elle ne reconnaît pas sa colère, pas plus qu'elle ne l'exprime. « J'ai beaucoup de pitié pour les gens. J'incarne ce cliché ambulant : "Si tu n'as rien à dire de gentil sur quelqu'un, ne dis rien." » Elle se souvient de la seule fois où elle s'est mise en colère au cours de sa vie d'adulte : elle s'était rebiffée contre un collègue qui lui donnait des ordres avec insolence. Elle en avait ensuite tremblé pendant des heures. Elle n'a pas le droit. Jamais il ne lui vient à l'esprit de se fâcher. Elle songe tant à se faire aimer des autres qu'elle ne se demande jamais si elle aime les autres.

Elle n'est que mépris de soi. Une petite voix la rappelle sans cesse à l'ordre. Si elle s'oublie un instant pour jouir de sa vie spontanément, la petite voix vouée à supprimer tout plaisir la ramène bien vite à son cercueil de gêne.

Durant l'entretien, elle ne peut se permettre la moindre fierté. À peine a-t-elle mentionné le cours d'écriture créative dans lequel elle a été admise qu'elle dit y être venue par paresse : elle en a entendu parler et ne s'y est présentée que parce qu'on n'exige pas de dossier compliqué, juste l'envoi de quelques nouvelles qu'elle a écrites deux ans plus tôt. Elle ne me dit pas, bien sûr, que ses écrits devaient être de qualité pour qu'elle soit acceptée. Sa production littéraire s'est peu à peu réduite, et elle souffre maintenant d'un grave blocage.

Tous ses problèmes existentiels se reflètent également dans sa relation avec les hommes. Elle a beau vouloir désespérément connaître une relation durable, jamais elle n'y est parvenue. À vingt et un ans, elle est passée sans transition d'une puberté innocente à des relations sexuelles avec plusieurs hommes (elle était incapable de dire « Non ! »), et elle se lamente de s'être jetée dans les chambres à coucher sans connaître l'anti-chambre adolescente des rendez-vous et des caresses. Si elle aime être proche d'un homme physiquement, elle est pour autant incapable de se libérer sexuel-lement. Elle a fait l'expérience de l'orgasme par la masturbation, mais sa petite voix intérieure l'empêche de l'atteindre avec un partenaire.

Ginny parle peu de son père. La présence de sa mère, en revanche, est imposante. « Je suis le pâle reflet de ma mère », murmure-t-elle. Elles ont toujours été extrêmement proches. Ginny lui dit tout. Elle se souvient qu'elles lisaient ensemble les lettres d'amour de Ginny, et en riaient. Ginny a toujours été mince. Depuis son enfance, elle a eu de nombreux troubles alimentaires et, au début de l'adolescence, pendant plus d'un an, elle a si souvent vomi, avant le petit déjeuner, que sa famille en était venue à considérer que ça faisait partie de son hygiène matinale. Elle a toujours mangé beaucoup mais avec de grandes difficultés pour avaler la nourriture. « Je pouvais manger tout un repas et, à la fin, me rendre compte qu'il était encore entièrement dans ma bouche ; je devais alors l'avaler d'un coup. »

Elle fait d'horribles cauchemars durant lesquels quelqu'un la viole, c'est en général une femme, mais parfois aussi un homme. Elle souffre aussi d'un rêve récurrent dans lequel soit elle est une grosse poitrine à laquelle s'accroche une grappe d'individus, soit c'est elle qui s'accroche à un sein énorme. Près de trois ans plus tôt, elle a commencé à faire des cauchemars effrayants, où il est difficile pour elle de savoir si elle dort ou si elle est éveillée. Elle sent que des gens la regardent par la fenêtre et la touchent ; dès qu'elle commence à éprouver du plaisir sous leurs caresses, celui-ci se transforme en douleur, comme si on lui arrachait les seins. Pendant ces rêves, elle entend toujours une voix lointaine qui lui rappelle que rien de tout ça n'est réel.

La séance terminée, je me sens très inquiet pour Ginny. En dépit de nombreux points forts – un charme discret, une sensibilité profonde, de l'humour, un sens du comique très développé, un don remarquable pour les images –, où que je regarde, je trouve une pathologie : trop de matériau primitif, des rêves obscurcis par la frontière réalité-fantasme, mais surtout une personnalité étrangement diffuse. Enfin, les « frontières de son ego » sont très floues. Elle semble imparfaitement différenciée de sa mère, et ses troubles alimentaires suggèrent une tentative, aussi piètre que pathétique, pour se libérer. Je pense qu'elle se sent piégée entre les terreurs de la dépendance infantile, qui nécessitent le renoncement du moi avec une stagnation permanente, et un progrès vers une autonomie qui, sans un profond sens du moi, semble d'une solitude insurmontable.

Je ne me préoccupe jamais trop de poser un diagnostic, mais je sais qu'à cause des frontières floues de son ego, de son autisme, de sa vie onirique, de l'inaccessibilité de ses affects, la plupart des médecins lui auraient attaché l'étiquette de « schizoïde » ou peut-être de « *borderline* » : un « cas limite ». Elle est gravement perturbée, et je sens qu'une thérapie sera longue et hasardeuse. Il me semble que son inconscient ne lui est déjà que trop familier ; je dois donc la guider vers la réalité plutôt que de l'escorter plus profondément encore dans ce monde souterrain. Il se trouve qu'au moment où nous nous rencontrons, je suis justement en train de constituer un groupe de thérapie que mes étudiants devront suivre dans le cadre de leur formation et comme j'ai, par le passé, obtenu de bons résultats en thérapie de groupe avec des individus posant des problèmes similaires à ceux de Ginny, je lui propose d'intégrer celui-ci. Elle a d'abord quelques réticences ; l'idée d'être avec d'autres lui plaît, mais elle craint de se sentir enfant, parmi eux, et de ne jamais être en mesure d'exprimer ses pensées les plus intimes. C'est typique de ce que redoute tout nouveau patient dans un groupe. Je la rassure donc : à mesure que sa confiance s'accroîtra, elle pourra partager ses sentiments avec les autres. Hélas, comme nous le verrons, ce qu'elle avait pressenti de son comportement ne se confirmera que trop.

Au-delà des considérations pratiques liées à la formation d'un groupe et à la recherche de patients, j'ai des réserves quant à ma capacité à traiter Ginny individuellement, en particulier parce que l'admiration qu'elle semble me porter me gêne, une admiration qu'elle a déposée sur mes épaules comme un manteau, à peine entrée dans mon cabinet. Voici le rêve qu'elle a fait la nuit précédant notre rencontre : « J'avais une diarrhée sévère et un homme allait m'acheter des médicaments sur lesquels était inscrit "Rx". Je me disais que je ferais mieux de prendre du Smecta, parce que c'est moins cher, mais il voulait absolument que j'achète le médicament le plus cher possible. » Sa confiance en moi vient en partie de son ancienne thérapeute, qui a chanté mes louanges, en partie de mon statut également, pour le reste je ne sais pas. Je soupçonne qu'une admiration aussi extrême pourrait être un handicap dans une thérapie individuelle, et j'imagine que la participation de Ginny à une thérapie de groupe lui permettra de me voir à travers les yeux de nombreux patients. De plus, la présence d'un cothérapeute pourrait lui donner la possibilité d'aboutir à une opinion plus équilibrée.

Le premier mois au sein du groupe n'apporte rien à Ginny. Des cauchemars terrifiants interrompent chacune de ses nuits. Elle rêve que ses dents sont en verre et sa bouche ensanglantée. Un autre cauchemar reflète la sensation qu'elle a de devoir me partager avec le reste du groupe. « Alors que j'étais allongée, prostrée, sur la plage, quelqu'un m'a ramassée et emmenée jusqu'à un chirurgien qui devait m'opérer du cerveau. Deux membres de l'équipe médicale tenaient et guidaient les mains du docteur, ce qui conduisit à ce qu'il coupe accidentellement une partie du cerveau qu'il n'aurait pas dû toucher. » Dans un autre rêve, nous nous trouvons tous deux à une réception, et nous finissons par rouler dans l'herbe en un jeu sexuel.

Au bout de ce premier mois, mon cothérapeute et moi tombons d'accord : une réunion hebdomadaire en groupe ne suffit pas pour Ginny ; il est nécessaire de mettre en place une thérapie individuelle de soutien, pour éviter que la jeune femme ne décompense et pour l'aider à surmonter les premiers stades difficiles de la thérapie de groupe. Elle exprime son souhait de me voir également seule à seul, mais je considère alors qu'il serait plus compliqué qu'efficace de la traiter à la fois individuellement et dans le groupe. Je la réfère donc à un autre psychiatre de notre clinique, qu'elle voit deux fois par semaine pendant neuf mois, tout en continuant ses séances de thérapie de groupe, pendant environ dix-huit mois. Ce médecin note que Ginny est « entravée par des fantasmes sexuels masochistes effrayants et des processus de pensée manifestement *borderline* schizophrène ». Il a tenté, par sa thérapie, de « soutenir son ego et de se concentrer sur l'expérience de la réalité et des distorsions dans ses relations interpersonnelles ».

Ginny assiste religieusement aux séances de thérapie de groupe, n'en ratant que quelques-unes, et ce même quand, au bout d'un an, elle déménage à San Francisco, ce qui exige d'elle de longs trajets en transports en commun. Bien qu'elle soit très soutenue par le groupe pendant tout ce temps, elle ne progresse pas réellement. On peut même dire que peu de patients, face à des résultats aussi peu probants, auraient fait montre d'une telle persévérance. Il est d'ailleurs possible que Ginny continue à venir uniquement pour rester en contact avec moi. Elle persiste dans sa conviction que je suis le seul à pouvoir l'aider. Ses thérapeutes et les membres du groupe l'observent fréquemment. À maintes reprises, ils émettent l'idée que Ginny a peur de changer, puisqu'une amélioration de son état signifierait qu'elle me perdrait. Ce n'est donc qu'en restant un cas désespéré qu'elle peut garantir ma présence. Il n'y a en tout cas aucun progrès. Elle demeure tendue, renfermée sur elle-même et souvent incapable de communiquer. Elle intrigue. Quand elle parle, par exemple, elle fait preuve d'une grande intuition et parvient à aider les autres. Un des hommes du groupe tombe profondément amoureux d'elle, les autres rivalisent d'astuces pour attirer son attention, mais jamais elle ne se dégèle. Elle reste au contraire figée de terreur, incapable d'exprimer librement ses sentiments ou d'interagir avec les autres.

Durant ces dix-huit mois, deux cothérapeutes m'assistent tour à tour, deux hommes animant chacun leur tour le groupe pendant environ neuf mois. Leurs observations sur Ginny reflètent assez bien les miennes : « Éthérée… mélancolique… aborde la thérapie comme une distraction… jamais la réalité n'a pleinement mobilisé ses énergies… une "présence" dans le groupe… un transfert torturé au Dr Yalom qui résiste à tout effort d'interprétation… tout ce qu'elle fait dans le groupe est évalué à la lumière de l'approbation ou de la réprobation du Dr Yalom… alterne entre une personnalité extraordinairement sensible et réactive et une personnalité absente… un mystère dans le groupe… une schizophrène *borderline* qui jamais ne s'est approchée de la psychose… schizoïde… trop consciente du processus primaire… »

Pendant la période où elle suit la thérapie de groupe, Ginny continue de chercher d'autres méthodes pour s'échapper du donjon de conscience de soi qu'elle s'était construite. Elle se rend fréquemment à Salin et dans d'autres centres de développement personnel de la région, pour des cures « éclair » avec des techniques de confrontation destinées à changer instantanément ceux qui viennent. Ginny choisit de participer à un marathon nue pour surmonter sa pudeur, à des séances de karaté psychologique pour dépasser ses réserves et son manque d'affirmation, et tente même la stimulation vaginale à l'aide d'un vibromasseur pour réveiller un orgasme dormant – le tout en vain ! Excellente actrice, elle peut sans peine jouer un rôle sur scène. Hélas, aussitôt la représentation terminée, elle se débarrasse de son nouveau personnage comme d'une cape, et ressort du théâtre avec les mêmes vêtements que ceux qu'elle portait à l'arrivée.

Comme prévu, au bout d'un an, la bourse qu'avait obtenue Ginny ne lui est plus versée. Ses économies épuisées, elle doit donc trouver du travail. Puisqu'un emploi à temps partiel se révèle inconciliable avec les horaires de la thérapie, après des semaines de torture psychologique, Ginny nous informe qu'elle doit quitter le groupe. Vers la même époque, mon cothérapeute et moi sommes arrivés à la conclusion qu'il est peu probable que la thérapie de groupe soit concluante pour elle, et je lui propose que nous nous rencontrions pour discuter de l'avenir. Il est évident qu'elle a besoin de continuer une thérapie. Si son appréhension de la réalité s'est affermie, si les nuits monstrueuses et ses cauchemars éveillés se font désormais plus rares, si elle vit désormais avec un jeune homme, Karl, et si elle s'est constitué un groupe d'amis, elle ne jouit pourtant de la vie qu'avec une fraction de son énergie. Son démon intérieur, cette petite voix qui lui interdit tout plaisir, la tourmente sans relâche, et elle continue à vivre hantée par sa peur des autres. Sa relation avec Karl, la plus intime dont elle a jamais fait l'expérience, est en réalité une grande source de souffrance. Elle a beau l'aimer, elle est convaincue que les sentiments du jeune homme pour elle sont soumis à tant de conditions que le moindre mot de travers de sa part, le moindre geste déplacé joueraient contre elle. Elle ne tire donc que peu de plaisir de ce qu'elle partage avec lui.

J'envisage alors d'envoyer Ginny, pour une thérapie individuelle, dans une clinique publique de San Francisco (elle n'a pas les moyens de se payer un thérapeute privé), mais j'éprouve de nombreux doutes. Les listes d'attente sont en effet longues et les thérapeutes manquent parfois d'expérience. Surtout, la foi que Ginny a en moi a trouvé un écho dans mon fantasme du « sauveur », me convainquant presque que je suis le seul capable de lui venir en aide ! J'ai, qui plus est, un côté buté : je déteste renoncer et admettre que je ne peux rien faire pour un patient.

Je ne suis donc pas surpris de m'entendre lui proposer de continuer à la traiter, bien que je souhaite à tout prix casser l'engrenage des thérapies précédentes. Nombre de collègues ayant déjà échoué, il me faut concevoir une approche qui ne reproduira pas les erreurs du passé et me permettra d'exploiter, pour le bien de la thérapie, le puissant transfert positif qu'elle a fait sur moi. Une description détaillée de mon projet thérapeutique et de la rationalisation théorique de mon approche se trouve dans la postface de ce livre. Je me contenterai donc ici d'en commenter un aspect : le stratagème audacieux dont découlent les pages qui suivent. Je décide de demander à Ginny, en guise de paiement, d'écrire un compte rendu sincère au sortir de chaque séance, et d'y inclure, non seulement ses réactions à ce qui s'est passé, mais aussi une description de la vie souterraine de la séance, une sorte de note des tréfonds – toutes les pensées et tous les fantasmes que notre échange verbal aurait fait émerger. Je trouve cette idée à la fois heureuse et innovante d'un point de vue des pratiques psychothérapeutiques existantes. Ginny est à l'époque si inerte que toute technique exigeant un effort et un progrès de sa part vaut la peine d'être tentée. Le blocage total de Ginny devant la page blanche, qui la prive d'une source importante d'avis positifs sur elle-même, rend plus séduisant encore un procédé lui imposant d'écrire. (Incidemment, ce projet n'entraîne aucun sacrifice financier de ma part, puisque je suis payé à plein temps par l'université de Stanford, et que tout argent que je peux gagner par un travail clinique en cabinet privé est directement reversé à l'université.)

Comme mon épouse étudie et enseigne la littérature et le processus créatif, je lui parle de mon projet. Elle me suggère, de son côté, de prendre, moi aussi, après chaque séance, des notes non cliniques, sur mes impressions. Cette idée me semble tout à fait pertinente, et ce bien que mes raisons soient, à ce moment-là, tout à fait différentes de celles de mon épouse. En effet, elle s'intéresse à l'aspect littéraire de l'aventure, alors que je suis intrigué par le potentiel de révélation. Ginny est incapable de se révéler, à moi ou à quiconque, lors d'un échange face à face. Elle me croit infaillible, omniscient, équilibré, parfaitement intégré dans la société. Je l'imagine m'envoyant, dans une sorte de lettre, les souhaits et les sentiments vis-à-vis de moi dont elle ne parle pas. Je l'imagine lisant mes messages profondément faillibles. Bien que je ne puisse pas concevoir les effets précis d'un tel exercice, j'ai la certitude que ce projet peut être à l'origine de quelque chose de puissant.

Pour éviter que nos comptes rendus ne soient inhibés par la peur que l'autre les lise directement, nous convenons de ne pas les partager avant plusieurs mois. Ma secrétaire les conserverait pour nous. Artificiel ? Tiré par les cheveux ? Nous verrons bien. Je suis pour ma part convaincu que l'arène où se joueront la thérapie et le changement sera notre relation. Je suis certain que, si nous parvenons, un jour dans le futur, à remplacer nos lettres par des paroles, si nous arrivons à échanger de manière honnête, humaine, tous les changements désirés suivront immanquablement.

Avant-propos de Ginny

J'étais une excellente élève, au lycée, à New York. Mais même dans ma créativité, j'étais hébétée, comme frappée par une timidité monstrueuse. J'ai traversé l'adolescence les yeux clos et la tête migraineuse. Très tôt dans ma vie d'étudiante, je me suis mise à la casse. Même s'il m'arrivait de rendre un travail « formidable », je me contentais de jouer les cadrans solaires humains, recroquevillée dehors. J'avais peur des garçons et je n'avais pas de petit ami. Mes quelques aventures, plus tard, ont toutes été inattendues. J'ai vécu quelque temps en Europe pour étudier et me faire un CV spectaculaire, qui ne s'est révélé être qu'une accumulation d'anecdotes et d'amitiés, sans véritables progrès. Ce que les autres prenaient pour du courage était en réalité une forme de nervosité et d'inertie. L'idée de retourner à la maison m'effrayait.

Quand j'ai décroché mon diplôme, je suis rentrée à New York. Je n'ai pas trouvé de travail. Je ne savais pas où chercher. Mes diplômes rappelaient les montres molles de Dalí, et j'étais tentée par tout et rien. Par hasard, j'ai décroché un poste d'institutrice, auprès de petits enfants. En réalité, aucun des enfants (ils n'étaient que huit) n'était un élève à mes yeux ; ils étaient des âmes sœurs, et nous avons joué ensemble pendant un an.

J'ai suivi des cours de comédie où on apprenait à crier, à respirer et à lire des vers pour qu'ils retentissent comme les battements du cœur. L'immobilisme caractérisait ma vie, et ce quelle que soit la rapidité avec laquelle je traversais les salles de cours et les amitiés.

Même quand je ne savais pas ce que je faisais, je souriais toujours beaucoup. Un de mes amis, qui en avait par-dessus la tête de mes airs de Pollyanna[1], m'a demandé un jour : « Qu'est-ce qui te met en joie comme ça ? » Avec mes rares bons amis (j'en ai toujours eu), je pouvais être heureuse ; mes défauts passaient, dans la vie facile que nous menions, pour des détails mineurs. Mon sourire n'en était pas moins étouffant. J'avais l'esprit occupé par un manège cahotant de mots, qui tournaient sans interruption autour d'humeurs et d'arômes, et ne s'échappaient que parfois de ma bouche ou sur du papier. Dès qu'il s'agissait de choses concrètes, j'étais perdue.

Je vivais seule, à New York. Mes contacts avec le monde extérieur, en dehors de mes cours et des lettres que j'écrivais, étaient minimes. Pour la première fois de ma vie, j'ai commencé à me masturber, et j'ai trouvé ça effrayant, simplement parce qu'il s'agissait d'un événement intime qui me concernait. Mes peurs et mes joies étaient si transparentes que je me sentais toujours

---

1. Personnage éponyme d'un roman pour la jeunesse très connu aux États-Unis, écrit par Eleanor H. Porter, Pollyanna est réputée pour son optimisme à toute épreuve. *(N. d. E.)*

inconsistante et idiote. Une amie m'a dit un jour : « Je lis en toi comme dans un livre ouvert. » J'étais une sorte de farfadet, sans responsabilité et dont les plus grandes actions se résumaient à vomir. Tout à coup, je me suis mise à agir différemment, à me plonger dans une thérapie.

La thérapeute, pendant les cinq mois où je l'ai vue deux fois par semaine, a tenté de faire disparaître mon sourire artificiel. Elle était convaincue que mon seul objectif, pour cette thérapie, était de l'amener à m'aimer. Au cours des séances, elle s'est acharnée sur ma relation avec mes parents, alors qu'elle avait, justement, toujours été excessivement tendre, ouverte et ironique.

La thérapie m'effrayait, car j'étais certaine que mon esprit occultait un horrible secret, qui expliquerait pourquoi ma vie me donnait l'impression d'être une ardoise magique : d'un seul mouvement, les drôles de visages, les lignes maladroites, tout est effacé, sans laisser de trace. À l'époque, malgré tout ce que j'accomplissais et en dépit de tous les amis qui m'entouraient, je me sentais dépendante des autres, qui déterminaient mon décor et ma pulsation. J'étais à la fois vibrante et morte. J'avais besoin qu'ils me poussent. Jamais je ne pouvais démarrer de moi-même. Et ma mémoire restait essentiellement morbide et dénigrante.

La thérapie faisait effet, au point que mes sentiments et moi nous retrouvions assis dans le même fauteuil en cuir. C'est à ce moment précis que des circonstances inattendues ont bouleversé ma vie, ou du moins mon lieu de vie. J'avais postulé, sur un coup de tête, à un cours de création littéraire, en Californie, et j'ai été acceptée. Cette nouvelle n'a pas enchanté ma thérapeute de New York. Elle était même plutôt contre mon départ. Elle disait que mon blocage était toujours là, que je ne prenais pas mes responsabilités et qu'aucune bourse, si généreuse fût-elle, n'allait me tirer d'affaire. Il m'était pourtant impossible d'agir en adulte et d'écrire aux personnes qui proposaient de financer ces études : « Je vous prierais de bien vouloir repousser cette allocation miraculeuse le temps que je me connecte à mes émotions, que je redevienne confiante et humaine. » Non, comme pour tout le reste, j'ai suivi le mouvement tout en craignant que les paroles de ma thérapeute ne s'avèrent prémonitoires : je partais alors qu'on avait juste commencé ma psychanalyse, risquant ma vie pour une année au soleil. Je ne pouvais refuser une nouvelle expérience, puisqu'il s'agissait de mon alibi, du décor pour mes sentiments, de ma manière de penser, d'évoluer. Je choisissais la vue pittoresque plutôt que la route sérieuse et réfléchie.

Ma thérapeute a fini par me donner sa bénédiction, convaincue que je pourrais trouver une aide de grande qualité auprès d'un psychiatre qu'elle connaissait en Californie. J'ai donc décidé de quitter New York, assez excitée à l'idée de partir. Je me disais : quoi qu'on laisse derrière soi, on garde toujours son énergie et ses yeux. D'ailleurs, au moment de partir, mon sourire, ma marque de fabrique tenace, est revenu, avec la joie de me sortir de là. J'ai pris le pari que la marmite psychologique m'attendrait à mon arrivée en Californie, que je n'aurais pas à tout recommencer de zéro, comme une enfant star.

Grâce au travail intensif et héroïque que j'avais accompli à New York à travers le théâtre, la thérapie et la solitude, je suis arrivée en Californie avec tous mes sentiments limités, calfeutrés, intacts. C'était un grand moment pour moi : mon avenir était assuré grâce à la bourse et aucun homme n'était là pour me juger, aucun homme pour lequel je devrais faire des efforts ! Je n'avais pas eu de petit ami depuis le début de l'université. J'ai donc trouvé un bungalow avec, juste devant, un oranger, sans pour autant jamais penser à cueillir les oranges de mon arbre à moins qu'un ami ne m'y invite. J'ai substitué le tennis au théâtre. J'ai atteint mon quota habituel d'une seule meilleure amie. À l'université, j'ai trouvé ma place, même si je jouais l'ingénue.

Passer de New York à Mountain View a impliqué un changement de thérapeute. Dans un état d'esprit vacillant entre Tchekhov, Jacques Brel et autres tristesses aigres-douces, je suis allée voir le Dr Yalom. Mes attentes, qui représentent une part importante de mon mode de fonctionnement, étaient grandes, puisqu'il m'avait été recommandé par ma thérapeute de New York. Quand je suis entrée dans son cabinet, vulnérable et chaleureuse, peut-être que même Bela Lugosi[1] aurait réussi à me séduire. Cependant j'en doute. Le Dr Yalom avait quelque chose en plus.

Lors de ce premier entretien avec lui, mon âme s'est enflammée, j'ai pu parler franchement, pleurer, et même demander de l'aide sans en éprouver la moindre honte. Aucun reproche ne pourrait me hanter sur le chemin du retour. J'ai eu le sentiment que toutes ses questions pénétraient au-delà de la bouillie de mon cerveau. Dès mon entrée dans son cabinet, j'ai senti

---

1. Acteur célèbre pour son interprétation de Dracula. (N. d. E.)

que je pouvais être moi-même. J'ai fait confiance au Dr Yalom. Il était juif et, ce jour-là, je l'étais aussi. Il m'est apparu familier et à l'aise, et j'ai senti que ce n'était pas le genre de psychiatre à me promettre la lune.

Il m'a suggéré de participer à une thérapie au sein d'un groupe qu'il était en train de former avec un autre médecin. C'était comme m'inscrire au mauvais cours : je venais pour un cours particulier de « Poésie et religion » et, au lieu de ça, je me retrouvais inscrite à l'amphi de « Bridge pour débutants » (avec de mauvais chocolats en prime). Il m'a envoyée voir le cothérapeute du groupe. Lors de mon entretien préliminaire avec cet autre médecin, il n'y a eu ni larmes ni vérités, rien d'autre qu'en fond le murmure de son magnétophone.

La thérapie de groupe, c'est vraiment difficile, surtout quand le groupe fait preuve d'autant d'inertie. Nous devions être sept patients et deux médecins, assis autour d'une table ronde avec un micro qui pendait du plafond. Il y avait un mur de miroirs, comme une nasse de verre dans laquelle mon visage se retrouvait piégé de temps à autre ; un groupe d'étudiants en médecine nous observait à travers ce miroir sans tain. Ça ne me gênait pas. J'ai beau être timide, je suis aussi un peu exhibitionniste ; je me suis donc placée en retrait et j'ai « agi » comme une Ophélie empaillée. La table et les chaises nous mettaient dans une position où il était presque impossible de bouger.

Nous étions plusieurs à avoir les mêmes problèmes : une incapacité à ressentir, une colère enfouie, des déboires amoureux. Il y a eu quelques jours miraculeux où l'un ou l'autre de nous s'est enflammé, où quelque chose s'est produit, mais les limites de l'heure et demie étouffaient toute grande révélation. La semaine suivante, nous étions revenus à notre *rigor mortis* psychologique habituelle. (Je devrais parler en mon nom. D'autres se faisaient au contraire beaucoup aider.) C'était amusant de partager nos problèmes, mais nous ne partagions que rarement des solutions. Nous sommes devenus amis, sans jamais avoir de contact physique (une évidence en Californie). Vers la fin de la thérapie, nous sortions même manger des pizzas tous ensemble. J'appréciais le Dr Yalom en tant que thérapeute du groupe, alors même que j'étais de plus en plus distante et déséquilibrée, et que mes interactions avec lui, en dehors des regards que nous échangions, étaient quasiment inexistantes. Mon problème venait en partie du fait que j'étais pour ainsi dire incapable de prendre des décisions dans ma vie personnelle, que je me laissais toujours porter par l'occasion, par une présence ou des amis. Je ne pouvais pas garder la tête haute. (J'ai eu, en parallèle de la thérapie de groupe, quelques mois de thérapie privée avec un jeune médecin, parce que je faisais d'horribles cauchemars et que le Dr Yalom avait suggéré cette approche.)

Comme je me sentais de nouveau gagnée par l'inertie, et prétentieuse, j'ai cherché un autre souffle dans des groupes de rencontre, qui sont si courants dans la région. Ils se tenaient dans de superbes demeures en forêt, sur des tapis, sur des nattes en paille, dans des bains japonais, à minuit. J'aimais ce milieu, plus encore que le contenu de la thérapie. Des médecins, des danseurs, des personnes plus âgées ou des boxeurs débarquaient, avec leurs problèmes mais aussi leurs talents. Il y avait des projecteurs, la voix de Bob Dylan, coach improvisé, s'élevait des enceintes hifi ; quelque chose de presque magique, d'indescriptible, se produisait toujours.

J'aimais cette forme de théâtre où votre âme passe une audition. On y trouvait des larmes, des cris, des rires et du silence – c'était stimulant. La peur, les trahisons et les amitiés vacillaient dans la nuit poisseuse. Des mariages se défaisaient sous vos yeux, des emplois de cadre étaient taillés en pièces. Je pouvais m'engager sans réserve dans ces Jugements derniers et ces Résurrections, puisque je n'avais rien de tout ça dans ma vie.

Parfois pourtant, seule la déprime gagnait du terrain, sans élévation ni salvation. Il fallait, dans ces rituels, suivre un certain rythme, une cadence – peur, panique, suivies d'illuminations criantes, de confessions, et d'acclamations. En cas d'échec, il fallait aussi être capable de prendre du recul et de se dire : « D'accord, je suis un cas désespéré, et alors ? Je vais aller de l'avant. » Puis évacuer sa douleur par la danse.

J'ai fini par me rendre compte que je courais deux lièvres salvateurs à la fois : la thérapie de groupe encadrée, solide, lente, constante, patiente, qui ressemblait à ma vie, et le carnaval médiéval de l'esprit et du cœur des psychodrames. Je savais que le Dr Yalom réprouvait mes digressions, en particulier avec un chef de groupe à la fois inspiré et brillant, mais ne jurant que par la magie. Je n'ai jamais vraiment pris parti ; j'ai continué les deux formes de thérapie, m'étiolant en chemin. Au bout du compte, en thérapie de groupe, j'ai eu le sentiment, chaque semaine, de traîner mon cocon, de l'attacher à la chaise, de m'accrocher à lui pendant une heure et demie, puis de repartir sans avoir éclos.

Ces nombreux mois de thérapie de groupe m'ont pesé – et je ne faisais rien non plus pour m'en sortir. J'avais tout pour être heureuse mais, comme d'habitude, je me sentais submergée, perdue dans le brouillard. Grâce à des amis, j'avais rencontré Karl, un garçon intelligent et dynamique. Il écrivait aussi, et je l'aidais, n'y gagnant rien de mon côté mais l'abreuvant de plaisanteries, ce qui me stimulait. Au début, je ne m'étais pas sentie spontanément attirée par lui, ce qui m'inquiétait. Il y avait dans ses yeux quelque chose d'un peu farouche, d'étranger. J'aimais sa compagnie malgré mes doutes, peut-être même précisément parce que, contrairement à mes rares autres histoires d'amour, Karl n'avait pas été un coup de foudre, mais quelqu'un que j'aurais choisi entre tous.

Après quelques formidables semaines de flirt, nous nous sommes installés dans une nonchalance supportable. Un jour, presque en aparté, il m'a dit qu'il avait entendu parler d'un appartement où nous pourrions vivre ensemble, et j'ai quitté Mountain View pour m'installer en ville. Une fois, il m'a prise dans ses bras et m'a confié que j'apportais de l'humanité à sa vie, mais il n'était pas prompt aux déclarations d'amour.

Nous avons amorcé notre vie de couple, facilement, avec plaisir. Nous étions au début de notre relation, et les choses que nous avions encore à découvrir ensemble ne manquaient pas : films, livres, promenades, conversations, câlins, repas ; il nous fallait aussi mettre en commun certains de nos amis et en abandonner d'autres. Je me souviens d'avoir passé une visite médicale, à un moment. Dans mon dossier, j'ai lu : « Femme de vingt-cinq ans en excellente santé. »

À ce moment-là, j'étais à mille lieues des psychodrames, et la thérapie de groupe n'était plus qu'une routine à laquelle je n'osais pas renoncer. Comme d'habitude, j'attendais de voir ce qui pouvait se passer dans la thérapie plutôt que de choisir mon destin. Un jour, le Dr Yalom m'a téléphoné et m'a demandé si j'aimerais mener gratuitement une thérapie individuelle, pendant laquelle nous devrions en revanche tous deux consigner par écrit ce que nous avions vécu après chaque séance. Ce fut une conversation merveilleuse à laquelle je ne m'étais pas du tout préparée. J'ai dit oui, ravie.

Au moment où j'ai commencé ma thérapie en tant que patiente privée du Dr Yalom, deux ans avaient passé depuis mon premier entretien concret avec lui. J'avais remplacé le théâtre par le tennis, la recherche de quelqu'un par la cohabitation, l'expérience de la solitude par l'envie de la retrouver. Intérieurement, j'avais le sentiment d'avoir fui mes problèmes, mais que ceux-ci m'attendaient, tapis dans l'ombre, prêts à refaire surface une nuit. Les critiques, comme ma thérapeute de New York, et les amours, que je portais en moi, m'auraient fait remarquer qu'il me restait un long travail à accomplir, que j'avais réussi beaucoup trop facilement pour mériter tout ça, et que Karl, qui s'était mis à m'appeler « ma chérie », ne connaissait pas mon nom. J'ai tenté d'obtenir qu'il m'appelle Ginny et, chaque fois qu'il le faisait, je me sentais mieux. Parfois, pourtant, en référence à mes cheveux blonds et à mes nerfs, il m'appelait sa « battante dorée ».

Les dix-huit mois d'hibernation en thérapie de groupe m'avaient endormie et défraîchie. C'est donc avec des angoisses mineures que j'ai attaqué la thérapie privée.

I

LE PREMIER AUTOMNE

9 octobre-9 décembre

9 octobre
Dr Yalom

Ginny semble plutôt en forme aujourd'hui, à son échelle du moins. Ses vêtements ne sont pas rapiécés, elle s'est vraisemblablement brossé les cheveux, son visage paraît moins morcelé et plus concentré. Avec une certaine maladresse, elle m'explique que mon idée de payer ses séances par des écrits plutôt que par de l'argent lui a donné un regain d'énergie. Enchantée au début, elle a ensuite réussi à saper son optimisme en riant d'elle-même en public. Quand je lui demande d'expliciter ses moqueries, elle répond que je publierai probablement nos comptes rendus sous le titre « Entretiens avec une catatonique ambulante ». Soucieux de clarifier notre accord, je lui assure que, quoi qu'elle écrive, ce sera notre propriété à tous les deux et que, si nous devions publier quoi que ce soit, nous le ferions de concert. Je lui explique que c'est prématuré et que je n'y ai d'ailleurs pas vraiment réfléchi (un mensonge, puisque j'ai caressé le rêve de voir un jour paraître un livre sur cette thérapie).

Je tente ensuite de recentrer le propos, afin que nous n'errions pas sans fin dans la brume, comme Ginny sait si bien le faire. Sur quoi veut-elle travailler lors de cette thérapie avec moi ? Où espère-t-elle « aller » ? Elle me répond en décrivant sa vie, vide et dénuée de sens ; son problème le plus pressant concerne son rapport difficile à la sexualité. Je la pousse à être plus claire ; elle m'explique qu'elle ne parvient pas à lâcher prise quand elle sent qu'elle est sur le point d'avoir un orgasme. Plus elle parle, plus résonnent en moi des conversations que j'ai tenues récemment avec Viktor Frankl, un éminent psychanalyste existentiel. Elle passe tant de temps à penser à l'acte, en pleins ébats, à se demander ce qu'elle pourrait faire pour jouir, que toute possibilité de spontanéité est inhibée. Je réfléchis à une façon de l'aider à déconnecter, et j'aboutis à cette formule peu élégante : « Si seulement il y avait un moyen de vous faire cesser de réfléchir. » Elle me rappelle le mille-pattes d'un livre pour enfants qui, lorsqu'on lui demande d'analyser sa façon de marcher, n'arrive plus à maîtriser ses multiples paires de pattes.

Quand je lui demande de me raconter sa journée, Ginny décrit combien le temps lui semble vide ; le vide laissé par l'écriture le matin entraîne le vide du reste de la journée. J'aimerais savoir pourquoi l'écriture est aussi vide et ce qui procure un sens à sa vie. Encore une réminiscence de Viktor Frankl ! Souvent, des lectures récentes ou des conversations avec d'autres thérapeutes s'insinuent dans ma pratique, ce qui me donne l'impression d'être un caméléon sans couleur propre.

Plus tard, cela se reproduit. Je lui fais alors remarquer que toute sa vie se joue avec, en fond, la douce musique de l'abnégation. Cela fait écho à ce qu'un psychanalyste kleinien[1] m'a dit il y a des années de cela déjà, quand j'envisageais de faire ma psychanalyse avec lui : que celle-ci se déroulerait avec pour musique de fond mon scepticisme face à sa position théorique.

D'une voix presque inaudible, Ginny continue de se présenter comme quelqu'un sans propulsion ni direction. Le vide l'attire comme un aimant, ce même vide qu'elle aspire et recrache devant moi. Rien ne semble exister dans sa vie, à part le néant. Elle me raconte par exemple qu'elle a envoyé des nouvelles au magazine *Mademoiselle* et reçu, en retour, une lettre encourageante de l'éditrice. Je lui demande quand elle a reçu cette lettre. Il y a quelques jours, me dit-elle. Je lui fais remarquer que son ton apathique laisse à penser que ça aurait aussi bien pu se produire des années plus tôt. Il en va de même quand elle parle d'Ève, une très bonne amie à elle, ou de Karl, son compagnon, avec qui elle vit. Il y a ce petit démon en Ginny, qui, quoi qu'elle fasse, en ôte le sens et le plaisir. Par ailleurs, elle a tendance à s'observer et à romancer sa détresse de façon tragique. Elle aime à se voir, je crois, comme une nouvelle Virginia Woolf qui, un jour, remplira ses poches de pierres et s'avancera dans l'océan.

Ce qu'elle attend de moi est totalement irréaliste, et elle m'idéalise à tel point que je me sens découragé et doute parfois de parvenir un jour à établir un vrai contact avec elle. Je me demande si je ne l'exploite pas en exigeant qu'elle rédige ces comptes rendus. C'est

---

1. École londonienne fondée sur les enseignements de Melanie Klein.

peut-être le cas. Je me raisonne en me disant qu'au moins cela la force à écrire, et j'ai la conviction qu'au bout de six mois, quand nous échangerons nos notes, quelque chose de positif en sortira. À tout le moins, cela poussera Ginny à me voir autrement.

9 octobre
Ginny

Il doit y avoir une autre manière de raconter cette séance, plutôt que de répéter ce qui s'est passé et de nous impressionner, vous et moi. J'avais de grandes attentes, mais je me suis finalement surtout focalisée sur le changement d'horaire. J'ai commencé et terminé la séance habitée par cette pensée, à ruminer plutôt qu'à ressentir.

Au début, j'ai eu l'impression d'être une dilettante, dans votre cabinet. Vous me demandiez mon programme, ce que je voulais. J'ai pour habitude de ne pas répondre aux questions, ou de ne pas les prendre au sérieux. Je n'utilise jamais ma tête ni ne me projette au-delà du présent, sauf pour ce qui a trait à l'imaginaire. Je ne laisse en aucun cas mon esprit changer ou modeler la réalité, il me sert à commenter ce qui se passe. Votre insistance, pourtant, quand vous ne cessiez de répéter la question « Eh bien, qu'est-ce que cela signifie, que votre écriture ne va nulle part ? » a fini par m'agacer. Comme un compte à rebours.

Je savais que je devais agir, dire quelque chose, avant que tout ne soit fichu. Après trois ou quatre fois, j'ai cédé : « Je crois que ce que je ressens, c'est que ce n'est pas l'écriture, mais cette question de jugement, en moi, qui ne change pas, qui reste pointée sur le zéro, fluctuant seulement légèrement d'un côté ou de l'autre, en fonction des applaudissements ou des critiques. » Je n'ai pas laissé transparaître, en parlant de Karl et moi d'une voix si morose, que le dimanche et le lundi matin avaient été merveilleux, tendres et joyeux. Pourquoi ai-je donné une fausse image de moi-même ? (La critique préférée de mon père : « Toute ta vie, tu t'es rabaissée, Ginny ! ») Pourquoi n'ai-je pas pu vous raconter quelques jolies choses, alors que je sais que vous aimeriez les entendre ?

En vous parlant, je me rendais bien compte que j'essayais de me souvenir de ce que j'avais dit la fois passée. Je voulais être certaine de ne pas me répéter pendant cette séance. Au final, pourtant, je pense que ça a été le cas.

Je ne veux pas venir pour ne parler que de sexe, je ne suis pas Ann Lander[1], et c'est beaucoup trop impersonnel, trop adulte. Et puis l'importance du sexe, pour moi, ne tient pas dans l'acte parfois bon, parfois mauvais, mais dans les représailles, l'instant d'après : une nouvelle occasion de me détester, la peur de la punition et de la reconnaissance de la part de quelqu'un d'autre, une tentative de surmonter l'obscurité et la conscience absolues.

---

1. Journaliste (1918-2002), célébrité médiatique américaine. (N. d. E.)

Quand vous m'avez suggéré, si calmement, de « cesser de réfléchir », ça m'a beaucoup plu. (Le jour même, j'ai utilisé cette expression dans trois plaisanteries.) Je m'y suis attelée, contente de voir que vous attendiez plus de moi que des descriptions et des apparences.

Vers la fin de la séance, quand j'ai évoqué Sandy, mon amie qui s'est suicidée, et ma rage contre les parents qui n'écoutent les psychiatres que lorsqu'ils prescrivent des médicaments, j'éprouvais de la colère sans m'en rendre compte. Après coup, je me suis sentie à la fois triste, calme et ouverte. J'ai ressenti quelque chose, une nervosité agréable, comme celle d'un enfant qui rêve de sexe.

Vous avez alors fait remarquer que la séance touchait à sa fin. Chaque fois que j'entends ce signal, je me sens de nouveau indécise. La lumière qui m'éclairait est sur le point de s'éteindre. La procédure maladroite du psychiatre qui essaie de faire partir son patient : « Est-ce que quatorze heures, ça vous va ? » m'avez-vous demandé. Ça n'allait pas, mais je n'y ai pas pensé sur le coup. Ce n'est que sur le chemin du retour que j'ai eu le temps d'y songer et d'en faire toute une histoire aux multiples scénarios.

J'avais décidé de ne pas me mettre une pression trop grande quant à la rédaction des comptes rendus des séances, de laisser mon style suivre mes perceptions et mes expériences. J'ai renoncé avant même d'écrire ces mots. Pendant la séance, j'ai eu la sensation de réciter un texte, de fixer les caractères imprimés sur une page imaginaire, sans véritablement comprendre le sens des mots. Hier, presque comme toujours, j'étais mal à l'aise, comme engluée dans la structure, super-ficielle, de ce que je devais dire, de qui je devais être. Je récitais face à un miroir. Un miroir qui ne porterait pas malheur si on le brisait. (Mais ce ne sont pas là les mots d'une battante. Juste des paroles.)

Vous m'avez expliqué que les comptes rendus devraient reprendre uniquement ce qui s'était passé pendant les séances. Ça m'a semblé contraignant d'abord, puis finalement rafraîchissant, parce que ça enlève l'excédent de feuillage. Et vous n'alliez rien lire avant six mois : les séances ne seront donc pas dédiées à la critique de ces écrits et il n'y aura pas de rédemp-tion par les mots. Plus tard, j'ai pris conscience de ce que représentaient ces « six mois » : une garantie très réconfortante d'autant de séances.

14 octobre
Dr Yalom

La séance était prévue à 12 h 30. J'ai aperçu Ginny dans la salle d'attente à 12 h 25. J'avais dans la main quelque chose que je voulais remettre à ma secrétaire, mais rien de bien important, et j'aurais sans problème pu recevoir Ginny à 12 h 25. Finalement, tout ça m'a fait perdre du temps, et j'ai accueilli Ginny avec trois minutes de retard. Je ne sais pas pourquoi je fais ça à mes patients ! C'est sans doute parfois l'expression de mon contre-transfert et de ma résistance. Pas avec Ginny. J'aime la recevoir.

Elle fait bonne figure aujourd'hui, avec sa jupe, son chemisier et ses collants, ses cheveux presque brossés, mais il est clair qu'elle est fragile et tremblante. Pendant les vingt à vingt-cinq premières minutes de la séance, nous piétinons sans savoir dans quelle direction aller. Il s'avère qu'elle a passé une très mauvaise nuit, prise, toutes les dix ou quinze minutes, de crises d'angoisse en lien avec des sentiments et expériences passés, et qui semblent être les seules choses lui donnant une impression de continuité et de temporalité.

J'avance à tâtons, lui demandant la fréquence de ses crises d'angoisse nocturnes, pour savoir si elles sont liées à nos séances. Elle a eu trois épisodes cette semaine – un la nuit précédant notre dernière séance, l'autre juste après celle-ci, et le troisième au cours de la semaine, ce qui ne nous avance pas beaucoup. Tenter de comprendre le contenu conceptuel de ces angoisses revient à marcher sur des sables mouvants. Je m'y enfonce trop profondément, au point d'être aspiré, et je passe presque toute la fin de la séance à m'efforcer de m'en extirper, parce que c'est une matière primitive, précoce et encore floue.

Ma deuxième tentative se révèle plus concluante. Je reviens à des choses concrètes et précises : « Commençons par le début et reconstituons en détail votre journée d'hier et ce qui s'est passé le soir. » J'utilise souvent cette approche avec mes patients et la conseille à mes étudiants, car elle fournit en général un ancrage loin du bourbier de la confusion. Ginny passe sa journée en revue : après s'être réveillée plutôt en forme, elle a écrit pendant une heure ou deux. Bien qu'elle minimise le résultat, elle admet qu'elle a été plus active que d'ordinaire et qu'elle travaille actuellement sur un roman. Cela me fait plaisir. Je suis particulièrement fier – trop fier – de savoir qu'elle écrit. Après avoir écrit, elle s'est allongée sur son lit avec un livre sur l'impuissance féminine, écrit par une psychiatre que je ne connais pas. Prise d'une pulsion sexuelle, elle s'est masturbée. Cela a sonné le début de la fin. Peu après, elle s'est rendue à la poste, où elle est, par hasard, tombée sur

Karl. Submergée par la honte et la culpabilité, elle a commencé à se couvrir de reproches, un procédé caractéristique chez elle : si elle ne s'était pas masturbée, elle aurait pu utiliser son énergie sexuelle pour Karl, ce soir-là, ou bien elle aurait pu faire l'amour avec lui tout de suite, etc., etc. Pour ne rien arranger, le dîner qu'elle avait préparé était immangeable et, la nuit tombée, alors qu'elle se sentait un regain d'énergie et avait eu envie de sortir, Karl, fatigué, était parti se coucher. Elle aurait voulu qu'il lui fasse l'amour, mais il s'était endormi. Elle s'inquiète alors du fait qu'il puisse la rejeter, car ils n'ont pas fait l'amour depuis deux ou trois soirs. Elle ne parvient cependant pas à aborder le sujet avec lui.

Elle parle aussi du samedi précédent, où Karl avait passé la matinée avec des amis, puis s'était promené seul le reste de la journée, ne rentrant finalement qu'à 20 h 30. À son retour, elle n'était même plus en mesure de lui dire qu'elle aimerait aller marcher avec lui de temps en temps. Elle s'est contentée de pleurer chaque fois qu'il s'approchait d'elle. Je commence à m'interroger sur ses sentiments ambivalents à son égard, notamment lorsqu'elle me décrit un de ses fantasmes récurrents, dans lequel il la quitte et elle part en Italie avec son amie Ève, écrit et boit du chocolat. Ces éléments, mis bout à bout, me font penser qu'en dépit de son serment d'allégeance à toute épreuve vis-à-vis de Karl, une part de Ginny aimerait se libérer de lui. Ce n'est pas un sujet facile à aborder avec elle ; peut-être n'est-elle pas prête à l'accepter pour l'instant. Sans doute. Mais je ne dois pas la laisser me manipuler par ses airs de « petite fleur fragile », au risque de faire preuve d'une trop grande douceur qui ne nous mènerait nulle part.

J'emplis alors la pièce d'idées de Viktor Frankl. Il se trouve justement que je lisais un de ses livres, la veille, et que j'y songeais. Ça me dégoûte quand j'étudie un confrère et que je me retrouve en train d'utiliser ses techniques dans la séance de thérapie qui suit ma lecture. Quoi qu'il en soit, je choisis une approche que Frankl n'aurait, je pense, pas reniée, et je crois que je m'y prends assez bien. Je commence par lui suggérer qu'elle est née angoissée, que sa mère et son père sont anxieux, et qu'il n'est pas inconcevable de penser que son angoisse, et peut-être même ses tensions sexuelles, aient une origine génétique. J'ai quelques idées en tête. Si Ginny me fait assez confiance, je pourrai l'aider à évacuer en partie sa culpabilité vis-à-vis de la masturbation et, à plusieurs reprises pendant l'entretien, je reviens sur ce sujet, me demandant pourquoi, bon sang, elle se sent aussi coupable. Quand elle réagit par des réponses comme « C'est bizarre » ou « C'est sale » ou qu'elle se « garde » pour Karl, je lui fais remarquer que, ce qui est vraiment bizarre, c'est plutôt de se faire vomir chaque matin parce qu'un psychiatre féru de bioénergie lui a dit que c'est un bon moyen de dissiper ses tensions ! Je l'assure que je ne vois rien de mal dans la masturbation : si elle a des pulsions sexuelles excessives, pourquoi ne pas le faire tous les jours ? Cela n'affectera pas forcément ses relations sexuelles avec Karl, ça pourrait même leur être bénéfique, puisqu'elle serait moins anxieuse. J'essaie en fait d'accomplir deux choses : prescrire le symptôme et soulager l'angoisse. Je crois que ce sera d'une aide précieuse, même si je suis convaincu qu'elle trouvera un autre type de symptôme et d'inquiétude.

J'explique ensuite que son excès d'angoisse et de tension sexuelle innées (que j'ai décrites en termes assez précis, soit une incapacité à bien métaboliser l'adrénaline) n'est pas ce qui la définit. Elle, Ginny, est beaucoup plus que ces facteurs intrinsèques mis bout à bout. Je crois que j'aborde là un examen de ses valeurs fondamentales. Je lui demande ce qui, dans la vie, est vraiment important pour elle, ce à quoi elle attache une réelle valeur, ce pour quoi elle a envie de se battre. Je suis tenté de lui demander aussi pour quoi elle serait prête à mourir, mais je me retiens, fort heureusement. Certaines de ses réponses me paraissent « justes » : qu'elle veut sortir « en pleine lumière », être « dans les normes »; elle chérit son expérience avec Karl, et finit par admettre que l'écriture est très importante pour elle. Bien sûr, comme par réflexe, j'insiste sur ce point, ce qui l'amène dans la seconde à qualifier ses textes de « frivoles », ajoutant qu'elle sait que je vais lui répondre que c'est faux. Je la prends au mot : « Ils ne sont pas frivoles. » Elle rit et remarque que personne ne peut écrire à sa place, que c'est quelque chose qu'elle seule peut faire et que c'est important, même si personne d'autre ne lit jamais ses textes. Elle semble sincère, et la séance touche à sa fin. Je me suis montré quelque peu autoritaire, mais je suis convaincu que c'est nécessaire avec Ginny. Je l'apprécie énormément, et souhaite plus que tout l'aider. J'ai du mal à croire, parfois, qu'une pauvre petite âme douce et tragique comme la sienne puisse vraiment exister et tant souffrir.

14 octobre
Ginny

Cette séance a été très importante pour moi. Je crois qu'à travers mes larmes j'ai réussi à parler, à penser et à ressentir. Ce n'étaient pas des pleurs vains. J'ai réussi à mieux me concentrer et à ne pas laisser les sarcasmes ou le charme l'emporter. J'ai atteint une sorte d'équilibre.

Je n'ai pas utilisé la thérapie pour faire disparaître mes sentiments. Je me sentais moins tendue à la fin. J'apprécie la manière que vous avez de me parler, de me raconter des choses. Cela me permet de ne pas me sentir seule dans la pièce. Si je l'étais, tout serait confus et j'errerais. Quand vous m'avez assuré que tout le monde se masturbe, j'ai rougi de honte parce que j'ai pensé que vous étiez peut-être en train de parler de vous-même. Je n'ai pas pu vous regarder. Je fais comme si les gens étaient tous structurés et que leur vie privée était secrète, inaccessible, sauf la mienne, qui est transparente.

Je crois que cette séance m'a aidée à bien utiliser et à comprendre la tension que j'avais et que j'ai d'ailleurs toujours.

52

Je me demande pourquoi j'ai tendance à peindre les hommes de ma vie sous un mauvais jour. En racontant nos différends, je sais que vous n'avez que ma vision de la situation. Ça me gêne d'être injuste, et je crains d'en être un jour punie.

On pourrait croire que Karl et moi sommes comme un crapaud et son insecte dans leur aquarium – toujours crispés ! Alors qu'en réalité nous passons beaucoup plus de bons moments ensemble que je ne le laisse entendre. Je crois que je me concentre sur les mauvais parce qu'ils sont beaucoup plus destructeurs.

Pour ce qui est de l'abstinence, c'est mon mode de vie. « Je ne ferai pas ceci et peut-être que ça m'apportera cela. » Il y a comme un compte dans ma tête, sur lequel je dois toujours être à découvert pour me sentir gagnante.

Après la séance, j'étais plus apaisée, moins gauche. J'ai cédé à au moins trois envies : manger, m'asseoir dans le jardin de cactus près de la tombe de Stanford, et inspirer profondément le parfum des plantes et des arbres.

Quand vous avez affirmé que j'avais meilleure mine, je me suis sentie mal de ne pas vous avoir dit combien vous étiez beau dans votre costume qui me rappelait un paysage d'automne sous une pluie de rayures multicolores. Il y a des choses que je n'arrive pas à exprimer.

Quant à savoir si je vais suivre vos suggestions, je n'en suis pas sûre. Je sais que cela risque de me déprimer au début, de me punir provisoirement, simplement parce qu'il s'agit de *ma* vie, de mon intimité. C'est pour cette raison que l'abandon me fait si peur. J'ai peur d'être abandonnée par les autres, puisque je me suis moi-même abandonnée depuis longtemps. Si bien qu'il n'y a personne quand je suis seule. Je suis bien camouflée derrière mes expériences et vous me demandez maintenant, comme point de départ de la thérapie, d'accepter une part de moi : la nervosité.

21 octobre
Dr Yalom

Mieux, aujourd'hui. En quoi ? J'étais meilleur. En fait, j'étais même très bon. Presque comme si je donnais une représentation devant un public, le public qui va lire ces lignes. Non, je crois que ce n'est pas tout à fait vrai – voilà que je fais exactement ce que je reproche à Ginny, et que je remets en cause mes côtés positifs. J'ai été bien avec Ginny, aujourd'hui. J'ai travaillé dur et je l'ai aidée à aborder certains sujets, même si je me demande si je n'essayais pas simplement de l'impressionner, de la faire tomber amoureuse de moi. Seigneur ! Me libérerai-je jamais de ça ? Non, c'est bien là. Il faut que j'y veille, que j'y attache mon troisième œil, ma troisième oreille. Pourquoi est-ce que je veux qu'elle m'aime ? Ça n'a rien de sexuel puisque je ne ressens pas de désir pour Ginny… Enfin, ce n'est pas tout à fait vrai ; il y a bien du désir, mais ça n'a pas d'importance. Est-ce que j'aimerais que Ginny me reconnaisse comme la personne qui a cultivé son talent ? Il y a de ça. À un moment, je me suis même pris à espérer qu'elle remarquerait que tous les livres de ma bibliothèque ne traitent pas de psychiatrie – des pièces de O'Neill, des ouvrages de Dostoïevski… Mon Dieu, quelle croix à porter ! Que c'est ridicule ! Me voilà en train d'aider Ginny qui a des problèmes vitaux, et pourtant je reste prisonnier de mes propres petites vanités !

Revenons-en à Ginny. Comment était-elle ? Assez négligée, aujourd'hui. Elle ne s'était pas peignée, sa tenue était en désordre, avec son jean usé et un chemisier raccommodé.

Elle commence par me raconter une mauvaise soirée qu'elle a passée parce qu'elle n'est pas parvenue à l'orgasme, puis qu'elle n'a pas dormi de la nuit, prise de peur à l'idée que Karl ne la rejette. Elle se revoit dans son corps de fillette, collégienne et insomniaque, à écouter chaque nuit le même oiseau chanter à trois heures du matin – et me voilà transporté dans le monde de Ginny, brumeux, nuageux, mystique, magique. Que c'est intrigant ! Comme j'aimerais, l'espace d'un instant, me promener dans cette douce brume ! Mais… c'est contre-indiqué. Ce serait égoïste de ma part. Je m'attaque donc au problème. Je reviens à l'acte sexuel avec son compagnon et j'évoque quelques facteurs évidents qui l'empêchent d'atteindre l'orgasme. Par exemple, il est clair que Karl pourrait faire certains gestes pour l'aider, mais qu'elle est incapable de le lui demander. Nous abordons donc son incapacité à émettre des demandes. Tout est si évident que j'ai presque l'impression que Ginny soulève ce problème exprès pour que je lui démontre à quel point je la comprends et combien je peux l'aider.

Il en va de même avec le problème suivant. Elle me raconte sa rencontre avec deux amies, dans la rue ; comme d'habitude, elle s'est ridiculisée. J'analyse ça avec elle et nous aboutissons à des choses que Ginny n'a peut-être pas envisagées. D'après elle, lors de cette rencontre impromptue, elle s'est comportée de façon à ce que les autres repartent en se disant : « Pauvre Ginny ! Comme elle est pathétique… » Je lui demande : « Qu'auriez-vous pu leur dire pour leur montrer que vous étiez forte ? » En fait, je lui prouve qu'elle aurait pu mentionner quelques points constructifs, comme le fait qu'elle essaie d'intégrer une troupe d'improvisation, qu'elle écrit, qu'elle a un petit ami, ou encore le fait qu'elle a passé un bel été à la campagne… Mais elle est incapable de dire quoi que ce soit de positif sur elle puisque ça n'aurait pas entraîné comme réponse « Pauvre Ginny, elle est si pathétique ! » et qu'une part d'elle espère justement provoquer cette réaction.

Je lui fais remarquer qu'elle agit de même avec moi. Par exemple, elle ne m'a jamais dit qu'elle joue suffisamment bien pour pouvoir travailler avec une troupe professionnelle. La manière dont elle s'efface est un thème récurrent, qui remonte à son comportement pendant la thérapie de groupe. Je la bouscule un peu en lui disant qu'elle fait tout pour paraître négligée et qu'un jour j'aimerais qu'elle fasse un effort, qu'elle passe au moins un peigne dans ses cheveux. Je veux qu'elle mette de côté l'introspection dans laquelle elle se complaît en suggérant que, peut-être, son essence ne se trouve pas au milieu de ce grand vide intérieur, mais tout autant hors d'elle, voire au contact d'autres gens. Je lui fais remarquer que, s'il est nécessaire qu'elle regarde en elle pour écrire, l'introspection sans écriture ou quelque autre forme de création reste souvent un exercice stérile. Elle dit qu'elle a beaucoup plus écrit cette semaine. J'en suis ravi. Peut-être essaie-t-elle juste de me faire un cadeau, un avant-goût de ses progrès.

Je tente de la faire parler de sa vision de mes attentes à son sujet, puisque c'est une vraie zone d'ombre, pour moi. Je soupçonne que je nourris de grands espoirs pour Ginny. Est-ce que j'exploite son talent littéraire pour qu'elle produise quelque chose à mon intention ? Ma demande d'écrits en guise de paiement est-elle véritablement altruiste ? ou en partie égoïste ? Je veux continuer à la pousser à parler de ce qu'elle croit que j'attends d'elle. Je dois garder en tête l'esprit tout-puissant du « contre-transfert » : plus j'y serai fidèle, moins je donnerai à Ginny. Ce que je dois tenter de ne pas faire, c'est de remplir son sentiment de vide intérieur avec mes attentes de Pygmalion.

Ginny est une âme attirante et aimable, mais un vrai dilemme pour un médecin. Plus je l'apprécierai pour qui elle est, plus il sera difficile pour elle de changer ; or, pour qu'un changement opère, je dois lui montrer que je l'apprécie tout en lui faisant comprendre que je veux aussi qu'elle change.

21 octobre
Ginny
(Rendu avec trois semaines de retard)

Quelque chose pourrait se produire si j'étais plus naturelle. J'ai donc choisi de garder mes lunettes. Il est possible cependant que rien ne se passe.

J'ai parlé de cette mauvaise nuit qui avait déjà commencé par un mauvais mardi matin. L'idée d'un moi fort, joyeux, que vous avez suggéré et exigé, était très encourageante. Mon idée de « réussites » consiste plutôt à compter combien de fois je me suis libérée et combien de choses difficiles j'ai accomplies, comme pleurer ou bien réfléchir au lieu de rêver. Vous m'avez poussée dans cette direction.

Je me suis bien amusée, pendant la séance, et j'ai profité de cette sensation d'allégresse, au lieu pour une fois d'en être gênée. J'ai vu que je pouvais agir différemment. Quand je suis retournée sur le campus, cette sensation était toujours présente. Pourtant, pendant la séance et plus tard, je ne pouvais m'empêcher de remettre en question cet optimisme. Le bonheur est forcément plus difficile à atteindre ! Pourrai-je être cette jeune femme forte et joyeuse jusqu'à la fin de la séance ?

J'ai observé votre façon de me traiter en adulte. Je me demande si vous me trouvez pathétique ou hypocrite, ou si je ne suis pour vous qu'une sorte de vieux magazine qu'on lit chez le médecin, dans la salle d'attente. Vos méthodes sont aussi réconfortantes qu'absurdes. Vous semblez toujours penser que je vais répondre à vos questions de manière profonde ou utile. Vous me traitez avec intérêt.

Je crois que, pendant la séance, j'ai voulu me vanter un peu, me montrer sous mon meilleur jour. J'ai distillé quelques indices ou preuves de complaisance, comme le fait d'être jolie (un fait bien établi), d'intégrer une troupe de théâtre, ou la belle phrase que j'avais écrite (sur le fait de nager sur place sous vos yeux). Je sais que c'est une perte de temps, puisque ça ne me fait aucun bien et que ce sont des pensées qui me traversent l'esprit chaque jour, avec ou sans vous. Même quand vous dites « Je ne comprends pas bien », c'est flatteur vis-à-vis d'une de mes pires manies, mon envie d'être insaisissable dans mes mots et mes actes. Tout au fond de moi, je ne comprends pas non plus. Dieu sait que je connais la différence entre ce que je dis et ce que j'éprouve ! Et je suis rarement satisfaite de ce que je dis. Parfois, en thérapie, quand je réagis d'une façon que mon esprit n'avait pas prédéterminée, je me sens vivante, éternelle.

L'expérience d'hier a donc été étrange. En général, je ne fais pas confiance à ce qui est dit. Encore des mots d'encouragement. Je me les répète assez souvent.

Mais je ne me suis pas sentie déprimée quand la séance s'est terminée, je n'ai pas éprouvé de sentiment d'abandon non plus. C'était drôle de vous entendre parler de mes cheveux et de ma tenue. On aurait dit mon père, sans que ce soit tout à fait lui. Bien sûr, vous devez trouver que Franny[1] s'habillait bien. Elle m'a toujours semblé aussi jolie que hors d'atteinte. Moi, je ressemble plutôt à un portemanteau tordu duquel pendent les vêtements. Ça me plaît d'avoir l'air héroïque, comme si je venais d'accomplir quelque chose. Certes, je préférerais ne pas avoir des goûts vestimentaires aussi sinistres et burlesques. Mais même quand je fais un effort, j'ai toujours l'air débraillée.

La nuit qui a suivi cette séance, je n'ai pas trouvé le sommeil. Il y avait un tel afflux de sang dans ma poitrine et mon ventre que j'ai senti mon cœur battre toute la nuit. Était-ce l'absence de libération pendant la séance ou l'impatience du lendemain ? Je ne tenais pas en place. Je l'écris ici parce que je ne le dirai pas à la prochaine séance.

Je ne dois pas être trop tournée vers moi-même en thérapie, à énoncer des faits comme : « Je sens quelque chose dans ma jambe. » Ce sont sans doute des restes de séances d'éveil sensoriel qui m'empêchent de prendre la direction que vous m'indiquez. Vous devez en avoir marre de l'affliction, de la complaisance que je vous sers.

C'était drôle, quand vous avez dit que je ne pourrai pas faire carrière dans la schizophrénie. (Je persiste à penser que la catatonie est pile dans mes cordes.) Vous

---

1. Un membre du groupe.

avez ôté le charme de cette idée que je caressais. Je me sens maladroite, défaillante, inapte à la vie en société. Il doit y avoir une solution. Je crois que le Dr M.[1] trouvait que ce que je disais était souvent « perché », bizarre, et qu'on devrait en analyser les nuances. Je pense que vous savez au contraire que je dis des conneries. Je le voyais prendre des notes. Je n'ai pas trop conscience de l'expression sur votre visage, sauf qu'il me semble que vous attendez quelque chose. Votre patience me paraît infinie. Je n'aime pas regarder votre visage, parce que je sais que je n'ai rien dit de significatif. S'il s'illuminait à tort, je risquerais de perdre confiance en vous.

J'ai pensé que je pouvais être une mauvaise patiente pendant ces premières séances, pour que, plus tard, la transition soit merveilleuse.

---

1. Cothérapeute du groupe.

Comme un léger goût métallique dans la bouche
après la séance. Pas vraiment satisfait. Terne, c'est le
mot qui me vient à l'esprit. Ginny est entrée en s'ex-
cusant de ne pas avoir apporté son compte rendu de
la séance précédente. Elle prétend l'avoir rédigé, mais
ne pas avoir pu le taper la veille. Quand je lui demande
des explications, elle dit qu'il y avait tant de choses
embarrassantes concernant la masturbation qu'elle n'a
pas voulu le retranscrire en présence de Karl. Je lui
demande si, d'ordinaire, elle attend aussi longtemps
pour taper ce qu'elle a écrit. Elle me soutient que
non, qu'elle le fait habituellement le lendemain ou le
surlendemain, mais qu'elle savait qu'elle ne me verrait
pas avant deux semaines. Pendant tout cet échange, je
m'interroge sur ce que représentait pour elle le fait de
ne pas m'avoir vu la semaine précédente, quelle part
de ressentiment ou de déception il y a en elle. Il me
semble en effet curieux qu'elle ait eu deux semaines
et n'ait pas apporté son compte rendu, alors que les

fois précédentes, elle n'y a jamais manqué. Je suis sûr qu'à un certain niveau, elle boude et tente de me punir.

Ce qu'elle raconte ensuite tend à confirmer mes soupçons. Elle m'a aperçu dans Union Street, à San Francisco, avec une femme. Je lui dis que c'était mon épouse, ce qu'elle imaginait en effet. Elle ajoute que la femme était si jeune et si jolie, et que nous avions l'air si heureux ensemble, qu'elle s'était sentie bien. Elle s'est demandé si c'était la raison pour laquelle je ne l'avais pas vue cette semaine-là – si j'avais simplement décidé de passer du temps avec ma femme. Que lui a inspiré cette pensée ? « Ça m'a fait plaisir. » J'ai des doutes !

Je veux savoir si elle change ce qu'elle a écrit en le retapant. Parfois, me dit-elle. Par exemple, la semaine précédente, elle a retiré une phrase qui avait des airs de tentative de séduction, parce que, après coup, elle a été gênée de l'avoir écrite.

La première partie de la séance est donc un échange terne, voire compassé. Je choisis alors de lui demander, très directement, de me parler de la face cachée de la séance, dans l'espoir que ça nous amènera à ses sentiments enfouis. Elle refuse de mordre à l'hameçon, et affirme qu'il n'y a rien d'autre dont elle n'a pas parlé. Tout se passe pour ainsi dire si bien qu'elle n'a pas de problème particulier à soulever.

En effet, tout semble aller pour le mieux : ses terreurs nocturnes ont apparemment disparu ; elle a pris le comprimé que je lui ai prescrit à la dernière séance, ce qui a rompu le cercle vicieux, même si elle prend soin de me faire savoir que ce médicament ne lui donne pas entière satisfaction, puisqu'elle s'est sentie somnolente et déprimée au réveil. À dire vrai, j'ai oublié de noter le nom exact du médicament, mais je me souviens qu'il s'agit d'un calmant bénin, qui n'aurait pas dû produire d'effets sédatifs aussi puissants. Malgré cela, elle a écrit, elle a été dynamique. Elle énumère une liste d'activités : cours d'allemand deux fois dans la semaine, yoga, plusieurs dîners avec des amis chez elle, cours de danse. Il semble bien qu'elle ait fait de réels progrès. Elle m'est également reconnaissante de lui avoir parlé de la masturbation car, depuis, elle s'est sentie libérée et a pu se masturber sans éprouver de culpabilité et sans que cela l'obsède ensuite toute la journée.

Je suis très impressionné de la voir si jolie. Comme nos fauteuils sont disposés à un angle de 90 degrés très « sullivanien », je la vois surtout de profil. Il y a eu des fois, en particulier dans le groupe, où je trouvais Ginny plutôt quelconque ; mais aujourd'hui, je la trouve très mignonne.

En guise de cadeau désespéré, elle me raconte quelques-uns de ses rêves. Nous nous y attardons quelques minutes, l'un présentant quelques composantes clairement œdipiennes : elle est allongée sur son lit et un homme entre avec un cigare en argent à la place du pénis. Elle associe ce rêve aux nuits où, très jeune, elle entendait un sommier grincer, signe que ses parents avaient des relations sexuelles, puis au jour, à vingt et un ans, où elle avait blessé son père en lui répétant que sa mère lui avait confié que le sexe n'était pas le plus important dans la vie. Les preuves de son désir de séparer ses parents, de se mettre entre eux, ne manquent pas, mais ce serait de la folie d'explorer ce sujet avec Ginny. Reconstruire le passé, l'interpréter, le clarifier ne l'aiderait en rien. Si revisiter le passé avec elle est un voyage fascinant et charmant, elle connaît trop bien ce périple : il la transporte à coup sûr loin du moment présent et des bénéfices qui, j'en suis certain, découleront de notre compréhension de tout ce qui se passe entre nous deux. Je reviens donc au présent.

Elle est préoccupée par le fantasme que Karl va la quitter, à la suite de quoi elle irait vivre dans une cabane au milieu des bois et, peu à peu, gagnerait en maturité. Elle s'exclame que c'est horrible, parce que cela signifie qu'elle veut que Karl la quitte. Je lui fais remarquer que ce rêve porte en lui une part de rédemption, car il est orienté vers la vie et lui offre l'espoir qu'elle ne serait pas anéantie si Karl la quittait. J'utilise l'intention paradoxale en suggérant qu'elle fasse délibérément surgir ce fantasme chaque fois que Karl rentre tard, ne serait-ce que quelques minutes. De même pour ses relations sexuelles : elle dit entendre cette petite voix en elle lui murmurer qu'elle n'est pas vraiment là, qu'elle est détachée, pas vraiment unie à Karl, que « ce n'est pas vraiment ça » et, à la fin de l'acte, elle se reproche de ne pas avoir vécu pleinement l'expérience. Je lui suggère de donner un rôle à cette voix, de la convoquer, afin de la contrôler et que la voix ne la contrôle pas. J'espère qu'elle finira par voir qu'il ne lui arrive rien, qu'au contraire, elle est la cause de ce qui se produit.

Vers la fin de la séance, elle cite Alexander Pope, un passage évoquant une femme qui lui ressemble – mais à laquelle elle ne veut pas ressembler. N'ayant pas lu Pope depuis quinze ou vingt ans, je me dis que j'aurais aimé qu'elle cite des auteurs que je connais mieux, afin de pouvoir lui répondre avec plus d'esprit et d'aisance. Cette pensée reflète sans doute les tensions que j'éprouve à propos de mon allocution de demain au séminaire de la Modern Thought, car je sens que ma connaissance de la littérature est largement entamée par des abîmes d'ignorance.

4 novembre
Ginny

J'étais plutôt nerveuse, hier. J'ai tenté d'attraper une idée au vol, quelque chose à dire, peu importe quoi, et c'est comme ça que j'ai pensé au jour où je vous ai aperçu avec votre femme. J'étais en voiture avec Ève et on discutait d'un livre qui discrédite l'orgasme clitoridien et soutient qu'il n'aurait pas lieu d'être dans le corps d'une femme mûre. Au milieu de cette conversation, votre épouse et vous avez traversé devant nous, comme un gag tout droit sorti d'un film comique.

J'ai remarqué que j'ai tendance à prétendre qu'une part de moi fait ce que je fais, en réalité. Par exemple, pendant les cinq dernières minutes de la séance, cette « partie de moi » regardait votre pantalon ouvert et imaginait distinguer quelque chose. Gênée, je me suis mise à parler de n'importe quoi. Vous avez immédiatement croisé les jambes. Je m'étais divisée parce que j'avais fait une chose que « je », telle qu'on me connaît, ne fais pas. Je trouve toujours des choses à faire pour briser ma concentration et mes progrès. Des gribouillages de mon esprit.

J'apprécie que vous me donniez des directives. Ça me rend beaucoup plus lucide sur mon comportement, non pas comme quelque chose de magique, mais un simple comportement. Hier soir, j'ai pris conscience de ce qui déclenche ma peur. Je pense à quelque chose, je retiens mon souffle pour écouter et ça me tord le ventre, j'ai l'impression d'être piégée dans un ascenseur, bloqué au mauvais étage, incapable d'en sortir.

La séance m'a rendue nerveuse, plus nerveuse qu'à mon arrivée.

12 novembre
Dr Yalom

Une curieuse séance. Je ne croyais pas être en état de faire grand-chose, n'ayant dormi que deux heures la nuit précédente. J'étais chez un ami, au bord de l'océan, et c'était si étrange de dormir à la belle étoile, avec le bruit des vagues, que je n'ai pas pu trouver le sommeil. Quelle ironie de devoir accueillir Ginny le lendemain, elle qui arrive si souvent en se plaignant d'insomnies ! Mon insomnie était différente en cela qu'elle avait été un état confortable d'éveil : j'étais heureux de voir et d'entendre l'océan tout en lisant Kazantzakis ; mais je connais bien cette autre forme d'insomnie aussi. Quelle légitimité ai-je lorsque, après une nuit d'angoisse sans sommeil, je conseille un pauvre insomniaque qui, en vérité, a dormi plus que moi ? Pourtant, quelle armée suivrait un général qui, la veille d'une bataille, a fait les cent pas en se tordant les mains ? Je n'ai pas annulé la séance de Ginny parce que je m'en sentais capable. J'ai d'ailleurs fini par oublier mon état de fatigue.

J'arrive néanmoins avec une dizaine de minutes de retard et, pour m'aider à rester éveillé, j'apporte une tasse de café dans mon cabinet, ce qui n'est pas dans mes habitudes. Je lui en propose une, qu'elle refuse avec embarras. Elle commence par me parler de sa jalousie envers sa petite sœur, qui lui rend visite ces jours-ci. Elle voit sa sœur comme quelqu'un de bien plus décidé, de plus « engagé » qu'elle, par exemple dans son choix de vivre avec quelqu'un. Je tente de l'aider à comprendre qu'il ne s'agit là que d'une posture, d'une attitude. Je lui demande si cela signifie vraiment que sa sœur est plus prête qu'elle à s'engager, ou si ça signifie seulement que sa sœur est capable de mettre de côté certains sentiments négatifs qu'elle éprouve dans une situation donnée, voire qu'elle se ment sur ses sentiments conflictuels. Qu'y a-t-il à envier à ce genre de « positivisme » ? Elle admet avec enthousiasme que j'ai raison.

J'évoque ensuite le diablotin en elle qui la prive de tout plaisir à chacune de ses entreprises, qui l'empêche de jouir du sexe, a saboté son voyage en Europe, ne la laisse pas savourer la vie. La voici, sa seule et unique vie ! Pourquoi remettre tout à plus tard, quand elle se sentira mieux ? « Ginny, vous devez vivre maintenant, n'attendez pas qu'il soit trop tard. » Je ne sais pas à quel point cette remarque l'aide. Ne suis-je pas trop pédant ?

L'autre thème majeur est sa colère, ou plutôt son manque de colère, dans des situations pourtant exaspérantes. Par exemple, elle parle de ses relations avec sa propriétaire, une femme si agaçante et superficielle qu'elle rendrait fou n'importe qui. La réaction de Ginny face à cette mégère n'est que de se sentir « plus morte à l'intérieur » et de redoubler d'efforts pour être gentille avec elle. Nous travaillons sur la manière dont un sentiment de colère et d'irritation envers quelqu'un peut se transformer en un sentiment de mort personnelle. Cela me pousse à m'inquiéter du fait qu'elle interprète mon commentaire comme une suggestion de ne *pas* être gentille avec les gens et de laisser s'exprimer toutes ses colères. Je la rassure donc : elle ne doit pas avoir honte de se montrer « gentille » ou généreuse – ce sont des traits de caractère authentiques qu'elle ne doit en aucun cas réduire à autre chose ; mais il est primordial qu'elle comprenne quels sont ses vrais sentiments dans ces situations. Elle m'explique que, lorsqu'elle agit avec générosité et altruisme, elle parvient toujours à transformer ces sentiments en vices. Je la somme d'arrêter ce réductionnisme freudien et d'accepter la générosité ou la gentillesse comme des vérités positives et importantes qui se suffisent à elles-mêmes et n'ont pas besoin d'analyse.

Elle ne dit rien de ses sentiments à mon égard. Je la sens tendue aujourd'hui, et mal à l'aise. Chaque fois que je lui demande ce qu'elle éprouve à un moment précis, elle répond par une généralisation abstraite sur le cours de sa vie, sans plonger dans la vaste nappe phréatique des émotions qui coule sous chacun de nos entretiens. Quand je rebondis sur ce sujet, elle m'explique que beaucoup de non-dits émergent quand elle rédige ses comptes rendus et repense aux séances. Elle mentionne plusieurs fois, de manière presque hors sujet, que se préparer à notre rencontre occupe la quasi-totalité de sa journée. Elle a, en plus, deux heures d'attente avant de monter dans le bus qui la ramène à San Francisco : sa journée y passe donc, et elle est très anxieuse à l'idée de ne pas utiliser ce temps de façon constructive. Je suis de mon côté convaincu que la relation établie entre nous est très solide. Je me sens calme et chaleureux en présence de Ginny. C'est une personne remarquable, non seulement par sa capacité à s'angoisser, mais également par sa sensibilité et sa beauté.

Ginny, vêtue d'un jean rapiécé, dans son rôle de petite fille fragile, confesse d'une voix douce qu'elle n'a pas son compte rendu de la semaine précédente – elle ne l'a rédigé que cinq jours après notre séance, ne l'a pas encore tapé ; peut-être même l'a-t-elle perdu. Il s'agit là, lui dis-je, d'un sujet extrêmement important, et sur lequel nous allons devoir passer beaucoup de temps. Elle se crispe et ne veut pas céder. Ce problème ne lui évoque rien. Je suis un peu plus dur à chaque demande, établissant, par exemple, qu'il est fort peu probable qu'elle oublie soudain la tâche dont nous avons convenu. Comment se fait-il que cinq jours passent entre une séance et son compte rendu, alors qu'auparavant elle le rédigeait dès le lendemain ? Quand elle répond en arguant de sa paresse, je la pousse dans ses retranchements en lui demandant pourquoi sa paresse se manifeste *maintenant*. Il ne sort rien de cette question. Mais je la sens également incapable de parler d'autre chose. Elle cherche maladroitement un autre problème – en vain. Au tout début de la séance, elle mentionne une dispute qu'elle a eue avec Karl à propos des psychiatres, qu'il juge aussi inutiles qu'impuissants. Je m'interroge à haute voix : a-t-elle le sentiment de devoir choisir entre Karl et moi ? Ce thème ne nous mène nulle part non plus. Un peu impatient, je la laisse errer un moment dans son immobilisme.

Il est possible, rétrospectivement, que tout ait changé quand j'ai dit, sans plus d'explication : « Il n'y a pas de magie, finalement. » Ginny m'a demandé ce que je voulais dire, mais je savais qu'elle n'avait pas besoin que je développe, et elle l'a reconnu. J'entendais par là que ses problèmes n'avaient pas disparu comme par magie depuis que je l'avais extraite du groupe pour la voir seul à seule, et que rien ne se passerait vraiment tant qu'elle n'agirait pas. Elle s'est un peu inquiétée et s'est demandé si je l'avais sortie du groupe dans le but de lui montrer qu'il n'y avait pas d'espoir en dehors d'elle-même. Je lui affirme que ce n'est, bien sûr, pas le cas, mais qu'il n'y a en effet aucun espoir tant que cela ne viendra pas d'elle-même.

Le reste de la séance, j'essaie de la pousser à discuter d'elle et moi. Elle finit par me dire que je ressemble à un vieux pervers qu'elle a vu récemment dans un film. Quand je l'interroge sur des pensées sexuelles qu'elle pourrait avoir vis-à-vis de moi, je n'obtiens rien que nous puissions exploiter. Je lui demande alors comment elle veut que je la considère, à quel point elle modèle ce qu'elle dit en fonction de la réaction qu'elle pense déclencher en moi. Elle affirme qu'elle veut seulement que je sache qu'elle tente vraiment d'aller mieux. Ne nous trompe-t-elle pas tous les deux, puisqu'elle admet ne pas faire tout son possible, la plupart du temps ?

Elle ose finalement me dire qu'elle aimerait que je la voie comme une femme (alors même qu'elle est assise là comme une enfant), qu'elle me trouve jolie (alors qu'aujourd'hui elle porte une salopette informe parce qu'elle n'a pas passé une bonne nuit et qu'elle avait l'intention de dormir dans le bus). Elle a eu une migraine, pour la seconde fois juste avant de venir me voir. Je suis assez dur avec elle pendant la séance. J'exprime sans détour, par exemple, que, bien qu'elle dise vouloir me plaire, elle fait délibérément quelque chose visant à me déplaire, comme de ne pas apporter son compte rendu. J'insiste et, cette fois, ça semble enfin l'atteindre, en lui disant que le fait qu'elle n'a pas écrit a sans doute un lien avec ses sentiments à mon égard ; il est en effet frappant que, du jour où elle a cessé d'écrire, elle a aussi cessé de parler pendant la séance. Je décide de l'aider à éprouver la réalité en lui faisant remarquer qu'écrire le compte rendu de la séance précédente n'est pas facultatif, que ça fait partie d'un contrat entre adultes (je n'utilise pourtant pas ce mot), celui qu'elle a passé avec moi. La menace implicite, que je prends très à cœur, est très claire : je ne continuerai pas à la voir si elle ne remplit pas sa part du contrat. Elle semble quelque peu sonnée et avoue qu'elle a l'impression d'être une élève réprimandée par un instit remplaçant.

Plus tard, quand nous parlons de sa féminité, elle exprime des sentiments négatifs envers son corps, surtout envers sa vulve allongée qu'elle trouve laide et peu féminine. (Je suppose que c'est l'équivalent des hommes qui trouvent leur pénis trop petit.) Comme elle n'a en réalité jamais comparé cette partie de son corps à celle d'une autre femme, et qu'en secret elle utilise ce problème pour nourrir l'image négative qu'elle a d'elle-même, je lui demande, sur le ton de la blague, quelles sont ses références.

Quand je veux savoir si elle pense que je suis content de la tournure de la conversation, elle me répond que oui. Depuis quand? Elle se met à pleurer et bafouille qu'elle a le sentiment de devoir parler d'éléments déplaisants chez elle pour me faire et lui faire plaisir. Ce n'est pas ce que j'éprouve, et je le lui dis. Je suis content quand elle fait preuve de plus d'honnêteté sur ses sentiments et qu'elle cesse de résister et de nier les problèmes. Peu importe pour moi qu'il s'agisse ou non de sujets fondamentalement déplaisants ou plaisants, tant qu'elle est sincère. Elle semble l'entendre et nous terminons sur une meilleure note, plus harmonieuse je crois, même si cette séance a été déstabilisante pour elle. Je tente de la rassurer en lui rappelant que le mercredi suivant sera la veille de la fête de Thanksgiving, mais que je serai là, si elle souhaite venir. Je crois que ce que j'essaie de lui faire comprendre, c'est : « Vous êtes importante pour moi, et je serai là, peu importe si c'est presque un jour férié. »

19 *novembre*
Ginny

Sur le trajet en bus, je me suis trouvée « distraite », et c'est devenu le mot clé de la matinée. Pendant les trois quarts de la séance, c'est ce que j'ai ressenti. Pour ne pas paraître stupide ou ennuyeuse, j'ai dû me concentrer sur ce que je faisais. Même si vous croyez que la pensée et la parole sont simultanées, quand je dis quelque chose comme « Je parle dans mes mains, je marmonne », je dois d'abord le formuler intérieurement avant de l'énoncer. Comme si je partageais une remarque avec vous pour que vous ne vous sentiez pas mis à l'écart. La partie de moi que je vous montre ne me touche pas en profondeur, même si je peux marmonner pendant quarante minutes. Comme au zoo, lorsqu'on regarde un animal, tout en se concentrant sur la cage. On ne peut pas voir l'animal à cause de la cage.

Je vous ai fait remarquer que vous ressemblez à Don Lopez, dans *Tristana* : j'avais déjà plaisanté avec Karl à ce propos. Je me moquais de vous, mais ça n'avait rien de méchant, à mes yeux. J'aimerais être capable de vous présenter un rêve où vous auriez un rôle actif.

J'ai commencé à me sentir vivante pendant la séance quand je vous ai dit que cela me rendait triste de savoir que je vous déçois. Jamais je n'ai eu l'impression de vous décevoir dans le groupe, parce que je ne pensais pas que vous attendiez quoi que ce soit en particulier de ma part. Il y avait tant d'autres visages muets ! Vous me sembliez alors imaginaire. Puis je me suis mise à parler, à exprimer des pensées qu'on peut classer dans la catégorie « sexe » ou dans les « mauvaises choses ». Pourtant, en les disant, je me suis rendu compte que je suis prisonnière de cette apparence – mon legging, mon sourire de petite fille. Je crois que c'est chaque fois que je sens cette présence en moi que je me mets à pleurer. Je dois traîner avec moi cette gamine pathétique, mais pourtant bien réelle. Et vous m'avez posé une question essentielle : « Vous considérez-vous comme une femme ? » Je connaissais la réponse : non. C'est pourquoi il y a toujours une part de jeu et de flirt, mais c'est en réalité plutôt moi qui flirte avec l'idée de femme. Je ne peux pas être violée. Pas être une femme séduite par un homme. La propriétaire et moi, lors de nos disputes, ne sommes pas deux femmes. Nous sommes une harpie et une gamine qui a fait quelque chose de mal et qui veut se ranger du bon côté.

Puis vous m'avez demandé : « Est-ce que vous m'avez fait plaisir ? » Je sais que oui, mais si nous commençons à analyser, ça me rappelle cette autre partie de moi, ce double imaginaire que je pense devoir être. Je voudrais juste que vous m'emmaillotiez et que vous me berciez. Mais je me perds dans mes pensées.

C'est là que m'est venue l'idée des catégories. Je déteste me tourner vers le passé, pourtant je le fais tout le temps. Vous exigez que je le fasse. Vous me poussez à analyser mes sentiments alors que je veux juste les éprouver. Plus tôt, pendant notre conversation, j'ai eu des sensations agréables. Parler me soulageait, et pour une fois je n'avais pas le sentiment de devoir jouer un rôle. Bien sûr, cela n'empêche pas mon agent mélo-dramatique et sarcastique de me mettre dans une case, la case « bizarre ». Une façon de m'extraire de mes sentiments et de changer de sujet.

Je vous ai donc répondu : « Je préfère ne pas imaginer les pensées qui en découleraient ! » Je ne veux pas dire que je tente de faire la paix avec mon sarcasme en l'approuvant. En réalité, je suis reconnaissante. Pour une fois, ce ne sont pas des faits que j'évoque, mais des sentiments.

J'ai aussi senti une progression : la sensation de ne pas vouloir repartir de rien à la prochaine séance. Et de ne pas vouloir que cette séance touche à sa fin.

Le rêve de chair étirée est un des seuls rêves érotiques que je fais où il s'agit vraiment de chair. Autour de moi, les gens qui tirent sur ma chair sont des médecins. Je me suis concentrée sur la séance pendant les quarante minutes qui l'ont suivie pour écrire ce compte rendu, assise dans l'herbe. Je me suis ensuite consacrée à des choses pratiques dont je pensais qu'elles pourraient m'aider. J'ai repensé à de bons moments passés avec Karl qui paraissaient réels et sans larmes. J'ai aussi pris conscience de cette sensation qui n'est pas un senti-ment, mais un moment d'arrêt. Comme quand je sais que dois écrire et que je ne le fais pas, que je dois taper mon compte rendu et que je ne le fais pas, que je dois penser à quelque chose et que je ne le fais pas. Une grande partie de mon temps est consacrée au fait de temporiser. C'est exactement ce que je fais pendant nos séances, comme une réplique imparfaite de la vie.

25 novembre
Dr Yalom

Séance fluide et en bons termes avec Ginny, aujour-
d'hui. Ça aurait dû mal se passer, mais j'ai fait de
nombreux efforts, qui ont payé, et Ginny était de bonne
volonté. Une migraine s'était déclenchée la veille. Une
de plus, ai-je dit. Je crois que ça fait plusieurs fois que
ça lui arrive juste avant de venir me voir, de même que
ses terreurs nocturnes. Je l'interroge à ce propos, gentiment, bien sûr. Elle joue les innocentes. Je repose la
question. Elle élude, fait semblant de ne pas voir ce que
je veux dire. Elle répond à chacune de mes questions
concernant ses sentiments à l'idée de venir me voir
en prenant soin d'éviter d'utiliser le pronom « vous ».
Je suis d'autant plus convaincu qu'elle m'évite. Cela
me surprend. Nous nous connaissons si bien, désormais, depuis deux ans que nous nous fréquentons, que
ça m'étonne de redécouvrir qu'elle ne peut toujours
pas parler de moi et qu'elle doit même se refuser de
penser à moi. Elle prétend que parler de moi rendra
d'autant plus difficile sa relation avec Karl. La voilà, la

magie, à mon avis, et je m'empresse de lui dire, comme si donner voix à des pensées en faisait des réalités. Elle hoche la tête et épilogue. J'enchaîne de manière abrupte sur son incapacité à s'adresser directement à moi et m'interroge sur mon rôle dans ses fantasmes. Là, elle se force un peu et entrouvre la porte. Elle me révèle qu'elle a pensé à écrire une nouvelle, afin d'en tirer trois cents dollars pour m'acheter un cadeau. Je tente de la pousser plus loin dans ce fantasme : quel était ce cadeau ? Elle ne s'en souvient plus. Pourquoi voulait-elle m'offrir quelque chose ? Pour me remercier de la foi que j'ai en elle. Ça doit donc passer par le fait d'écrire une nouvelle. Je lui demande ce que cela signifie d'autre pour elle, de m'offrir un cadeau.

J'essaie juste, à cet instant, de l'inviter à dire quelque chose de tendre. Elle n'y parvient pas. Elle se rappelle le jour où elle a offert un cadeau à un professeur, ce qui ne se fait, en général, qu'à la fin de l'année. Je m'enhardis et m'interroge à haute voix : « Ne peut-on pas tout simplement offrir un cadeau à un professeur qu'on aime bien ? » Elle opère alors le lien et, désarmante : « Vous savez que je vous aime bien. » Je reste impassible : « Vous dites ça avec une telle facilité, maintenant ! » Je lui rappelle qu'elle a évité de l'admettre depuis que nous nous connaissons. De plus, ce sentiment n'est pas unidimensionnel : son affection doit avoir un nombre de facettes considérable – et elle ne parvient à en exprimer aucune. Elle écoute. Elle s'ouvre un peu plus et parle de la manière dont elle appréciait, l'an dernier, quand je dirigeais le groupe, et comme elle m'encourageait en silence, quand j'aidais un autre patient ; mais cette année, c'est différent, parce qu'elle est la patiente, et qu'il est difficile d'être à la fois sujet et observatrice. Silence. Je lui demande à quoi elle pense. Elle se dérobe et dit qu'elle s'est mise à penser à son ancien petit ami, Pete. Je la laisse élaborer.

Nous parlons de Pete et elle me raconte qu'il l'a appelée quelques minutes avant que Karl ne franchisse la porte. Elle a alors dit à Pete qu'elle devait raccrocher, puis s'est sentie coupable et l'a rappelé vingt minutes plus tard ; elle était obsédée par tout ce qu'elle avait fait de mal. Je passe chacune de ces mauvaises actions en revue et, comme je l'ai déjà fait pour d'autres événements, lui indique à chaque occasion combien elle hyperanalyse. Pourquoi ne peut-elle s'arrêter sur une bonne sensation ou un sentiment d'altruisme sans toujours tout tourner en défaut ? La réalité, c'est qu'elle aime bien Pete, elle a été présente pour lui, et même heureuse, le lendemain, d'apprendre qu'il avait une nouvelle petite amie. Quoi qu'il en soit, elle retourne tout contre elle en se disant qu'elle n'a pas été *assez* proche, pas *assez* présente, ou que c'était dans son propre intérêt qu'elle avait tenté de faire quelque chose de gentil pour lui. L'alchimiste autodestructrice en elle transforme tout bien en mal. J'essaie de le souligner, en lui faisant remarquer qu'elle s'est montrée plutôt magnanime dans ses sentiments envers lui et, bien sûr, je trébuche, comme toujours, sur le mot « magnanime » ! Elle trébuche à son tour sur le mot « féconde », dans sa dernière phrase : « Ce sera une semaine féconde. » Nous avons progressé, aujourd'hui, comme c'est le cas chaque fois que je parviens à la faire parler de ses sentiments vis-à-vis de moi.

25 novembre
Ginny

Le problème quand vous êtes sujet aux migraines,
c'est que rien ne doit venir troubler votre équilibre. C'est la posture que j'ai adoptée pendant
les séances. Intérieurement, je pense vouloir changer radicalement – qu'il ne reste aucun vestige,
aucune trace, aucun sourire. Quand vous tentez
de sauver quelques-unes de mes façons de faire, en
me montrant que tout n'est pas à jeter, c'est plutôt
réconfortant, mais ce qui demeure ne signifie pas
grand-chose. Même vos encouragements sont source
de sarcasme.

Quand j'avais la foi, Dieu était une sorte de catalyseur entre moi et mes relations avec le monde. Je
renonçais à tant de choses pour être bien avec le monde
extérieur ! De cette manière, j'ai troqué quelques
années de vie, dit que je me moquais de ne jamais avoir
d'ami, de ne jamais me marier, si ça permettait à mes
parents de rester en vie. Quant à moi, je n'étais pas à
la hauteur de mes promesses, mais, dans ces échanges

ratés entre Dieu et moi, tout allait bien de Son côté, même si je me sentais lésée.

Je ferais n'importe quoi pour réussir à maintenir une relation avec un homme, même si je m'efface tellement que l'autre ne sait pas que je suis là.

C'est ce que je fais avec vous, je crois. J'essaie d'être à la hauteur, mais je ne veux pas vous troubler, me troubler. Et je sais que je ne suis pas censée vous distraire. Je reste dans cet entre-deux. Je sauve la façade, en quelque sorte, sans la détruire ni la terminer.

Quand j'ai parlé de Pete, vous m'avez demandé : « Pourquoi faut-il que vous voyiez toujours le mauvais côté des choses ? » C'est comme dire qu'une personne serait jolie si son nez avait quelques centimètres de moins. Si j'essaie délibérément de m'arrêter après une seule idée, avant qu'elle devienne fétide et lourde, j'en prends conscience. Je ne raisonne que par cercles vicieux.

Je sais que je suis en manque d'attention, une attention exclusive, mais j'ai surtout besoin d'une proximité physique, pas d'attention profonde.

Je suis sur mes gardes, désormais, pendant les séances. Je sais que vous voulez tester mes sentiments envers vous, et comme ni mon esprit ni mon visage ne les expriment naturellement, je me sens bête de devoir creuser pour les trouver. J'ai toujours été honnête, je crois, toujours dit ce que je pense, mais je n'ai été que la corolle de la fleur, sans jamais creuser, fouiller la terre pour exposer mes racines. Ma sincérité est jolie et sans doute superficielle.

Je ressens tout ce que je dois garder pour moi et, ce faisant, tandis que mes émotions et moi nous replions hors d'atteinte (une conséquence inévitable), je suis la première à me censurer.

Il y a tant de choses que je censure ; je contemple mes actes, je les justifie. Je vois que je ne suis pas récompensée, et c'est normal.

Ces paroles ne se rapportent pas à un incident particulier. Elles ne sont que le reflet de mon fardeau. La raison pour laquelle, parfois, il m'est impossible de me concentrer sur des faits en particulier.

2 décembre
Dr Yalom

Je me sens très en forme, impatient de voir Ginny, et de renouer avec elle, aujourd'hui. À son arrivée, elle me tend ce qu'elle a écrit la semaine précédente. Alors que je pose son compte rendu sur mon bureau, je sens qu'elle m'observe. On dirait qu'elle éprouve quelque chose. « Allez, dites-le ! » Elle n'y parvient pas. Elle affirme qu'il n'y a rien. Puis elle avoue finalement qu'elle a récrit le compte rendu ce matin, parce qu'elle l'avait écrit sur différents bouts de papier. Je lui demande combien de temps elle a mis à le rédiger. Environ une demi-heure, me dit-elle, en ajoutant aussitôt : « Je ne passe jamais plus de temps sur rien. » Est-ce une excuse ? Elle le nie, répète que jamais elle ne consacre plus de temps à aucun de ses textes, que jamais elle ne réfléchit à ce qu'elle écrit, qu'elle laisse les mots suivre leur cours.

Puis la séance débute officiellement. Une plainte. Ça ne va pas bien avec Karl, sur le plan sexuel. Elle associe cette plainte à une autre : c'est comme ça depuis que je lui ai prescrit ces pilules. Elle ne s'étend pas sur le sujet. Je sens comme une accusation à peine voilée à mon encontre ; il n'y en aura pourtant pas d'autre trace jusqu'à la fin de la séance.

Elle a bien écrit, la veille : dix pages sur deux bonnes heures de travail ; mais elle s'est sentie négligente et mal le reste de la journée. Je tente longuement d'approfondir cette déclaration, de lui faire réexaminer rationnellement ses sentiments. Elle voit tout de suite qu'elle se trompe dans son jugement de valeur. Que veut-elle dire par « négligente » ? Ma théorie est qu'elle a passé sa journée à concevoir des idées pour ses écrits du lendemain matin, pour rentabiliser son temps. Elle ne veut pas l'admettre, me soutient que les matins et les après-midi sont parfaitement compartimentés, et qu'aucun élément de la veille ne se retrouve dans ses écrits du matin suivant, sauf, parfois, un rêve. Alors, oui, elle a rêvé d'une grosse femme aux gros seins avec un gros pénis ; elle était allongée sur cette femme et ça lui a fait peur. Elle fait allusion deux fois à ce rêve. Elle veut qu'on y travaille. Pas moi. Si je plonge dans le monde fantasmagorique des rêves de Ginny, je perds tout contact avec la personne en chair et en os, nous perdons tous les deux notre connexion – et je suis convaincu que c'est de ce lien entre nous deux que tout dépend. Je ne mords donc pas à l'hameçon du rêve et je reviens à son impression de négligence. De là, nous entrons dans l'interminable cycle de sa tristesse, de l'idée qu'elle est une déception pour tout le monde, que rien de ce qu'elle a n'en vaut la peine. Il est vite clair, comme je l'ai dit à de nombreuses reprises, que toutes ses expériences ont comme musique de fond une grande dose d'autodévalorisation, avec ce refrain constant : « Je ne vaux rien. Je ne mérite rien. Je suis une mauvaise personne. »

Je tente une autre approche raisonnable : « Comment se fait-il que tant de gens vous aiment et vous estiment ? Est-il possible que leur jugement sur vous soit plus juste que le vôtre ? » Elle ne répond pas, mais je sais ce qu'elle pense : « Ils ne me connaissent pas vraiment ; personne ne peut voir ce vide qui m'habite. » Elle parle de son incapacité à aller au bout des choses. Elle m'explique par exemple avoir réussi à venir aux séances de thérapie de groupe, tout en restant passive pendant une année entière. Elle se contente de feindre de vivre et de donner. Il en est de même avec Karl. Je m'interroge à haute voix sur la raison pour laquelle Karl semble vouloir passer sa vie à ses côtés. Elle se dévalorise encore en prétendant jouer un rôle pour lui.

Je lui assène alors cette question piège : « Pourquoi est-ce que je vous vois ? Pourquoi est-ce que je continue de vous voir ? » Elle semble étonnée et me répond, les larmes aux yeux, qu'elle n'en sait rien. Elle s'estime incapable de me donner quoi que ce soit, alors qu'elle voudrait plus que tout aller mieux, laisser derrière elle désespoir et impuissance. Elle ne sait pas comment y parvenir. J'ai envie de lui dire que, bien sûr, je continue à la voir parce que je sais qu'elle est quelqu'un de bien. Je ne le dis pas ouvertement, mais ça sort implicitement. Elle dit qu'elle ne peut même pas me regarder. Je lui demande donc de me regarder, ce qu'elle fait, et je me rends compte qu'elle ne m'a jamais vraiment regardé, si ce n'est un bref instant. Nous prenons donc le temps de nous regarder dans les yeux.

Elle est soudain prise de vertiges, nauséeuse et très tendue. Elle se met à pleurer. J'essaie de trouver ce que cachent ces larmes. Elle arrive seulement à dire qu'elle ne mérite pas tant de gentillesse et de chaleur de ma part, même si elle sent qu'elle s'apprête à recevoir et à accueillir cette chaleur. Elle doit la mériter. Qu'a-t-elle à me donner ? Si je voulais qu'elle range mon bureau, elle le ferait. (Je me rappelle son enthousiasme lorsqu'elle m'a parlé d'une série de romans du Britannique Anthony Powell, et avec quelle timidité elle a suggéré qu'ils me plairaient certainement.) Je reviens sur son sentiment de pessimisme et de démérite. Je qualifie celui-ci de « mythe » et je me demande d'où vient ce mythe. Elle rectifie : ce n'est pas tant du pessimisme que du vide. Je lui fais remarquer qu'elle ne peut même pas me regarder dans les yeux sans être submergée d'émotions, et que ce vide aussi est un mythe. J'espère que c'est vrai. Peut-être que je n'accorde pas assez d'importance à sa profonde sensation de vide schizoïde. Pourtant, je ne veux pas y prêter attention pour l'instant, alors qu'elle est justement envahie de sentiments et que je préfère travailler à ce niveau. Elle pleure quand je le lui dis. Je la rassure : nous sommes ensemble pour le meilleur et pour le pire, et elle peut compter sur moi pour l'accompagner jusqu'au bout. Elle tente de s'échapper en me reparlant de son rêve. Je lui explique que je pense qu'elle a rêvé de moi, que cette grosse personne avec des seins et un pénis, c'est moi. Elle me relie alors à sa thérapeute de New York, qui avait de gros seins.

Vers la fin de la séance, elle ressent un début de migraine. Elle qui était si fière de ne pas en avoir eu avant de venir me voir, cette semaine ! Mais le danger n'est pas écarté. Je passe les dix dernières minutes à lui montrer quelques techniques de relaxation, depuis les orteils, en remontant, suggérant notamment que ses globes oculaires doivent s'enfoncer dans sa tête, puisqu'elle a la sensation qu'ils sortent de son crâne. Les exercices semblent faire effet.

Au moment de partir, Ginny se sent beaucoup mieux et, ironiquement, la pluie a cessé. L'eau a pourtant coulé pendant presque toute la séance, d'un côté de la fenêtre comme de l'autre. Ginny a la sensation d'avoir bu une boisson calorique : elle se sent maintenant pleine à craquer. C'est peut-être vrai. Je pense à Mme Séchée[1] et à la réalisation symbolique. Ça me va, c'est aussi quelque chose que je pourrai utiliser.

---

1. M. A. Sechehaye, *Symbolic Realization*, New York, International Press, 1951.

2 décembre
Ginny

Quand je suis arrivée, après une semaine faussement féconde, je n'avais plus aucune attente, juste l'intention d'admettre ce fait.

Quand je me suis mise à pleurer, c'était de stress et de frustration, mais, pour une fois, ça n'en est pas resté là. Le soulagement n'a pas été instantané, comme c'est le cas parfois. Hier, vous avez brisé le cercle. Vous m'avez guidée hors du cercle, en quelque sorte. Si je devais y retourner, aveugle, dans l'attente, spectatrice, à prétendre que mon esprit n'est que bruine, ce serait de la fausse modestie.

Il semblerait que les choses changent. J'ai fait quelques progrès. J'ai refusé de répondre à votre éternelle question, « Que suis-je pour vous ? », parce que je n'aurais pu répondre que par des mots. Parce que je tenais à me limiter à des mots. Comme dans un petit questionnaire.

Même à la fin, quand vous m'avez demandé de fermer les yeux et de me détendre, alors qu'en temps normal, j'aurais été impatiente de constater que rien ne marche, cette fois, il s'est passé quelque chose. Je n'ai pas eu de migraine, ni à cet instant ni le reste de la journée.

Au moment de partir, alors que le soleil était haut dans le ciel, j'ai dit, comme une réplique d'un thriller psychologique hollywoodien : « Il va se remettre à pleuvoir. » Une réaction maussade, je m'en suis rendu compte, une pirouette. Je ne me suis pourtant pas sentie obligée de me flageller pour avoir mal répondu, échoué. J'y ai simplement vu là mon sarcasme habituel. Et comme je me sentais différente intérieurement, je suis parvenue à faire taire mes marmonnements. Pour une fois, ma tête n'était plus un entrepôt plein d'échos.

Pendant toute la séance, il me semble que j'ai tenté de revenir en terrain connu, de vous entraîner dans mes vieilles habitudes, mes phrases en suspens. Et vous n'avez cessé de me ramener à l'instant présent.

J'étais aussi tout à fait consciente, sauf à la fin, du fait que nous étions entre nous, dans l'instant présent, que je n'avais pas à m'inquiéter des conséquences de mes actes – vis-à-vis de Karl, de mes parents ou même de mes amis.

Les vertiges et les nausées, quand ils sont arrivés, m'ont paru supportables. Ma première pensée n'a pas été de boire trois verres d'eau chaude salée pour me faire vomir, ni d'enfoncer les doigts dans ma bouche. J'ai ressenti les choses différemment, sans crainte, en essayant d'y voir une part de plaisir.

Ça me trouble un peu d'avoir conscience de ne pas établir le contact, quand je parle à des gens. Je n'aurais probablement pas à subir avec chacun le même processus qu'hier, mais je me demande pourquoi avec certaines personnes je préfère me cacher.

Vous entendre dire que je fourmillais d'émotions, qu'elles m'envahissaient, m'a fait plaisir. Le reste de la journée, j'ai encore ressenti une forme de tristesse, mais c'était plus facile. Je n'étais pas engluée dans l'indécision. Tout me paraissait plus clair. Malgré tout, le reste de la semaine n'a été qu'en régressant.

9 décembre
Dr Yalom

Ginny exubérante, aujourd'hui. Elle a utilisé ce mot pour qualifier quelque chose qu'elle a écrit – un mot que je n'ai pas employé depuis des années – et ça la décrivait bien, pour le coup. Elle est de bonne humeur, optimiste, comme changée par la séance de la semaine dernière. Elle m'annonce d'emblée qu'elle aurait préféré que nous ne nous voyions pas avant quelques jours, parce qu'elle n'était pas « prête ». En réalité, elle nourrissait de grands espoirs pour la séance à venir, mais ne voyait pas comment elle pourrait se mettre elle-même dans la disposition adéquate. Elle n'était pas sûre de pouvoir faire « ça » aujourd'hui. J'ai dû demander ce que « ça » représentait. « Tant de choses me sont arrivées cette semaine ! La dernière séance était un peu incomplète. Et puis tout à coup, tout a fait sens, et je me suis souvenue de tout ce qui s'était produit. » Elle précise que « ça » signifie exprimer clairement ses sentiments. Faisant preuve de bien peu d'imagination, mais usant d'une pirouette, je lui suggère que « ça » se rapporte à moi et à ses sentiments à mon égard.

Elle dit qu'elle n'est pas prête parce qu'elle a organisé une fête d'anniversaire surprise pour Karl, ce qui lui a demandé beaucoup d'énergie. Cette explication ne me convainc qu'à moitié, et je comprends qu'elle m'oppose à Karl, elle ne peut donner qu'à lui *ou* à moi. C'est comme si elle n'avait qu'une réserve limitée d'amour et d'affection, disponible à chaque instant, et que ce qu'elle donnait à l'un était pris à l'autre. Quand j'exprime cela, elle remarque que, lorsqu'elle est rentrée de la séance, la semaine précédente, elle a raconté à Karl que j'avais dit qu'elle fourmillait d'émotions. Il en a ri et l'a serrée dans ses bras, mi-taquin, mi-moqueur. C'est curieux, parce que je ne me souviens pas d'avoir utilisé le verbe « fourmiller » – ce n'est pas un terme que j'emploie. Elle aussi semble troublée, et elle change de sujet pour parler de sexe et de son incapacité à avoir un orgasme avec Karl. Soudain, elle s'arrête pour me reprocher de ne plus m'intéresser à ce qu'elle dit. C'est un commentaire tout à fait nouveau de la part de Ginny. Par le passé, elle n'a dit ce genre de chose que rarement, peut-être même jamais. Je dois l'encourager à me critiquer et à m'affronter plus directement, mais aussi lui montrer qu'elle a tort car, en réalité, je l'écoute avec grand intérêt. Je m'apprête à lui demander ce que Karl pourrait faire pour l'aider à atteindre l'orgasme et ce qui l'empêche de le lui expliquer. Je me demande pourquoi elle ne le laisse pas la masturber. Je dis donc les deux : je l'assure qu'elle s'est trompée sur mon compte, tout en lui faisant comprendre que je suis content qu'elle ait soulevé la question. Plus tard dans la séance, je lui en fais de nouveau part de manière plus explicite.

Suis-je désormais impliqué dans sa vie sexuelle ? Elle me répond qu'elle était très optimiste le lendemain de notre dernière séance, mais que ce sentiment a peu à peu disparu et qu'elle a eu une migraine le soir suivant. Je lui fais remarquer qu'elle ne répond pas à ma question et je la répète. Elle me raconte alors un rêve qu'elle a fait récemment, et dans lequel M. Light[1] et elle se regardent longuement.

M. Light est un ancien professeur qui l'a encouragée à écrire et qui, apparemment, est tombé amoureux d'elle. Lors de leur dernier cours, il a glissé la main dans son soutien-gorge. Un mois plus tard, il a rendu visite à sa famille et elle, et ils ont passé la journée à la plage, mais sans faire l'amour, surtout parce que l'occasion ne s'est pas présentée. À la suite de quoi il lui a écrit qu'il songeait à quitter sa femme pour elle. Je lui demande à quoi elle associe M. Light, et cette phrase lui vient à l'esprit : « Je te montrerai la lumière. » Je pense pour ma part que M. Light est une représentation de moi – non seulement parce que je la guide vers la lumière, mais parce qu'elle et moi nous sommes longuement regardés dans les yeux au cours de la dernière séance. Elle se souvient alors d'un autre fragment de rêve où un cow-boy, qui n'était pas Karl mais un petit ami aux airs de Karl, la tirait rudement par le bras pour l'éloigner. Elle est à l'évidence gênée en me racontant l'histoire de M. Light et je lui demande pourquoi. Elle me répond qu'elle aborde

---

1. « M. Lumière ». *(N.d.T.)*

aujourd'hui avec désinvolture un sujet qui lui avait toujours paru grave. Je la soupçonne d'être gênée car, indirectement, elle parle de moi. Je lui demande si les exercices de relaxation que je lui ai montrés l'autre fois étaient une sorte d'expérience sexuelle. Elle affirme que non, mais qu'elle se sentait vraiment bien en les faisant et que ça lui avait plu. Après la séance, elle était allée aux toilettes et s'était allongée sur le canapé de l'antichambre pour se détendre un peu plus. Elle dit qu'elle a essayé de nombreux exercices de relaxation en thérapie de groupe, toujours sans grand succès. Elle avait donc un a priori négatif quand j'ai commencé. Pourtant, le résultat était là, et elle n'a pas eu de migraine ce jour-là.

Je rebondis sur l'histoire de M. Light et lui demande si elle a déjà envisagé que je quitte ma femme. Elle dit qu'elle a vu ma femme, qui ne lui a pas semblé si différente d'elle-même, quoique mieux intégrée. Mon épouse et moi lui paraissons bien assortis et une séparation est à ses yeux peu probable. L'épouse de M. Light, en revanche, était une femme d'un autre genre, grosse, pauvre intellectuellement, si bien que Ginny représentait autre chose à ses yeux.

Je remarque à voix haute que je dis beaucoup de choses insolites aujourd'hui. Elle aimerait savoir si elles sont sincères ou si c'est pour moi une manière de la tester. Je lui dis la vérité : je me censure moins que d'habitude. Je peux presque dire ce qui me passe par la tête, comme quand je lui ai demandé quel rôle je joue dans sa vie sexuelle ou ce qu'elle pense de moi et de ma femme, parce que je la sens plus ouverte et plus réceptive, et qu'elle ose enfin me regarder. (Nous avons continué à nous regarder beaucoup plus que par le passé.)

Pendant la séance, elle me récite quelques-uns de ses vers, notamment un poème satirique qu'elle a écrit en réaction au discours d'une féministe. Certains, comme celui-ci, m'amusent beaucoup : « Veux-tu qu'on se promène les seins déployés ? » Mais quand elle commence à se punir pour avoir rédigé ces vers, les qualifiant d'insignifiants et de frivoles, je lui demande un meilleur qualificatif. Elle choisit alors « ironiques » ou « humoristiques ». L'ironie n'est pas une évidence pour elle ; il lui est presque impossible d'exprimer un désaccord ou de la colère sans s'en vouloir après coup. Elle ne s'arroge pas le droit de critiquer ; en fait, elle ne s'arroge aucun droit, et elle n'est au fond d'elle toujours qu'une petite fille qui lutte pour contenir sa colère.

Elle quitte mon cabinet un peu déçue, je crois, car ses attentes étaient tout sauf réalistes. Alors qu'on approche de la fin de la séance, je sens un autre senti-ment s'installer, et je devine que cet optimisme un peu excessif sera de courte durée et que sa déprime reviendra vite lorsqu'elle prendra la mesure des senti-ments irréalistes qu'elle entretient à mon égard. Cela ne veut pas dire que je ne me sens pas moi-même opti-miste vis-à-vis de Ginny et que nous n'évoluons pas de concert, mais je suis conscient qu'elle a pour moi de grandes attentes et un sentiment puissant, qui n'ont rien à voir ni avec moi ni avec notre relation, mais avec des fantômes de son passé.

9 décembre
Ginny

Je crois que j'ai essayé de vous divertir. J'avais prévu d'aller plus loin que la semaine passée, mais quand je suis arrivée je n'étais plus d'humeur. Je voulais juste profiter du fait d'être avec vous.

Les effets de la dernière séance ne se sont pas estompés, et j'étais, au moins, plus consciente de nos regards. Je me suis poussée dans cette direction.

Si vous m'aviez grondée, ou si vous aviez dit : « À quoi jouez-vous, cette semaine ? », j'aurais changé. Mais ça n'a pas semblé vous gêner (j'étais la serveuse et vous le client).

Nous avons fait, avec succès, l'analyse de quelqu'un dont les motivations sont là, mais pas les émotions.

Je ne me sens pas mal. Je vous ai dit presque tout ce qui m'était arrivé de notable, mais sans le prisme d'un besoin de changement.

Je n'avais vu aucun parallèle entre M. Light et vous, avant que vous me les pointiez du doigt. D'une certaine manière, ce rêve illustrait l'importance et le plaisir de ma courte relation avec lui, et vous le raconter a souligné son côté absurde. Peut-être vous ai-je raconté ce rêve pour vous prouver combien il est absurde et ironique de vous regarder dans les yeux. Pour montrer tout le ridicule de cette dernière séance (en consolidant le tout de sarcasme).

En réalité, cette séance, c'était moi au plus pur de mon être, telle que je suis chaque jour. Tout ce que je veux changer. Les images anecdotiques, sarcastiques, maladroites, pour faire passer le temps. Avec du recul, je m'en veux d'avoir été dans ce sens et même d'avoir pris du plaisir à jouer de ce côté superficiel. La revanche, c'est qu'il n'y a rien à écrire dans ce compte rendu parce qu'il n'y a eu aucune révélation. (Hormis peut-être l'idée d'un parallèle entre vous et M. Light, et ce sentiment permanent de vide que je n'ai pas exploré durant la séance, que j'ai seulement évoqué avant de parler de vieilles histoires de mon passé compulsif.) Parce que je me suis tenue à distance de toute émotion. Pas de contrecoup.

II

UN LONG PRINTEMPS

6 janvier-18 mai

Retour en arrière. Nous explorons le passé. Il y a trois semaines, Ginny m'appelle : elle a décidé d'aller voir sa famille pour Noël. En effet, Karl et tous ses amis partent et elle ne supporte pas l'idée de rester seule ici. Aujourd'hui, à la manière dont elle décrit sa visite sur la côte Est, celle-ci a tout d'un voyage au pays de la culpabilité. Elle commence par dire qu'elle aurait dû y aller plus longtemps, qu'elle n'est restée que treize jours, que ça n'était pas gentil vis-à-vis de sa mère et de son père, avec qui elle n'avait passé que trois jours, consacrant l'essentiel de son temps à des amis ; elle n'a pas été assez sensible aux besoins de ses parents. Le jour de Noël, sa mère est partie se promener seule trois heures sur la plage, tant elle était bouleversée. Ginny est sortie de sa chambre, a demandé à son père où elle était, et elle a dit : « Mais qu'est-ce qu'elle a, maman ? Elle est folle ou quoi ? Quelle idée d'aller à la plage aujourd'hui ! » Sa sœur lui est tombée immédiatement dessus, lui reprochant son manque de considération pour leur mère.

En cinq à dix minutes à peine, alors qu'elle décrit sa famille, ma façon de la voir change de perspective. Par bien des aspects, sa mère a des airs de machine à culpabiliser. Quand je verbalise, assez ouvertement, certaines de ces pensées, Ginny vole au secours de sa mère. Elle m'explique par exemple que sa mère est allée à la plage pour « ressentir ses émotions ravageuses ». Elle tente ensuite de déplacer la responsabilité sur sa grand-mère, matriarche dominatrice. J'admets que sa mère n'avait certes pas l'intention de la faire culpabiliser, mais que c'est malgré tout ce qui s'est produit. Ginny évoque alors combien il a dû être horrible pour sa mère de voir ses deux filles partir. Je suggère que le rôle d'une mère, c'est justement de préparer ses enfants à quitter le foyer, mais Ginny écarte mon argument avec une certaine impatience.

Elle explique (avec mes mots) son incapacité à différencier les frontières de son ego de celles de sa mère. La psychothérapeute qui la suivait à New York était, me dit-elle, toujours choquée que sa mère et elle utilisent la salle de bains en même temps. Elle voulait que sa mère voie ses soutiens-gorge, son corps, partager avec elle le fait qu'elle aussi grossissait, que leurs silhouettes se rapprochaient. Elle défend sa mère : c'est grâce à elle que Ginny a pu intégrer une très bonne université, qu'elle n'a pas choisi la facilité en restant près de chez elle. Je lui rappelle, sans grands espoirs, que c'est plus subtil que ça, que sa mère a probablement des sentiments mitigés quant à son départ et qu'elle lui transmet simultanément deux messages conflictuels (cette bonne vieille double impasse, un classique du genre).

Nous parlons donc de tout ça, sans grand bénéfice pour Ginny, je le crains. (J'insiste pourtant, parce que j'apprends énormément sur Ginny et son contexte familial.) Elle aimerait tant que les choses changent, elle espérait sincèrement que son retour dans sa famille soit synonyme de progrès ! Mais que souhaite-t-elle réellement ? Elle veut revenir à une enfance chaleureuse, aimante, idyllique… une enfance qui n'a jamais existé. C'est en tout cas mon impression. Étonnamment, Ginny ne m'a que très peu parlé de son enfance. Je suis las d'être aspiré dans un ressassement proustien du passé. Si nous parvenons, avec Ginny, à nous concentrer sur le futur, son passé aussi sera bientôt différent.

Elle me raconte un rêve, assorti d'un préambule, et conclut une douzaine de fois qu'il s'agit vraiment d'un rêve bête et insignifiant. Je considère bien sûr cela comme une révision secondaire, et ne peux qu'en déduire que ce rêve était en fait très important. Dans son rêve, je dînais avec quelques gourous, à l'évidence très incompétents, et pourtant je les appréciais. Ce rêve est déstabilisant, parce qu'elle y dit qu'elle ne peut plus travailler avec moi, qu'elle a besoin de changer d'interlocuteur. Dans son état de veille, elle sait que ce n'est pas le cas, et elle avait d'ailleurs prévu de me cacher cet épisode de crainte que je ne le prenne au sérieux. Elle associe le rêve à des articles de journaux qu'elle a lus sur moi (et qui m'avaient mal cité), dans lesquels je critiquais Salin et d'autres groupes de rencontre, en particulier le responsable d'un groupe auquel Ginny a participé.

Elle évoque son nouvel emploi d'agent de la circulation. Elle trouve cela humiliant, puis plaisante sur le fait que je pensais travailler avec une écrivaine et que je me retrouvais avec une policière. Ça me déstabilise, car je sens qu'à ses yeux, je reproduis le schéma maternel, en ayant des attentes trop élevées. Elle a l'impression de devoir écrire pour moi plutôt que pour elle. Je le lui explicite, sans guère de résultat. Il ne fait aucun doute qu'il y a là un fond de vérité. Je veux en effet que Ginny soit capable d'écrire, et je serais bien sûr très heureux de la voir s'accomplir par l'écriture. C'est certain, je ne peux le nier. Pourtant, ce ne serait pas si grave pour moi si cela n'arrivait pas. Si Ginny terminait sa thérapie avec moi en ayant évolué, en ayant trouvé une sorte de paix intérieure, sans plus jamais écrire un mot, cela me conviendrait aussi. J'espère que je m'intéresse véritablement à Ginny en tant que personne, et seulement de loin à Ginny l'écrivain.

6 janvier
Ginny

Si j'étais un jour accusée d'un crime, je serais mon meilleur témoin. Quand je parle de mes proches, je donne toujours l'impression qu'ils sont coupables de quelque chose, tout en gardant le sourire. Parce que, si je suis coupable, c'est qu'ils le sont encore plus, à vos yeux. Je vous donne toutes ces informations, je ne sais d'ailleurs pas pourquoi, parce que ce n'est pas une évaluation, et que vous n'allez pas me fournir de réponse, ni de plan. Tout ce qui arrive de bien dans cette thérapie arrive sur l'instant.

Je savais que je vous fournissais des armes contre mes parents. Je m'en voulais d'autant plus. D'autant plus que, le même jour, j'envoyais, avec tout mon amour, une lettre à mes « Chers maman et papa ». Je pense que, dès qu'on parle de quelqu'un à quelqu'un d'autre, on le trahit. Je me trahis sans doute moi-même plus encore, puisque je n'arrête pas de parler de moi.

Pendant la séance, même si je ne me suis pas sentie mal, j'ai eu trop chaud – comme si je portais de grosses chaussettes ou comme un bébé emmailloté. J'aurais dû vous le signaler, mais je me suis habituée, et la chaleur est devenue un passe-temps confortable. Je suis une paresseuse qui jette sa ligne depuis la rive et attend. Si je mets le bon appât maternel, vous mordez à tous les coups.

Mais je sais très bien ce que vous essayez de faire. Vous voulez me convaincre de croire ce que je dis, d'accepter les limites et les défauts de mes parents ; mais chaque fois que j'y pense, j'ai l'impression de faiblir. Quand je m'en prends à eux, c'est moi qui perds quelque chose. Je me rends aussi compte que je n'ai ni changé ni lutté contre mes parents.

Ils savent presque tout de ma vie, je leur ai tout raconté, mais ma vie n'est pas là, dans tous ces faits, toutes ces histoires. J'ai l'impression qu'elle est toujours cachée, enfouie. La seule agitation vitale que me procurent ces faits, ce sont mes rêves. Mes parents et moi sommes alors bien plus actifs et effrayants.

J'ai cherché le réconfort en creusant, en retournant m'enfouir dans le nid, en m'entourant de calme. Je crois que je dois encore être terrée dans une caverne, comme celle de Platon, puisque je ne peux écrire ou penser que par analogies. Tout semble différent. Même ce compte rendu est voilé, détourné. Il est possible que vous ne le compreniez pas. Voici une autre traduction : « Beurk ! » C'est la sensation que j'ai, dans ma bouche, mes yeux, sur mon visage, après avoir ravalé (un lapsus, alors que je voulais écrire « révélé ») juste assez pour me maintenir à flot sans me noyer.

13 janvier
Dr Yalom

Une séance assez distante. Je me suis senti loin de
Ginny, et je crois qu'elle s'est probablement sentie
loin, elle aussi, bien que pas autant que moi. En fait, ce
n'est qu'au prix d'efforts considérables que je m'éver-
tue à dicter ce compte rendu. Cinq minutes déjà se
sont écoulées entre la première et la deuxième phrase.

Elle me dit en arrivant qu'elle se sent nerveuse et
tendue ces derniers jours, pas tout à fait elle-même. Je
ne trouve aucun moyen concret pour l'impliquer, ou
m'impliquer moi-même, dans ce qui se passe. J'essaie
de revenir à la semaine précédente, mais elle ne se
souvient guère de notre séance. Elle parle alors de son
sentiment de ne pas changer. Elle a atteint un certain
stade dans ses relations sexuelles avec Karl, mais ne
peut aller plus loin. Il en est de même en thérapie avec
moi. Je tente d'évoquer quelques changements qu'elle
a de toute évidence opérés, et vais jusqu'à suggérer de
sortir un des vieux enregistrements que nous avions
faits, deux ans plus tôt. L'idée ne l'enchante pas, et je

111

parviens à pointer du doigt quelques changements. Je crois que j'essaie d'aider Ginny à parler de ses progrès, plus pour moi que pour elle.

Après ça, elle revient à sa relation avec Karl. Ce qui la torture en ce moment, c'est qu'elle stagne, comme si elle attendait qu'il lui dise que tout est fini. Il y a quelques jours, il a démissionné de son travail pour un autre. Elle sait que ce changement signifie quelque chose, qu'il va peut-être commencer à mettre de l'argent de côté pour aller au Mexique, et qu'un jour, elle saura s'il a ou non l'intention de l'emmener. Dans le cas contraire, leur relation prendra fin. Je suis plutôt dépassé par le désespoir qu'elle exprime. En même temps, je vois bien qu'elle s'enorgueillit de cette posture d'impuissance tragique. Je tente de l'appâter par une référence à la petite fille aux allumettes, à qui elle me fait penser, et suggère immédiatement après qu'elle décide, en adulte, de ce qu'elle espère de cette relation. N'a-t-elle aucun pouvoir de décision ? Y a-t-il quoi que ce soit dans cette relation qui pourrait faire qu'*elle* franchisse le pas et y mette fin ? Par exemple, si Karl refusait de la soutenir financièrement, ou s'il ne l'autorisait jamais à avoir d'enfant. Il est très difficile de lui faire dire qu'elle pourrait en effet prendre une décision. Il lui est même impossible de demander à Karl s'il a l'intention de l'emmener au Mexique ! Elle croit devoir attendre en silence qu'il le lui révèle.

Je termine la séance, au désespoir de lui insuffler un quelconque respect pour ses propres droits. À un moment, elle me dit avoir voulu, deux semaines plus tôt, me demander comment s'étaient passées mes vacances, mais n'y est pas parvenue. Ce serait la même chose avec Karl. Je lui suggère d'essayer de nouveau, avec moi. Peut-elle maintenant m'interroger sur mes vacances, ou sur quoi que ce soit d'autre ? Elle me demande ce que je pense de nos séances, mais comme celle-ci est déjà écoulée, nous convenons de reprendre là, lors de la prochaine.

13 *janvier*
Ginny

À la fin de la séance, tout a commencé à l'instant où vous m'avez demandé de vous poser une question. Nous étions comme des enfants qui font semblant de jeter des cailloux : soudain, l'un d'eux le fait vraiment. Au début, quand vous m'avez suggéré de vous interroger sur vos vacances, j'ai cru que j'étais tombée sur une information importante, et que vous alliez partir pour de longues vacances. Je me sens toujours bien quand je fais preuve de bêtise et que je ne devine pas tout d'instinct. Ça a été le moment le plus réel de toute la séance. Je vous avais pourtant posé la question, du regard, il y a quelques semaines, mais je parle un peu comme si j'étais seule dans un tonneau. Ou comme une actrice sur scène qui s'adresse à son public. Les projecteurs l'empêchent de voir les spectateurs. Elle sait qu'ils sont là, qu'elle doit donner l'impression de s'adresser à eux, qu'elle doit établir un contact en les regardant droit dans les yeux. Pour y arriver, elle doit les imaginer. Pour ma part, je ne me suis toujours pas

114

adressé à vous comme à quelqu'un d'aussi proche, et pourtant vous l'êtes.

Avec Karl, j'essaie d'être parfaite tout en emmagasinant mes erreurs dans ma tête. Avec vous, j'essaie d'être aussi mauvaise que possible. Je dis tout ce qu'il y a de pire sur moi, sur mon état. Ce n'est réaliste ni d'un côté ni de l'autre. Je m'en suis rendu compte la semaine dernière.

J'aimerais me laisser porter par mes humeurs et m'inspirer de vous. Mais avant d'arriver, au contraire, j'ai cette petite voix qui me répète « Je suis nerveuse ». Elle a résonné dans ma tête jusqu'à la dernière minute, lorsque vous avez prononcé cette phrase : « Posez-moi une question ! » L'entracte pour cette semaine.

Je sors et imagine être enveloppée d'une odeur de pop-corn. J'ai faim, je crois, et ça, au moins, c'est une vraie sensation. Je m'achète un hamburger et un milk-shake vanille-chocolat, avec une effervescence qui me rappelle quand j'avais cinq ans et, même si le repas est décevant, je paie quand même deux dollars. Ça me frappe, comme une vague en pleine figure – me voilà à payer pour cette merde, alors que je ne vous donne rien ! (Et je ne parle pas d'argent, que je ne veux pas payer, mais de vrais sentiments.)

Il est probable que les horreurs que je dis pendant la séance me donnent un sentiment de culpabilité. Vous aviez raison en parlant de la magie des mots. Pourtant, quand vous en avez parlé, j'ai cru que vous parliez de toutes les mauvaises métaphores que j'utilise pour dissimuler de véritables déclarations.

Ces comptes rendus de séances, c'est toute la magie verbale que je cache. Que je ne voudrais montrer à personne.

Mais la plus grande magie que j'ai connue dans ma vie ne vient pas de mots, mais de vraies émotions et d'actions, comme des larmes ou des gestes violents. Je me perds en paroles; il n'y a ici rien à lire entre les lignes.

J'ai juste été capable d'apprécier les bonnes choses qui m'arrivent.

20 janvier
Dr Yalom

Une séance assez importante. J'ai eu l'impression, peut-être illusoire, que nous avons bien avancé, aujourd'hui. Puis je pense à cette vieille histoire, du temps où j'étudiais à Johns-Hopkins, de malades qui venaient depuis des années et sur les rapports desquels, chaque semaine, on pouvait lire : « le patient se porte mieux ». Puis, au terme de plusieurs années, on s'apercevait qu'il n'y avait pas eu de réel changement. Malgré tout, et en dépit de ces considérations, j'ai le sentiment que nous avons progressé.

Tout commence lorsque Ginny se plaint d'une grave migraine. Je l'invite à consulter un spécialiste, à la suite de quoi elle change brusquement de sujet pour se lancer dans une discussion qu'elle a eue avec une amie et qui appuie certaines choses dont nous avons parlé la dernière fois, c'est-à-dire que cette amie et son mari aimeraient que Ginny vienne parfois leur rendre visite seule, car on ne l'entend guère quand Karl est là aussi. Elle renonce à se mettre en avant,

117

n'est plus qu'une ombre muette et effacée. Je tente alors à maintes reprises de lui dire que je trouve sa relation avec Karl limitée, car elle ne lui permet pas d'être elle-même ; et que changer pourrait être non pas un moyen de perdre cette relation, mais au contraire de la renforcer, car je soupçonne que Karl, comme n'importe quel homme d'ailleurs, préfère une femme avec du répondant. Je mentionne aussi la possibilité inverse : que Karl ait beaucoup investi dans la personne qu'elle est, et que tout changement risque de l'éloigner, auquel cas, dis-je, je ne suis pas certain que ce serait catastrophique, puisque être engagé avec quelqu'un qui ne vous laisse pas évoluer n'est une situation saine ni pour l'un ni pour l'autre.

Elle se remet alors à se dénigrer, m'expliquant par exemple avoir été déprimée toute la journée, et « plutôt que de rester sur ce sentiment », la veille, elle s'est faite belle et elle est allée jouer à la belote chez des amis, ce qu'elle trouve « frivole ». Je lui fais remarquer que son usage du mot « frivole » est un autre exemple de son autoflagellation sémantique. Pourquoi ne pas se dire « courageuse » ou « résiliente » ?

Elle bloque. Je l'invite à parler de ses sentiments à mon égard. Elle rétorque qu'elle ne parle presque jamais de moi dans ses comptes rendus de séances et, qu'en réalité, elle ne me présente jamais à ses amis comme une vraie personne. Elle prétend même n'avoir que peu de loyauté envers moi. Elle ajoute que ses amis sont curieux à mon sujet, qu'ils aimeraient par exemple connaître mon âge. Que leur a-t-elle répondu ? « Trente-huit. » Je lui confirme qu'elle n'est pas loin, puisque j'ai trente-neuf ans. Elle reconnaît une manipulation astucieuse de sa part pour connaître mon âge sans me le demander directement. Je reviens alors à la semaine précédente, où je lui ai suggéré de me poser une question. Je réitère ma requête. Elle veut savoir ce que je pense des séances, si tout se passe bien. Je lui dis qu'elle en saura plus quand elle lira ce que j'ai écrit. Pour résumer, mes sentiments sont partagés : parfois je me sens impatient et pessimiste, mais souvent je suis content de la manière dont se passent les choses. Elle se demande ce qu'elle éprouvera plus tard quand elle lira que je suis pessimiste ou découragé. Je lui fais remarquer que je n'ai pas souvent ce sentiment. Si je ne le lui ai pas dit sur le moment, c'est parce qu'elle me semble toujours si fragile, et que j'ai peur qu'un tel commentaire ne la laisse anéantie et impuissante.

Que souhaite-t-elle savoir d'autre ? Elle me demande si je pense à elle entre deux séances. Je tente de reformuler sa question en lui demandant si elle veut savoir si je m'intéresse profondément à elle ou non. C'est un moment difficile pour nous deux et elle semble au bord des larmes. Elle déclare tout à coup qu'elle se moque de la manière dont je la vois, mais se met à pleurer et confesse qu'elle pense à moi, à des parties de mon corps, à mes cheveux, et s'étonne de l'importance qu'elle m'a laissé prendre dans sa vie. Nous discutons aussi du fait qu'elle ne peut pas aller vraiment mieux car, dès lors qu'elle ira mieux, elle me perdra. Il est en effet peu probable que nous ayons ensuite une relation d'adulte à adulte. Pour autant, elle souhaite que je la traite en adulte, et je lui dis, craignant d'endosser le rôle du parent critique, que pour être traitée en adulte, elle doit alors agir en adulte. Je termine donc avec ce discours d'un pédantisme répugnant, car je ne sais plus comment dire les choses autrement. Je crois que cette approche, qui vise à l'aider à avoir avec moi une relation plus mature et à lui permettre d'en savoir plus sur ma vie privée, sera utile, et je l'encourage à continuer dans cette direction.

20 janvier
Ginny

Mon Dieu ! Pendant la séance d'hier, j'ai pour la première fois commencé à comprendre mes propres mécanismes. Et pourquoi je me mets en échec. Je suis comme une enfant qui ne respecte pas les règles du jeu, je suis sans cesse reléguée au fond de la classe, ou alors je choisis d'y aller de moi-même. Après la séance, par petites touches, j'ai testé mon pouvoir. Une façon de prolonger la séance, peut-être… Le soir, par exemple, quand Karl a voulu lire au lieu de venir au lit, même si je ne m'y suis pas résolue tout de suite, j'ai fini par lui faire remarquer qu'il y avait un moment entre la lecture et le sommeil profond.

Dans le maquis que j'ai traversé à la fin de la séance, quand je vous ai dit que j'aimerais non pas que vous m'appréciiez mais compter réellement pour vous, je me suis mise à pleurer. Je pleurais surtout parce que j'étais redevenue mon propre cliché. « Est-ce que vous m'aimez, est-ce que je compte pour vous ? » J'ai perdu mes moyens, honteuse d'avoir aussi peu progressé. Comme un enfant qui dit encore « mama » à cinq ans, et qui pleure de frustration parce que ses mots ne sont pas à la hauteur de ce qu'il voudrait exprimer.

Quand j'ai rendu visite à ma famille, j'ai vu à quel point mes parents ont toujours été présents pour moi dans mon enfance. Ils me réconfortaient avant même que j'en aie besoin, s'assuraient que je ne manquais de rien, m'achetaient de jolies choses. J'ai l'impression de ne jamais avoir eu à demander quoi que ce soit. Tout était là, autour de moi, en abondance. Et c'est de cette manière que je me positionne aujourd'hui vis-à-vis des autres : comme un bol de fruits délicieux posé sur la table, mais dont les fruits commencent à se gâter.

Comme pour tout, j'ai l'impression d'être restée bloquée sur les phrases « J'ai besoin » ou « Est-ce que tu m'aimes ? ». Il y a trois ans, ça me semblait révolutionnaire, comme mon éveil sexuel et tout ce que je ressens aujourd'hui. Mais je ne vais pas plus loin.

Mon ombre catatonique me suit à la trace et me convainc.

Je ne bouge pas.

Je ne vacille pas.

Je ne progresse pas.

Je me contente de poser, modèle pour mon ombre, une ombre pour silhouette.

Pas très satisfait de cette séance. Je crois que j'ai exagéré en imposant mes valeurs à Ginny. J'ai été trop autoritaire aujourd'hui, trop directif, et je l'ai trop poussée, trop sermonnée. Je ne peux pas faire autrement. Elle me parle encore de ses nombreux fantasmes où elle quitte Karl pour une nouvelle vie. À force d'entendre ça, je ne peux m'empêcher de penser qu'une part importante d'elle-même veut à l'évidence le quitter, qu'elle est, au moins en partie, très insatisfaite de leur relation, ou perçoit que cette relation l'étouffe. Elle décrit ensuite un incident durant lequel Karl lui a demandé de partager avec lui le coût de l'essence. Il gagne environ quatre-vingt-dix dollars par semaine et elle seulement trente. Elle fait la cuisine, les courses et le ménage, et elle a beau sentir que ce n'est pas juste de devoir aussi payer l'essence, elle ne proteste que faiblement et finit même par accepter.

J'essaie de lui faire voir que laisser passer quelque chose qu'elle trouve injuste témoigne d'un refus de reconnaître ses propres droits, ce qui, à long terme, est autodestructeur. Elle s'assure ainsi presque que Karl, à supposer qu'il soit une personne équilibrée, se lassera bientôt de leur relation. Si, au contraire, il est le genre de personne à la recherche d'une amie altruiste et sans droits, il restera pour toujours. Dans un cas comme dans l'autre, c'est autodestructeur. Elle dit qu'elle ne souhaite pas que cette relation, qui est pourtant agréable, par certains côtés, dure toujours. Sans Karl, la vie serait un abîme ; sans lui, elle s'effondrerait. Foutaises ! Elle l'admet, même si la sensation abyssale n'est que trop réelle. Je lui demande ce qu'elle pourrait faire pour changer les choses, et elle passe en revue, avec une certaine efficacité, ce qu'elle pourrait dire à Karl, ce qu'il répondrait et qui contribuerait à faire diminuer son emprise sur elle, arrivant à la conclusion qu'ils devraient rompre.

Hélas, la tournure de la séance la pousse dans une direction qu'elle n'est pas encore prête à suivre. Je cherche à lui faire comprendre et ressentir qu'*elle* seule a le pouvoir de changer sa vie. Il est possible que les limites de Karl soient telles qu'ils finiront de toute manière par rompre ; et je crois qu'à long terme, ce serait aussi bien. Il me semble en revanche tout à fait possible que Karl, ou tout autre homme, serait impressionné par une Ginny qui évoluerait et deviendrait une « *Mensch* » ; s'il ne peut l'assumer, tant pis ! Je suis certain qu'au bout du compte, Ginny trouvera bien d'autres hommes capables d'apprécier la personne mieux intégrée qu'elle sera devenue.

8 février
Ginny

J'ai du mal à me souvenir de ce qui s'est passé. Tout m'a paru assez direct, franc (un cliché, une phrase comme « Comment allez-vous ? »). Quand j'arrive à la séance dans cet état, la tête pleine de ces reproches qui m'ont assaillie toute la journée, j'ai l'impression d'avoir un manque, comme une carence en vitamines. J'attends que vous me donniez le médicament qui fera sortir mes plaintes, qui empêchera le disque rayé de tourner sans fin.

Je crois que vous avez davantage perçu comme les autres me voient, ou comment je fonctionne, au cours de cette séance. Je n'essaie pas vraiment d'interagir avec les gens, je devine ou j'imagine comment ils vont réagir, ce qui les anime, et j'improvise mes réponses grâce à mon énergie nerveuse. Il n'y a aucune réflexion. Comme, par exemple, la fois où j'étais certaine que vous ne seriez libre que de 13 à 14 heures et que j'ai construit tout un labyrinthe d'arguments autour de ça. J'avance par des chemins détournés.

J'ai bien aimé lorsque vous avez dit : « Tout homme quitterait une femme qui ne montrerait que sa surface. » C'est la première fois, depuis le début de cette thérapie, que vous n'avez pas pris parti pour moi.

Karl est une personne bien, quelqu'un de fort. Il n'est avare que parce qu'il n'est pas amoureux. S'il m'aimait, tout viendrait naturellement – l'essence coulerait sans que je doive en faire une affaire d'État. Je crois que cette histoire m'a blessée car elle a établi des règles mesquines, insignifiantes, entre Karl et moi, et je sens que celles-ci prennent le pas sur l'amour et la générosité.

Quand j'en ai finalement parlé à Karl, ça n'a rien eu de dramatique. Il a dit qu'il n'aimait pas mon côté martyr. « Derrière chaque martyre, il y a une mégère. » Il a affirmé qu'il voulait seulement que les choses soient dites clairement, ce qui est vrai. Quand je lui fais remarquer quelque chose immédiatement, il est très souple, il acquiesce et n'en fait pas une histoire, à condition que ma voix soit profonde et assurée. Pourtant, quand je retarde l'émotion et que je la rejoue, s'il décèle le moindre crissement dans ma voix, il se retourne contre moi. Ce que j'ai gagné, je le perds invariablement.

Notre conversation n'a pas été aussi profonde que je l'aurais aimé. Mais il était important que ça sorte.

J'avais un patient juste après Ginny et des difficultés d'emploi du temps qui ne m'ont pas permis de dicter mon compte rendu immédiatement. Plusieurs jours ont passé maintenant, et notre entretien commence à s'effacer de mon esprit. Ce qui m'a le plus frappé, c'est qu'elle est entrée en me demandant : « Alors, vous voulez savoir ce qui s'est passé ? » Elle m'a raconté qu'elle avait parlé à Karl de ce dont nous avions discuté la dernière fois. Le résultat n'a pas été à la hauteur de ses espérances : Karl s'est un peu irrité qu'elle joue tout le temps les martyres mais, d'une certaine façon, ça a marché, puisqu'elle n'a plus à payer l'essence et qu'elle a pu s'affirmer, au moins en partie. Je suis quoi qu'il en soit surpris, car je n'avais pas le sentiment qu'elle allait mettre en œuvre les idées dont nous avions discuté, encore moins aussi rapidement.

À un moment, je lui demande sur quoi elle aimerait travailler. Elle me parle de faire l'amour et d'être capable d'exprimer ses désirs. Que voudrait-elle être capable de demander ? Ce qu'elle me dit alors est si minime que je ne peux m'empêcher d'en rire : elle souhaite juste demander à Karl de faire un peu durer les préliminaires, pendant lesquels elle prend beaucoup de plaisir. Je lui fais répéter ça deux fois à haute voix, pour qu'elle prenne un peu de recul et voie combien il est absurde qu'elle soit incapable de le dire. En répétant, elle ne peut s'empêcher de se singer ou de prendre un drôle d'accent.

Elle m'explique que le lien qui l'unit à Karl est très précieux, et que je m'apprête à le briser, d'une certaine façon. Blottie dans ses bras ce matin-là, elle s'est rendu compte à quel point rien n'était plus important que ça. Par ailleurs, elle est plutôt fière d'elle, car elle a réussi, la veille, à vaincre une migraine sans avoir à prendre de médicament. Ça a aussi évité qu'elle soit complètement assommée par le médicament, aujourd'hui.

Je m'étonne de ne pas parvenir à évoquer concrètement la séance, alors que seulement quatre jours se sont écoulés depuis, ni à cerner quels étaient mes sentiments à son égard durant cette heure. Tout me semble flou, mais je sais qu'elle était heureuse et dynamique. C'est toujours agréable de la voir comme ça.

Je me souviens aussi que nous avons parlé du fait qu'elle se sent très jeune. Elle prend en effet souvent des airs de petite fille. Je me rappelle aussi que, comme d'habitude, elle assume toute la responsabilité des séances qu'elle trouve insatisfaisantes, par sa faute donc. Je lui fais remarquer qu'elle est peut-être parfois frustrée par ce que j'ai à lui offrir. Elle effleure ce sentiment en admettant qu'il lui arrive de souhaiter que je lui dévoile plus de moi-même. Je lui demande ce qu'elle aimerait savoir, mais nous n'allons pas très loin.

17 février
Ginny

En arrivant hier, je m'attendais à une surprise. Quelque chose qui rendrait la séance un peu différente. Une directive émotionnelle. Pendant le trajet, mes espoirs ont eu raison de ma migraine. Mes fantasmes et mon soulagement m'ont portée sur le chemin menant à l'hôpital. Je me sens toujours « guérie » et joyeuse en arrivant, légère comme une plume de canard.

Pendant la séance, je dis des choses qui ne sont pas vraies. Au moment même où je les dis, je sais que je n'y crois pas, que ça va vous troubler. Comme quand j'ai dit : « Vous êtes en face de moi et ce que vous voyez ne représente rien. » Souvent déjà, vous m'avez dit que vous ne me considériez pas comme « rien ». J'aimerais pouvoir me rattraper quand je dis ce genre de choses, pourtant contraires à ce que je suis, corriger par un « Non, ce n'est pas ce que je voulais dire. » Peut-être qu'alors je pourrais me prendre au sérieux quand je parle ! Je ne cherche pas mes mots. Ils viennent d'eux-mêmes. C'est pourquoi j'ai tendance à ne pas les croire.

Et vous baissez dans mon estime si je vois que vous accordez trop d'importance à mes paroles, ou du moins à certains de mes mots.

Hier, vous avez dit une chose qui ne m'avait jamais traversé l'esprit et qui a été une sorte de révélation : si j'ai aussi peur de dire des choses banales, « c'est qu'elles doivent cacher des colères bien plus grandes ». Je ne sais pas s'il s'agit de colères ou de sentiments plus forts. Comme lorsque je n'arrive pas à dire à Karl que je l'aime, quand bien même c'est quelque chose que j'éprouve.

Quoi qu'il en soit, il semble que toute l'énergie que j'ai en moi, même un jour comme hier, se perd en observations. Et il ne s'agit même pas d'observer l'instant présent, mais la mémoire, des années d'expérience, résumées en un sarcasme. Quand de bonnes choses m'arrivent, elles n'influencent guère ma façon de voir. Je suis ce que je vois, pas ce que d'autres voient en moi, mais bien ce que moi je vois. Je me sens en marge. C'est peut-être la raison pour laquelle je ne parviens pas à me rapprocher de vous avec des mots. Parce que les mots ne me permettent pas de me rapprocher de moi-même. Si ces comptes rendus étaient intellectuels, ce serait une chose, mais je n'y mets aucune réflexion. Ils sont automatiques. Comme lorsque j'arrive en séance sans problèmes à évoquer, en espérant que vous ayez la solution miracle pour me venir en aide.

Ces derniers temps, vous m'avez poussée à agir. Comme pour l'essence. Je vous en suis reconnaissante, car même la plus infime de mes actions me donne matière à travailler, m'expose, me déçoit parce qu'elle ne vient pas de moi, me semble encore lointaine. C'est une action qui vient de vous.

24 février
Dr Yalom

La séance commence dans le plus grand désespoir. Ginny me raconte qu'elle n'a presque pas dormi de la nuit à cause d'un incident qui l'a bouleversée : Karl lui aurait dit qu'elle se comportait comme une « masse » au lit. J'ai repensé à Nietzsche qui écrit que la première fois qu'on rencontre quelqu'un, on sait tout de cette personne, avant d'effacer, peu à peu, toutes les impressions correctes. Ma réaction au récit de l'incident est qu'il corroborait ma première impression de Karl ; il s'agissait là d'une remarque horriblement cruelle qui aurait dû déclencher la colère de Ginny. Elle me donne des détails, et je me sens aspiré dans son pathos, au point d'envisager avec elle des moyens de sortir de l'impasse qu'ils semblent avoir empruntée tous les deux. Il semblerait que, plus tôt ce soir-là, peut-être sans s'en rendre compte, elle ait rejeté ses avances. Elle pense donc être responsable de sa réaction, et va jusqu'à faire tout à fait sienne sa définition d'elle – une masse. Elle se met à se considérer comme un poids mort dans tous les aspects de son être, en dépit du fait qu'elle est tout sauf ça. Elle est vivante, débordante d'imagination, profondément créative et pleine d'énergie. Plus tôt dans la journée, elle avait revêtu une tenue extravagante juste pour faire rire Karl, puis n'avait cessé de pouffer de rire pendant un cours d'allemand qu'ils suivaient ensemble. Tout cela contraste violemment avec sa représentation de poids mort.

Je ne peux donc, à ce stade, que remettre en question sa manière d'accepter qu'une autre personne la définisse. Elle vit dans la terreur constante que Karl annonce soudain qu'il ne veut plus d'elle. Elle a eu si peur que Karl réfléchisse à leur relation qu'elle a voulu interrompre son raisonnement. Car s'il y réfléchissait, se dit-elle, il tirerait invariablement un trait sur elle… Une fois de plus, elle ne prend pas la mesure de ses droits, ni du fait qu'elle peut aussi faire des choix concernant leur relation.

Je suis malgré tout peu à peu revenu à ce que m'inspire sa colère. Ses rêves l'ont de nouveau conduite à s'imaginer quittant Karl, voire se suicidant. Dans un rêve où ils étaient tous deux poursuivis, Karl se faisait tuer. Je lui fais remarquer que, même si elle prétend n'éprouver aucune colère envers Karl, elle l'a tué en rêve. Elle insiste sur le fait qu'ils étaient ensemble, et qu'elle avait supplié qu'on l'épargne, mais je crois que ça n'a pas d'importance. Ce qui ressort, c'est qu'elle exprime une part de sa colère dans ses fantasmes et ses rêves, mais qu'elle est absolument incapable de le faire consciemment. Alors que nous parlons, elle se souvient d'un sentiment fugace, l'espoir secret que Karl s'excuse auprès d'elle le matin, au réveil. Je tente de lui faire prendre conscience de cette part cachée d'elle qui est blessée et attend des excuses. Je ne trouve pourtant pas le moyen de l'aider à faire ouvertement l'expérience de sa colère contre Karl, même dans notre jeu de rôle. Pour préparer le terrain, je lui suggère d'essayer d'exprimer sa déception à mon égard. Elle a beaucoup de mal.

Quand la séance se termine, elle a de nouveau le sentiment d'avoir échoué. Je tente de la rassurer en lui expliquant que nous avons exploré une zone cruciale pour elle, et sur laquelle nous allons devoir travailler sur le long terme : son incapacité à exprimer toute forme de colère, d'agressivité, son incapacité à s'affirmer et à revendiquer ses droits – tout se tient dans la même *Gestalt*. Nous n'avons pas encore abordé un élément très important : ce qui l'empêche d'éprouver de la colère, sans parler de l'exprimer. J'ai l'impression qu'elle a au fond d'elle un puits de colère, bien enfoui, et qu'elle redoute d'ouvrir les vannes de crainte de ne pas pouvoir les refermer. À un moment, je vais jusqu'à la provoquer :

« Peut-être que la douce et gentille petite Ginny a des envies de meurtres ? » Elle ne me répond pas.

24 février
Ginny

Pendant la séance, j'ai ressenti une part d'excitation, mais celle-ci a été contenue par le personnage assis dans le fauteuil en cuir qui écoute et pense « peut-être ». Celui qui conclut doucement que rien ne s'est passé, non, mais que c'est encore possible.

Quand vous insistez pour que j'exprime ma colère et que je n'y arrive pas, je me sens à la fois malheureuse et très « adulte », presque spectatrice. Comme si vous interrogiez à la fois le parent et l'enfant.

J'écoute cette petite voix en moi, puis je vous en parle une fois que je l'ai écartée. Dans ma tête, je n'ai aucune limite, je dis des choses comme : « Allez vous faire foutre ! Qu'il aille se faire foutre ! » ; mais rien ne sort, je ne l'exprime pas, car si je le faisais, je ne pourrais pas utiliser les mêmes mots, ni ce ton que j'emploie dans ma tête, quand je double silencieusement nos conversations.

J'essaie de paraître plus dure, plus « forte » et « plus conventionnelle » que ma petite colère ou ma pauvre tristesse intérieure, qui aimerait faire surface, remplir mes yeux, me perturber, s'attaquer aux images qui tournent en boucle dans ma tête. C'est comme quand vous dites : « Peut-être que Ginny est tellement en colère qu'elle a des envies de meurtres. » Je suis d'accord – nous voilà comme deux mères au parc, l'une tenant son enfant en laisse parce qu'il y a tellement de jeux, de balançoires, de distractions pour l'enfant, et nous ne faisons qu'effleurer ces sujets. Je sens qu'on tire un peu sur la laisse, comme un pêcheur qui s'endort sur la berge, au soleil, une bière à la main. Il sent que ça mord, sourit, somnole, laisse le poisson grignoter l'appât et repartir. C'est cette petite tension que je sens toujours pendant nos séances.

Parfois, comme la nuit passée, je me sens désespérée et fatiguée. Mais je n'attrape jamais ce qui a mordu, grignoté l'appât. Je me calme et tout disparaît – cette sensation de peur, d'impuissance.

Vous m'avez redonné espoir et confiance quand vous avez affirmé commencer à nous cerner, mes problèmes et moi, et que ce n'était que le début, que nous aurions encore de nombreuses occasions. La personne assise dans le fauteuil en cuir vous remercie, tandis que l'autre, en moi, continue à grommeler : « Allez vous faire foutre ! Qu'il aille se faire foutre ! »

3 mars
Dr Yalom

Séance on ne peut plus basique. Ginny me dit d'entrée qu'elle a réfléchi à notre dernière séance, en particulier à son incapacité à exprimer sa colère, dont elle admet que c'est trop vrai. Non seulement elle est incapable d'exprimer sa colère, mais elle est terriblement mal à l'aise en présence de ceux qui y parviennent. Elle décrit alors une conversation qu'elle a eue avec Karl, après notre dernière séance, pendant laquelle, comme souvent, il lui a demandé de quoi nous avions parlé. Il souhaite savoir si nous avions évoqué la nuit précédente. Ça me surprend un peu, et me fait penser que Karl est peut-être plus attaché à leur relation qu'elle ne le laisse entendre. Il donne à Ginny l'occasion parfaite de parler de son angoisse, ce qu'elle fait, en partie, en lui disant qu'elle n'aime pas être traitée de masse. Il lui fait alors remarquer que, lorsqu'il lui a dit ça, elle n'a pas réagi, au contraire elle est restée allongée, sans bouger. Cela tend à confirmer ce que je suggère à Ginny depuis un certain temps : le fait qu'elle contienne sa colère par peur de mettre en danger sa relation avec Karl (ou qui que ce soit d'autre d'ailleurs) conduit en réalité à ce qu'elle craint, c'est-à-dire à une relation amoindrie et fragile. En ne laissant s'exprimer ni sa colère ni aucune autre émotion forte, en restant toujours en superficie, elle empêche les autres d'avoir avec elle le genre de relation profonde et égalitaire qu'elle aimerait. Si Karl la quitte, ce ne sera pas parce qu'elle l'aura éloigné par sa colère, mais justement par son manque de colère. A-t-elle toujours été comme ça ? « Oui. » Elle me donne quelques exemples, dans lesquels elle a exprimé une certaine colère, mais n'a pu se retenir alors de trembler de terreur. Elle fait remarquer que, pendant son enfance, sa mère exprimait en général sa colère en son nom.

Je lui suggère de parler de ses sentiments à mon égard, dans un premier temps, ce qui sera sans doute plus facile que d'évoquer ceux qu'elle éprouve pour Karl. Elle hoche la tête, comme pour approuver ma logique, mais dès lors que je lui demande de parler de ce qu'elle aime le moins en moi, il lui est quasiment impossible de répondre, alors que nous avons déjà abordé ce point à plusieurs reprises. Les critiques qu'elle choisit sont des vertus à peine voilées. J'aurais par exemple un problème de patience et serais trop patient avec elle. Presque tout ce qu'elle dit part du présupposé de mon omniscience. Elle déclare que je savais tout ce qui se passait en thérapie de groupe, mais qu'il y a des fois où elle aurait souhaité que j'agisse auprès de certains membres, individuellement, même si ce n'était pas les aider sur le long terme. Je lui fais remarquer qu'elle m'attribue plus d'omniscience que je n'en possède, et qu'il m'est arrivé de n'avoir aucune idée de ce que traversaient certains membres du groupe, ou même de ce qu'elle traversait. Elle réagit comme si c'était tout nouveau pour elle.

Elle aimerait également que je montre davantage mes sentiments, que je ne cache pas mon agacement, même si je ressemblerais alors certainement à sa mère. Elle évoque de nouveau combien elle est bouleversée lorsque Karl ne dort pas, parce qu'elle l'imagine en train de songer à la quitter. Je suis frustré, piégé dans un cercle vicieux. Ma seule possibilité est de souligner que le fait de s'inquiéter que Karl puisse la quitter la rend tendue et angoissée, ce qui en retour va justement provoquer ce qu'elle craint. Le même schéma s'applique-t-il dans ses conversations avec moi ? Redoute-t-elle de me perdre au point de surveiller ses paroles ? Elle le nie, mais me demande plus tard, dans un murmure, ce qu'il en sera de nos séances après l'été. Je feins de ne pas avoir entendu pour la pousser à reformuler la question plus clairement. En d'autres termes, je veux qu'elle fasse l'expérience de poser une question directe, une question qu'elle a tous les droits de poser. Elle me demande alors : « Est-ce que vous continuerez à me voir après juin ? » Je réponds par l'affirmative, et lui demande s'il y a autre chose qu'elle souhaiterait savoir. Non. Elle évoque le manque de sentiments qu'elle éprouve à mon égard, à l'inverse du puissant intérêt qu'elle porte à d'autres, comme à certains de ses professeurs. Quand elle parle de sa thérapie avec une amie à elle, elle me la décrit le plus souvent en termes impersonnels.

Nous en venons à reparler de ses relations sexuelles avec Karl, et de son incapacité à prendre des initiatives, bien que Karl lui ait récemment « donné la permission » d'exprimer ses désirs. Elle évoque les désirs sexuels qui lui viennent pendant la journée et comment elle les assouvit aisément par la masturbation, puisque je lui ai assuré que ce n'était pas mal. Il semble que j'ai au moins réussi à atténuer son sentiment de culpabilité et de peur concernant la masturbation.

Je pensais la voir la semaine prochaine, bien que je ne sois cette fois-ci pas disponible le mercredi, comme à notre habitude. Comme elle n'était pas au courant, elle me dit qu'elle a déjà d'autres choses de prévues. Nous décidons donc que, puisque la semaine à venir s'annonce bien remplie, il sera plus simple de sauter une séance.

3 mars
Ginny

Bien sûr, j'ai trop attendu avant d'écrire ce compte rendu. (On est lundi matin, soit près d'une semaine plus tard.) Je me souviens que nous avons parlé d'honnêteté, de colère, de ne pas avoir peur de s'exprimer.

La nuit suivante, Karl était agité, un état contagieux. Je n'ai réussi ni à le calmer ni à dormir. L'angoisse et la certitude que je devrais agir ont repoussé le sommeil.

Donc, bien que ce que j'entends en thérapie me gonfle à bloc, me donne de l'espoir, quand arrive le moment d'appliquer les conseils, je reviens à mes vieux schémas. Ils sont là, toujours prêts à refaire surface.

Quand vous m'avez demandé de vous parler de mon opinion et de mes sentiments négatifs envers vous, je l'ai fait sur un plan plus intellectuel qu'émotionnel.

Je sais parfaitement décrire tous mes fiascos. Décrire autre chose serait une nouvelle expérience.

Même si je donne l'impression de faire preuve d'altruisme, je sais qu'en réalité je suis plus égoïste que Karl. Je ne pense jamais que ce que je fais peut l'impacter, dans le bon sens comme dans le mauvais. Je canalise donc mon énergie et nous maintiens tous les deux dans mon immobilisme. Je le fais aussi avec vous, souvent. Je ne vous donne rien que des phrases éculées sur lesquelles travailler. Puis je vous rassure en disant que je ferai mieux la prochaine fois, que je m'appliquerai à prendre les choses plus au sérieux. Quand je vous ai demandé si vous alliez continuer à me suivre, je savais que ce serait le cas et que, sinon, je serais la seule à en souffrir, mais que je saurais apprivoiser cette douleur et en faire quelque chose que je pourrais porter et supporter. C'est un moyen de manœuvrer les expériences afin qu'elles soient toutes absorbées dans mon grand tube digestif de fiascos et que j'en sois réduite à continuer à babiller avec des gens qui ne sont jamais qu'à moitié réels, et avec moi-même qui suis en construction permanente, et qui ne parviens pas à aller de l'avant.

Les prochains comptes rendus seront meilleurs. Je crois qu'ils sont aussi difficiles à écrire parce que tout est pour moi sur le même plan (la peur m'empêche de prendre du recul), si bien que lorsque je commente quelque chose, je pense que c'est évident ou que je l'ai déjà fait.

17 mars
Dr Yalom

Nous ne nous sommes pas vus la semaine dernière. Ginny commence par dire qu'elle a passé le mercredi, où nous nous voyons habituellement, avec des amis. Une amie à elle, qui vient de suivre un long atelier sur l'amélioration du comportement, a passé cinq heures à interroger Ginny, qui a eu le sentiment que cette fille l'étouffait. J'ai l'impression qu'elle sous-entend que je l'étouffe déjà suffisamment. Nous revenons donc en terrain familier, soit à l'incapacité de Ginny à exprimer sa colère. Il devient de plus en plus clair, je crois, pour Ginny et moi, que c'est là un terrain de conflit majeur. Plus évident encore, elle fond en larmes chaque fois qu'elle est sur le point d'exprimer sa colère. C'est arrivé à plusieurs reprises cette semaine. Je lui dis que je trouve son comportement tout à fait compréhensible, si on accepte l'idée qu'elle a en elle une rage si meurtrière qu'elle doit se garder de n'en rien laisser filtrer. Ça ne lui parle pas, mais elle évoque des « rancunes mesquines, des rages mesquines, des

143

petits accès de colère » qu'elle éprouve vis-à-vis des gens. Elle est tellement incapable de les exprimer que le résultat est pathétique. Par exemple, pour écluser sa colère contre la fille qui lui a fait subir cinq heures d'interrogatoire, sa vengeance a été de ne pas lui dire qu'elle avait reçu une carte postale d'un ami commun. D'ordinaire, elle l'aurait annoncé tout de suite, mais elle a cette fois attendu vingt-quatre heures. Puis elle confesse un sentiment d'impuissance, se demandant si elle est réellement capable de changer. Je l'interroge donc sur sa définition du « changement ». Elle imagine le changement si énorme, assorti de revendications si radicales, qu'elle devrait devenir une tout autre personne, de telle sorte que, bien, sûr, ça la paralyse.

À ce stade, elle dit se sentir coupable des comptes rendus minables qu'elle m'a remis. Je lui fais comprendre que, si elle ne veut plus de cette culpabilité, elle devrait écrire de meilleurs rapports. Elle le sait, bien sûr, mais voudrait que je la punisse. Je l'interroge sur le monde souterrain dont elle parle dans ses textes. Qu'y entend-elle ? Que s'y passe-t-il ? Que n'ose-t-elle pas dire dans mon cabinet ? Elle parle de désirs sexuels, qu'elle ressent une certaine stimulation sexuelle quand elle vient ici, désormais, un sentiment qui lui était jusqu'à présent inconnu, et qu'elle qualifie d'adulte. Je sens que j'y suis lié, même si elle ne parvient pas à le dire, comme elle n'admet pas avoir des fantasmes sexuels à mon propos, parce que ça l'embarrasse trop. Il serait injuste de ma part de m'attendre à ce qu'elle parle de ses fantasmes sexuels à mon égard alors que je ne serais pas prêt à évoquer les miens. En fait, je n'ai aucun fantasme sexuel qui l'implique directement, mais je pourrais facilement imaginer éprouver un certain plaisir à la toucher ou à la prendre dans mes bras. Mon rôle professionnel étant si profondément ancré en moi, j'aurais cependant du mal à étendre ce fantasme à des relations sexuelles avec elle. Je crois qu'une partie de la honte qu'elle éprouve découle de l'inégalité de cette relation, où j'attends d'elle qu'elle parle de ses fantasmes, tout en ne partageant pas les miens avec elle ; sa honte n'est donc pas une surprise et il est injuste de ma part d'insister pour qu'elle en parle. Ginny continue pourtant d'insinuer que je devrais la pousser davantage, de manière plus radicale. Je me dis parfois qu'un bon thérapeute, à ce stade, dirait à Ginny qu'elle a trois mois pour entamer un changement, sans quoi il mettra fin à la thérapie. Je me demande si c'est l'affection que je porte à Ginny et le plaisir que je prends à travailler avec elle qui m'empêchent d'utiliser notre relation pour exiger un changement. Est-ce que je freine ses progrès en n'étant pas suffisamment sévère ou « thérapeute » ?

17 mars
Ginny

Je crois que j'ai beaucoup parlé. Je suis venue avec une énergie nerveuse fulgurante. J'avais rêvé que j'étais une femme aimée ayant des liaisons, et je m'étais sentie, au réveil, à la fois heureuse, satisfaite et agressive. Comme vous aviez cinq minutes de retard, j'ai commencé à m'énerver. J'avais envie de vous voir, pas qu'on me renvoie chez moi. Je me suis mise à imaginer que vous étiez parti déjeuner, que vous m'aviez oubliée, que vous me proposeriez ensuite de repasser le lendemain. J'ai dit que ce n'était pas grave, que je reviendrais demain, tout en sachant que je ne devrais pas être en colère, puisque c'est vous qui me faites une faveur avec ces séances, et pas le contraire. Mes émotions tournent toujours autour de fantasmes, ou en deviennent.

Je suis contente d'avoir finalement pu discuter avec vous. Souvent, vous vous plaignez de ne pas voir où je veux en venir, et quand c'est le cas, c'est en général que ce que je dis n'a pas grand sens – des conneries, des réminiscences, des fantasmes que j'essaie de faire passer pour des expériences. Comme la fois où je vous avais dit que j'avais la sensation d'être une femme de quarante-cinq ans, et que la vie était déjà derrière moi.

Quand je vous ai parlé d'Ève, qui essayait de me pousser à exprimer davantage mes sentiments et à m'engager dans les conversations plutôt que de m'appuyer sur des impressions et de petites phrases sarcastiques, je n'ai pas ressenti ce que j'avais ressenti ce jour-là. (Vous comprenez, je pensais que ce n'était qu'avec vous que j'étais prisonnière de ces mécanismes, ou parfois avec Karl, à qui je ne dis pas tout, mais j'ai compris que je faisais la même chose avec ma meilleure amie et qu'elle me demandait maintenant des comptes.) Je n'ai pas réussi à recréer pour vous l'angoisse que ça m'a procurée. C'est peut-être l'erreur que je commets, en thérapie, de croire que je dois reproduire tout ce que j'ai vécu ou ce que j'aurais dû ressentir. De verbaliser, sans cesse, mes expériences. La plupart du temps, je sens que je ne vous livre pas la vraie expérience, ni à moi-même. Je détiens ce précieux musée d'émotions où j'expose toutes mes sensations plutôt que de les accueillir ou de les faire évoluer.

La première fois que je vous ai parlé, il y a trois ans, c'était le moment parfait. Je me sentais prête, après une thérapie et un éveil intense. On dirait que, depuis ce moment ardent où je vous ai parlé en toute vérité et vulnérabilité, toutes mes émotions se sont étiolées. Après deux ans de réflexion dans le miroir[1]

---

1. Au sens littéral, devant un mur de verre qui cachait un public de médecins.

du groupe de thérapie, je me sens toujours intimidée, face à vous. Je vis à travers cette image de moi, plutôt que de me laisser faire l'*expérience de moi-même*. Je stagne, fais barrage. Quand je dis quelque chose, c'est soit prémédité, soit flou. Dans un cas comme dans l'autre, je sens que je ne vais pas au fond des choses. Je ne me surprends presque jamais, et je suis certaine de ne pas vous surprendre. Ça me met en colère contre vous, mais plus en colère encore contre moi. J'ai bloqué le courant, je ne laisse que quelques filets de sentiments s'écouler ; je les regarde s'épuiser, comme vous. Je ne sais pas ce qui me met mal à l'aise. Peut-être en partie parce que je me vois à travers le regard sévère de Karl.

Je me libère de cette timidité quand je m'amuse avec Karl ou des amis ou si vous me posez la bonne question. Lorsque je me sens impliquée et que je ne m'inquiète pas de donner la bonne réponse, de bien faire. Alors je passe à côté de certaines choses, mais j'ai plus de ressentis et moins de souvenirs. Je m'en tire bien. Le moment et les expériences sont derrière moi, sans laisser de mauvais échos.

En thérapie, je suis impressionnée par vos réactions, si maîtrisées, face à ce que je vous donne. Vous n'avez pas face à vous une vraie personne sur qui travailler, je ne vous laisse même pas l'apercevoir. C'est du moins ce que j'ai ressenti aujourd'hui. Même quand j'éprouve autre chose, cette image critique de moi prend le pas sur le reste, s'impose. Quand je suis nerveuse, comme aujourd'hui, j'ai le sentiment de regarder un écran qui grésille, un mauvais feuilleton dont l'image saute à l'écran.

Peut-être que mon fantasme de faire l'amour tout en parlant est un fantasme sur la thérapie – que vous allez me convaincre de céder, de libérer mes sentiments, de donner leur liberté à d'autres sentiments que celui d'échec que je ressens. En général, quand vous me demandez ce que j'éprouve pour vous, je lance ce processus rapide de réflexion : « Ah… Il recommence à tenter de me faire admettre que j'ai des désirs sexuels pour lui. » Ce n'est pas le cas (réponse brève). Aujourd'hui, quand vous l'avez dit, j'y ai pourtant réfléchi, je me suis autorisée à fantasmer, et j'ai bien éprouvé un tel désir – mais c'était un exercice où je laissais libre cours à mes émotions, pas quelque chose de profondément enraciné dans mon esprit.

Je suis, je crois, plus sur mes gardes en thérapie que partout ailleurs. J'ai beau me dire que vous aimeriez que j'agisse différemment, je ne le fais pas.

Si j'ai ce sentiment d'échec, c'est en partie parce que j'arrive à vous tromper sans que vous me critiquiez. Je suis sur scène, où mon visage et mon corps se retrouvent chaque fois que je le veux. Ils se donnent en spectacle, montrent force et émotions, sans que cela ne me procure aucun plaisir. Pourtant, en sortant de séance, je me sens davantage capable d'extérioriser mon agressivité, contrecoup du jeu que j'ai joué.

14 avril
Dr Yalom

Voilà trois semaines que je n'ai pas vu Ginny. J'ai passé les deux dernières semaines à Boston. Celle d'avant, je devais la voir à 11 heures, afin de pouvoir monter dans l'avion de 14 heures pour la côte Est. C'était en tout cas ce que j'avais en tête jusqu'au mardi, quand je me suis rendu compte qu'il me serait impossible de tout faire si je ne voulais pas rater mon avion. J'ai travaillé tout le mardi, jusque tard le soir, et, après avoir longtemps hésité, j'ai décidé d'appeler Ginny pour annuler notre rendez-vous. Je lui ai malgré tout assuré que, s'il y avait une urgence, je réussirais à trouver un peu de temps pour elle. Elle m'a répondu que c'était vraiment dommage qu'on ne puisse pas se voir, d'autant plus qu'elle avait un bon compte rendu à me remettre. J'étais sincèrement embêté, en plus d'être curieux de savoir ce qui s'était passé, et qui a donc fait l'objet de cette séance, à laquelle je peux donner le titre « Un pic de deux jours ».

Pour résumer, Ginny m'explique que pendant deux jours elle s'est sentie extrêmement bien. Ça aurait commencé le dimanche soir, quand Karl l'a de nouveau traitée de masse parce qu'elle s'endormait instantanément chaque soir sans se soucier de lui. Cette fois-ci, elle a répliqué, s'est mise en colère. Le lendemain matin, elle s'est également fâchée contre un élève désobéissant qui l'avait provoquée sur son lieu de travail. Même si elle s'en était d'abord pris, à tort, à un premier gamin, elle avait pu retrouver le fautif et le gronder aussi. Et tant pis s'il ne lui avait pas prêté attention, elle s'était sentie forte et puissante et s'était prise très au sérieux. Il semble donc que Ginny ait finalement entraperçu sa force intérieure. Pourtant, quand j'ai annulé notre séance, tout lui a de nouveau échappé. Elle dit avoir pensé qu'en venant me voir elle rechargerait ses batteries et que mon désistement l'avait mise hors circuit. Elle n'a pu exprimer ses pensées au téléphone, parce que, quand j'ai appelé, elle était avec Karl, en train de jouer à un jeu de bluff. Coincée entre les deux hommes de sa vie, elle s'est sentie piégée, me disant tout bas qu'elle ne pouvait pas vraiment partager avec Karl ces changements qu'elle avait ressentis et qui n'auraient aucun sens pour lui.

Tout cela est raconté par Ginny avec brio. Je la sens enjouée et, même si elle parle de ces bonnes sensations au passé, il me semble qu'il en reste au moins encore des traces. Ce qu'elle me dit m'évoque beaucoup de choses et j'essaie de les explorer systématiquement avec elle.

Premièrement, pourquoi était-elle si agacée que je doive annuler notre séance ? Elle ne dit pas grand-chose, bien sûr, et je dois presque répondre à sa place : j'aurais certainement pu mieux organiser ma journée, ou, si je tenais vraiment à elle, j'aurais tout fait pour la voir malgré tout. Elle a pensé à tout ça, mais m'a pardonné, puisque j'avais aussi annulé tous mes autres rendez-vous. Elle a d'abord cru que c'était parce qu'elle ne me payait pas, mais a également écarté cette interprétation du fait que j'avais renoncé à voir tous mes patients, qui pourtant payaient. Cela me montre que je néglige trop le fait que Ginny ne paie pas. C'est sans importance pour moi puisque l'argent que mes autres patients me versent part directement dans les caisses de l'université, mais peut-être n'est-ce pas assez clair pour Ginny, qui croit m'être redevable.

Autre élément à approfondir : que signifie le fait que sa sensation de bien-être se soit évanouie quand je n'ai pas pu la voir ? Je lui dis que j'ai l'image d'un enfant qui plonge dans la piscine et qui, chaque fois, dit à sa mère : « Regarde-moi ! Regarde-moi ! » Dès lors que sa mère ne le regarde plus, il ne voit plus l'intérêt ni n'éprouve plus de plaisir à plonger. En d'autres termes, cela m'attriste que Ginny ne se soit sentie bien que pour moi. Elle le nie, insiste sur le fait qu'il s'agissait d'elle avant tout, mais qu'il lui manquait quelque chose. Mon interprétation est qu'elle a eu le sentiment que ça ne m'intéressait pas assez.

Il y a, en ce moment, beaucoup de choses qui la perturbent. Elle doit quitter la maison qu'elle loue, car le propriétaire et son épouse viennent de divorcer, et ils veulent tout vendre au plus vite, jusqu'aux meubles qu'elle utilise depuis un an. Ginny s'en veut de ne pas avoir été à la hauteur de la situation, de ne pas avoir su tout gérer. Elle a proposé d'aider le propriétaire, qu'une maladie handicape, mais s'en veut de ne pas avoir fait preuve de sang-froid, alors qu'il est tout à fait logique qu'elle soit bouleversée de devoir renoncer à des choses avec lesquelles elle a vécu et qu'elle aimait, y compris le propriétaire. C'est typique de Ginny de tout interpréter comme un signe de sa propre infériorité ou de son manque de grâce. Elle voit les événements de ses journées par le prisme de la haine qu'elle éprouve envers elle-même. Je lui en parle, soulignant certaines des obligations qu'elle s'impose, des exigences qu'elle a envers elle-même, et qui gouvernent la manière dont elle se perçoit. Elle évoque la visite d'une amie et je tente de lui faire voir leur rencontre du point de vue de cette amie ; Ginny est consciente que cette amie a une haute opinion d'elle. Je sais qu'il faut constamment pointer du doigt ses qualités à Ginny – des qualités que je lui reconnais et sur lesquelles s'entendent, j'en suis certain, la plupart des gens qui la fréquentent. Nous nous demandons pourquoi tous ces sentiments positifs qu'éprouvent les autres à son propos ne suffisent pas à entamer le noyau dur de la haine qu'elle nourrit envers elle-même. Ce doit être là-dessus que nous terminons la séance.

Je commence enfin, je crois, à voir une lueur au bout du labyrinthe. Le simple fait que Ginny ait été capable de vivre deux bonnes journées est très encourageant. Un patient peut garder en lui ce genre d'expérience comme point de référence pour des progrès futurs, et reconnaître un terrain familier quand il s'en approche à nouveau. Pour l'instant, Ginny a tendance à faire précisément le contraire. Ce pic de joie lui rappelle à quel point elle est morte le reste du temps. Pourtant, je suis convaincu qu'il y aura encore de nombreux autres moments comme celui-ci dans le futur.

Ginny est arrivée très troublée, aujourd'hui. Le fait que j'aie une dizaine de minutes de retard, bien sûr, n'a rien arrangé. Je me suis senti coupable, surtout que ce n'était pas le bon jour pour faire attendre Ginny. Ce n'était en revanche peut-être pas plus mal, car ça l'a aidée à mobiliser sa colère contre moi. J'étais pour ma part harcelé par les architectes chargés de la construction d'une nouvelle unité psychiatrique de l'autre côté de la rue et, comme je pars aujourd'hui pour quelques jours, cela a duré plus de temps que prévu. Cependant, mon retard n'était pas complètement inévitable. Je comprends que Ginny a l'impression d'avoir reculé de plusieurs crans. Elle est à bout, sous pression. Elle doit en effet trouver un nouvel appartement dans la semaine, tous ses meubles sont vendus, Karl s'est gravement brûlé la main, elle n'a rien écrit depuis trois semaines, etc. Son angoisse accrue, cette semaine, m'inquiète, ce que je m'empresse de lui dire. Je suis certain que, quand les choses se calmeront, elle se sentira bien mieux. Il est cependant important que je comprenne ce qu'elle s'inflige dans ces moments de stress.

Je comprends qu'elle se met à la disposition de tout le monde, puis s'apitoie sur son sort, et se rend si pitoyable que les autres finissent par la rejeter. Ce qui change, cette fois, est la nature de sa rage, qui fait surface. En général, elle l'enfouit au plus profond d'elle, pour finir par se sentir déconcertée et impuissante face à sa colère jamais exprimée, jamais extériorisée. Elle dit qu'elle était furieuse de devoir venir me voir aujourd'hui. J'ai beau tenter de la sortir de ce bourbier, elle m'explique qu'elle avait trop de choses à faire pour se permettre de perdre tout ce temps, d'autant plus qu'elle a été malade dans le bus. De surcroît, elle s'est réveillée hantée par l'idée de posséder une arme et de tirer sur des gens. Quand elle a demandé à ma secrétaire où j'étais, elle a eu le sentiment que, si je ratais la séance d'aujourd'hui, ce serait le point d'orgue de la semaine. Comme elle avait du mal à ouvrir la fenêtre du cabinet, elle a dû se retenir de briser la vitre d'un coup de poing. Karl a été insensible ces derniers temps, la poussant à chercher un appartement alors qu'elle se sent trop fatiguée pour bouger, la forçant à aller à la librairie alors qu'elle n'en avait aucune envie, pour ensuite se plaindre que le dîner n'était pas prêt – bien que sur le ton de la plaisanterie. Il s'est ensuite brûlé avec une poêle chaude qu'elle avait oubliée sur le plan de travail ; pendant un instant, elle a trouvé que c'était une belle revanche, puis s'est bien sûr détestée d'avoir pu penser une chose pareille. (À l'évidence, c'est moins une belle revanche que des pulsions destructrices brisant des barrières répressives : elle avait conscience qu'il n'était pas prudent de laisser cette poêle sur le plan de travail, qu'il était dangereux de poser des allumettes à proximité, mais ça lui était sorti de l'esprit en l'espace de quelques minutes.) Elle est aussi en colère contre son père, aujourd'hui, et contre moi, même si elle n'arrive pas en parler.

Il y a tant de choses que j'ai du mal à savoir quoi faire pour lui venir en aide. À la fin de la séance, j'ai la nette impression d'avoir été inutile. Ginny repart, l'air assez découragée et abattue, convaincue sans doute d'avoir fait un long trajet pour me voir sans en tirer de réel profit.

Pendant la séance, je tente de lui faire comprendre que la situation n'est pas aussi désespérée qu'elle l'imagine : elle est libre dans ses choix et peut aborder ses problèmes l'un après l'autre, penser à ce qu'elle pourrait faire pour les résoudre. Mettre de l'ordre, ranger, par exemple, ne lui demanderait pas beaucoup d'efforts. Pourtant, elle semble trop désemparée pour prendre en considération ces suggestions pratiques. De plus, elle déclare qu'elle était trop stressée cette semaine pour écrire son compte rendu – elle a déjà dit tout ce qu'elle voulait dire la semaine passée et, si elle pensait à autre chose, elle pouvait en parler pendant notre séance. Je sens qu'elle me met au défi, et tente de l'aider à explorer plus profondément ce sentiment, ce qu'elle refuse de faire. Je crois, lui dis-je, qu'elle est encore fâchée contre moi parce que je n'avais pas pu la voir, il y a plusieurs semaines. Elle me répond qu'elle était certaine que je dirais ça, mais que c'est faux. Il est même idiot de revenir sur des événements datant d'un mois, alors qu'il se passe tant de choses urgentes dans sa vie.

C'est donc avec l'ancienne Ginny que j'ai échangé aujourd'hui : un retour au découragement, au pessimisme et à la confusion pour moi, pour Ginny un retour à la honte de se sentir aussi négligée et désordonnée. Nous avons tous deux été pris dans sa spirale d'autohumilation.

5 mai
Dr Yalom

Ginny m'annonce d'emblée qu'elle n'a pas son compte rendu, qu'elle n'a pas eu le temps de l'écrire, puis elle marmonne qu'elle a cependant eu le temps d'aller aux courses. Quand je l'interroge, elle insiste sur le fait qu'elle était bien trop occupée, chaque instant de la journée dédié aux cartons et au déménagement, et le peu de temps libre qui lui reste doit lui permettre de s'évader du foyer. Elle est déprimée, il ne se passe pas grand-chose, et elle a tout dit lors de la séance précédente. Tout cela me laisse maussade et je dois me retenir de la réprimander pour ne pas avoir rédigé de compte rendu, puisque c'est sa part du contrat qu'elle a conclu avec moi. J'hésite même à lui dire que, si elle ne tient pas sa parole, je ne tiendrai pas la mienne. Mais ça ne ferait que rendre ses écrits forcés et mécaniques. Puis je ne veux pas l'enfoncer alors qu'elle est déjà si abattue. Pendant une vingtaine de minutes, la séance est affreusement morne. Elle revient, pour l'essentiel, sur des choses que nous avons déjà abordées. Je ne crois pas qu'elle énonce une seule phrase fraîche ou rafraîchissante. Elle me sert, pour l'essentiel, quelques phrases mornes tirées de son habituelle bouillie d'autodévalorisation.

Je tente de trouver un moyen d'intervenir de manière constructive, mais je suis tout bonnement incapable de dire quoi que ce soit pendant la première partie de la séance. Je n'arrive à rien dénicher d'utile, rien que j'aie véritablement envie d'explorer ou de mettre en avant. Je me retrouve donc, contre ma volonté, assez silencieux. Je lui fais remarquer qu'elle se donne là des airs de gamine, en parlant d'une voix faible et timide, et qu'elle ne m'apprend rien de nouveau. Elle l'admet. Puis elle me raconte un fantasme qu'elle a eu le matin, et dans lequel je l'aurais envoyée dans un petit bunga-low pour qu'elle écrive, sur quoi mon assistant serait venu et aurait eu des relations sexuelles avec elle, ce qui lui avait procuré un joyeux plaisir. Au bout d'un certain temps, la partie de jambes en l'air avec l'assistant se serait transformée en des rapports acharnés, proches d'un viol. Elle aurait alors été tentée de fuir avec lui, mais je serais arrivé à cet instant, la convainquant de rester là pour écrire pendant au moins un mois de plus. Nous explorons ce fantasme : souhaite-t-elle vraiment que je prenne soin d'elle dans un joli petit bungalow et que j'aille jusqu'à lui fournir un exutoire sexuel ? Non, c'est en fait un rôle de mère qu'elle voudrait me voir assumer ! Quels sont certains des problèmes sur lesquels elle aimerait que je l'interroge ? (J'apprends toujours énormément en demandant aux patients quelles questions ils aimeraient que je leur pose.) Elle est incapable de répondre, si ce n'est qu'elle aimerait que je lui donne plus de choses à accomplir ou que je lui pose des questions précises sur ses sautes d'humeur. Elle veut aussi que je lui dise que faire.

Je passe le dernier quart d'heure à endosser pleinement mon rôle maternel. Elle me dit par exemple que ça lui a plu que je lui suggère de prendre le train, la fois précédente, alors elle a pris le train. A-t-elle pris le train aujourd'hui ? Non. Pourquoi pas ? Elle m'explique ce qui l'en a empêchée. Je l'interroge sur ce qu'elle a fait, précisément, aujourd'hui : elle me donne l'heure à laquelle elle s'est réveillée et son état d'esprit au réveil. Qu'a-t-elle fait alors ? Elle évoque sa toilette, qu'elle n'a pas faite complètement. Je lui demande si elle aimerait que je la lave. Elle me répond non, mais qu'elle aimerait que je lui donne une « douche gratuite ». C'est un choix de mots curieux. Son utilisation du mot « gratuit » n'a aucun sens, mais je n'arrive pas à obtenir plus d'explications. Elle parle de son petit déjeuner ; elle aurait aimé manger des céréales et des fraises, mais ne s'est pas autorisé ce plaisir, alors même que ça signifiait que personne ne mangerait les fraises et qu'elles allaient pourrir. Elle m'explique que c'est un des moyens qu'elle a trouvés pour se priver de ce qu'elle veut. C'était sa mère, par le passé, qui décidait de ce qu'elle allait manger. Je continue dans cette direction, et lui suggère de manger des fraises et des céréales demain, et de venir en train, la prochaine fois.

Cet échange égaie un peu notre séance. À un moment, elle se plaint d'avoir très chaud, elle se sent comme prise d'une bouffée sexuelle, et aborde un nouveau sujet à la fois curieux et intrigant : elle s'était donné comme objectif, en venant aujourd'hui, de ne pas me laisser l'atteindre, de garder le contrôle en étant intouchable. Elle se souvient que c'était le cas en thérapie de groupe, où elle était distante, hors d'atteinte émotionnellement. Je lui demande ce que ça me ferait éprouver à son égard. Elle dit que le seul mot qui lui vient à l'esprit est « admiration ». Cela semble suggérer qu'en étant intouchée, en restant sans vie, en quelque sorte, elle parvient à me contrôler, comme elle le fait peut-être avec Karl par sa frigidité. Il y a un poing serré et rebelle dans ce gant de velours.

18 mai
Dr Yalom

Une séance très tendue et déstabilisante. D'abord, c'était le jour où nous échangions nos comptes rendus écrits ces derniers mois. Je n'y avais guère pensé, sauf pour dire à la secrétaire de les rassembler. J'avais prévu de passer un peu de temps à les relire ce matin et peut-être à les corriger pour les rendre plus intelligibles, puisque je les avais dans un premier temps dictés puis retranscrits. Plus je les lisais, plus j'étais gêné : qu'est-ce qui m'avait pris de dire que j'allais montrer ça à Ginny ! Quel effet cela aurait-il sur elle ? J'ai résolu le dilemme en cessant ma lecture au bout de deux comptes rendus. J'ai aussi jeté un coup d'œil à quelques écrits de Ginny, mais sans les lire systématiquement non plus, car je trouvais que nous devions le faire en même temps cette semaine, afin de pouvoir en parler à la prochaine séance. Une chose me semble évidente : en un sens, les rôles se sont inversés – souvent, Ginny croit que j'ai le dessus, et pourtant, d'un point de vue linguistique déjà, il est

163

assez clair que mon langage est maladroit et pauvre, comparé au sien.

Au début de la séance, je sens donc le doute m'envahir : est-il vraiment judicieux de partager ces comptes rendus avec Ginny ? Je lui fais savoir qu'elle peut m'appeler si mes écrits la bouleversent trop, que je serai là pour elle. Elle semble, elle aussi, gênée à l'idée de les lire, et plaisante en disant qu'elle envisage de les cacher sous une couverture de bande dessinée pour que Karl ne devine pas ce qu'elle lit.

Ginny a quoi qu'il en soit bonne mine aujourd'hui. Elle a appelé pour demander à changer notre rendez-vous et venir plutôt la veille, afin de pouvoir faire le trajet avec Karl. La séance est assez tendue et cette tension est en grande partie sexuelle. Ginny parle de ses désirs intenses, qui semblent tourner autour de moi ou du moins venir de moi. Quand je lui demande si le fait qu'elle se sente sexy a un lien quelconque avec sa décision de me voir aujourd'hui, elle évoque la masturbation, et m'est reconnaissante de lui avoir en quelque sorte donné la permission, un peu comme si j'étais un prêtre qui lui donnerait l'absolution après une confession.

Elle me dit ensuite avoir été très ennuyée de m'appeler hier pour déplacer notre rendez-vous, comme quand sa mère la forçait à appeler des garçons le jour de Sadie Hawkins[1], pour les inviter. Je lui reparle de la fois précédente et de son fantasme d'avoir des rela-

---

1. Journée du 13 novembre, où ce sont les filles qui prennent les devants et invitent les garçons. (*N.d.T.*)

tions sexuelles avec mon hypothétique assistant. Elle répond que, si elle pouvait parler aussi ouvertement avec Karl qu'avec moi, elle se sentirait bien plus à l'aise et serait probablement capable de s'autoriser plus de liberté sexuelle avec lui. Je pousse le raisonnement plus loin et lui demande si, dans le cas où elle aurait des relations sexuelles avec moi, elle serait capable de se laisser encore plus aller. Elle répond qu'elle y songe parfois, mais qu'elle ne se permet pas d'y penser plus ou de fantasmer à ce propos. Je suggère qu'elle le fait déjà, à un niveau en deçà de la pensée, puisqu'elle est submergée de désir dès qu'elle passe la porte du cabinet. Je lui demande si en parler l'aiderait à exorciser la tension présente, et qui semble aujourd'hui la bloquer.

La séance traîne en longueur jusqu'au dernier moment. Les minutes semblent interminables. Peut-être est-ce l'idée de lire les comptes rendus. Nous parlons de son apparence, de la minirobe qu'elle porte aujourd'hui et qu'elle trouve bien trop courte ; elle semble gênée, désolée de ne pas avoir mis un pantalon en dessous. Je lui demande ce qu'elle imagine que j'ai pu penser en voyant sa robe. Elle ne répond pas et je lui donne mon avis : je n'ai remarqué aucune des choses peu flatteuses qu'elle a énumérées, je la trouve même très bien. Je me demande également si son désir particulièrement fort aujourd'hui est lié au fait que Karl et moi sommes tous les deux à Palo Alto ; peut-être se sent-elle coincée, prise au piège entre nous deux. Cependant, je choisis de ne pas lui faire part de cette interrogation. Je suis certain que ça serait en pure perte.

Je suis assez curieux de lire ses comptes rendus et de connaître sa réaction aux miens. La semaine prochaine me semble à des années-lumière.

18 mai
Ginny

J'aurais mieux fait d'écrire mon rapport avant de commencer à lire les vôtres. J'ai en tout cas eu un fantasme pendant la séance, l'autre jour, un rêve vulgaire. En fait, j'étais si nerveuse que je me suis dit que si j'avais pu me masturber avant, ou juste là, dans le cabinet, ça m'aurait soulagée et j'aurais pu passer à autre chose, m'intéresser à nos affaires. Cette pensée bizarre avait des airs d'*Histoire d'O* – un plagiat même –, où une fille se masturbe dans son bureau sur une chaise pivotante, devant un homme. Mais ce n'est pas vraiment ce que je ressentais. Je ne suis d'ailleurs pas certaine que tout ce que je viens d'écrire soit réel ou juste une technique pour me déconcentrer. Quand je n'ai pas d'inspiration, j'essaie d'accorder mes pensées à des choses que j'ai lues dans des livres : ils sont mes sources secondaires d'expérience.

Ce qui est en revanche bien réel, c'est que, quand je fais des choses de mon côté, j'imagine très souvent que vous êtes avec moi. En toute transparence, je ne vois pas ce que change le fait que vous soyez là dans mon esprit ou physiquement présent. Il arrive que vous apparaissiez chez moi, par exemple, et que je vous parle. Pendant la séance, j'avais le sentiment d'être venue pour des maux de ventre. J'avais, je crois, besoin d'un remède concret. J'ai pensé que j'avais en moi cet afflux d'énergie, mais pas de refuge. Je trouve refuge dans votre cabinet, je peux parler sans crainte d'être jugée, et être amnistiée. Si j'ai besoin d'intimité, parfois, je vous visualise devant la porte de ma chambre ou près de mon lit. Une sorte de gardien de mon esprit. Vous veillez sur moi, protecteur, à l'écoute. Ou si je m'enfuis, vous êtes le seul qui puisse miraculeusement trouver mon adresse. Je savais qu'aborder mes fantasmes vous ferait plaisir, mais je n'ai pas pu. D'abord, parce que je sais que ces fantasmes sont scandaleux, mais surtout parce qu'ils sont un peu surfaits : je les embellis, au point qu'ils soient spectaculaires, et vais même parfois jusqu'à les fabriquer pour remplir le vide de la séance. Mon sentiment pendant cette séance était que vous seriez toujours là, quoi qu'il arrive. Peut-être était-ce l'angoisse à l'idée d'aller voir un médecin que je ne connais pas le lendemain et de lui montrer mon corps – d'être tout enjouée et ouverte pour lui –, beurk. Un rendez-vous chez le gynécologue, c'est tout autre chose.

J'ai attendu six jours pour écrire ce compte rendu. C'est la dernière fois que je fais ça. Désormais, je serai plus assidue.

Dans vos comptes rendus, vous m'appelez Ginny. Alors que je me contente de m'adresser à vous. C'est peut-être pour ça que je fais preuve d'une plus grande prudence dans ce que je dis. Vous écrivez dans votre journal tandis que je vous ai au bout du fil, consciente d'être reliée à vous et que quelqu'un pourrait surprendre notre conversation.

III
ÉTÉ

26 mai-22 juillet

26 mai
Dr Yalom

Première séance depuis notre lecture des comptes rendus. Je trépignais d'impatience. Je me demandais surtout si certains passages de mes comptes rendus risquaient d'avoir un effet contre-productif sur Ginny. De plus, j'étais gêné, personnellement, après avoir lu à la fois ses écrits et les miens – certaines de mes observations étaient très scolaires et mon langage maladroit, comparé au sien. La seule chose qui me sauvait, c'était que je ne faisais état que de sentiments positifs vis-à-vis d'elle, puisque c'est mon sentiment sincère.

Elle arrive cette fois plutôt pétillante. Je lui propose que nous enregistrions cette séance, au cas où nous voudrions y revenir plus tard. Elle me suggère d'écouter d'abord ce qu'elle va me dire, parce que je risque d'être déçu et de changer d'avis sur cette idée d'enregistrement. Elle énumère les catastrophes qui lui sont tombées dessus depuis notre dernière rencontre : gale, mycose vaginale, coupure au pied, frais médicaux exorbitants et enfin Karl, qui n'était guère sorti de la maison, si bien qu'elle avait été obligée de lire mes comptes rendus en toute hâte et avait à peine eu le temps de jeter un œil aux siens.

Sa réaction, comme je m'y attendais, est de comparer son travail au mien – en sa défaveur, bien sûr. Elle a l'impression d'être en classe et d'avoir rendu un mauvais devoir. Par rapport aux miens, ses comptes rendus sont brefs et superficiels, alors qu'elle aurait voulu approfondir les sujets. Ginny remarque que le fait que j'aie utilisé la troisième personne, en parlant d'elle, m'a donné beaucoup plus de liberté qu'elle n'en avait eu, car elle s'adressait directement à moi. Je suis frappée par sa remarque, parce que je n'y avais pas prêté attention et qu'elle illustre bien l'inégalité de la relation psychothérapeutique en général. Jamais je n'aurais envisagé de vous écrire. Et que pense-t-elle du fait qu'elle s'adresse à moi en m'appelant « docteur Yalom » alors que je l'appelle « Ginny » ? Pourrait-elle m'appeler par mon prénom, sans éprouver de gêne ?

Elle aborde mes comptes rendus de manière positive, allant jusqu'à dire que ça l'a convaincue de ne pas prendre un emploi à plein temps, qui l'aurait contrainte à interrompre la thérapie. Je lui demande plus précisément ce qui, dans mes écrits, a déclenché cette réaction, mais elle dit simplement qu'elle se sent davantage prête désormais à passer à la seconde phase de notre relation. Elle évoque les dîners d'adieux symboliques qu'elle a pu avoir avec d'anciens professeurs à elle. En un sens, ces comptes rendus ont pour elle la même symbolique, marquant la fin de quelque chose. Apparemment, elle les a lus en diagonale, se concentrant sur tous les aspects positifs, et elle en est ressortie avec le sentiment qu'elle n'a pas à s'inquiéter de me rallier à sa cause et qu'elle peut passer à une autre étape. Elle insiste lourdement sur le fait qu'elle n'a pas eu le temps d'approfondir sa lecture, parce qu'elle ne pouvait pas lire les comptes rendus, trop compromettants, en présence de Karl. Elle me donne l'impression que nous sommes au cœur d'un complot politique ou bien des amants dont l'aventure doit être cachée au mari. Mais c'est en partie vrai : si Karl avait lu tout ce qu'elle dit à son propos, il aurait pu s'offusquer qu'elle rende si publique leur vie privée. Je pense pourtant que c'est la seule chose qui pourrait l'offenser. Il est clair qu'elle craint cette découverte à l'excès, gardant le secret, dissimulant soigneusement les pages dans sa chambre, son cœur s'emballant quand elle lit en cachette, de peur que Karl n'entre et ne la surprenne...

Dans l'ensemble, cette séance est peu productive, en dehors du partage de nos réactions aux comptes rendus. Ginny est contente de parler de son aisance dans l'accomplissement d'actes qui auparavant constituaient des obstacles majeurs. Par exemple, par le passé, quand la cuisine était en désordre, elle se plaignait que la table soit sale et d'être à l'origine d'un tel bazar. Elle s'émerveille de pouvoir maintenant rendre la cuisine agréable en la rangeant et en la nettoyant tout de suite.

Nous parlons d'argent. Son sentiment d'humiliation est omniprésent. Comme quand elle supplie son propriétaire de réparer le ballon d'eau chaude, quand elle se rend à l'hôpital pour être soignée gratuitement et quand elle enfile son uniforme d'agent de la circulation devant l'école en priant pour qu'aucun de ses amis ne la voie dans cette tenue. L'idée qu'elle est une personne avilie est profondément ancrée en elle. Je tente de l'aider à voir que c'est elle qui s'avilit et que, si elle veut être fière d'elle, elle doit faire des choses dont elle peut s'enorgueillir. Son sentiment est accentué par sa situation financière, un problème qui n'est pas sans solution. A-t-elle par exemple envisagé de miser sur son talent littéraire ? Et voilà que je prêche à nouveau mon évangile personnel, sans texte à l'appui, puisque je n'ai aucune suggestion concrète à ajouter à l'expression de ma confiance en sa capacité à trouver un moyen de gagner sa vie en accord avec son talent !

26 mai
Ginny

Il voulait nous enregistrer. Je n'ai pas pris la peine d'y réfléchir, ni même de demander pourquoi. Il ne fallait pas que ça m'affecte alors que j'étais en train de m'humilier en énumérant mes problèmes de santé, qui n'avaient en soi pas d'importance, si ce n'est qu'ils étaient enregistrés pour être réécoutés un jour. Vous étiez le journaliste et moi l'invitée.

Je vous ai dit que je pensais que mon médecin me surfacturait les consultations. J'espérais un conseil professionnel de votre part, mais la conversation ne m'a pas aidée. Peut-être parce que, pour une fois, je ne jouais pas un rôle. Ce matin, je me suis réveillée alors que j'étais sur le point d'aller, en rêve, demander des comptes à mon médecin. La plupart du temps, je fais confiance aux autres, puisque j'ai besoin d'eux. Je réagis, au lieu d'agir. Les gens me catégorisent, croient connaître mes limites. S'ils sont mauvais, je sais faire preuve d'assez d'endurance pour tenir jusqu'à ce qu'ils disparaissent de ma vie. Mais

177

ce médecin ne cesse de s'insinuer plus profondément dans mes cauchemars. Surtout depuis que je me suis coupée et que ça s'est infecté. Dans mes rêves, vous n'apparaissez jamais comme un mauvais médecin; sauf peut-être la fois en thérapie de groupe où j'étais certaine que vous n'aimiez pas M. J., celui qui nous encadrait, et que je savais que vous aviez tort, parce que votre passé et votre philosophie ne vous permettaient pas de comprendre sa magie et ses psychodrames, si éphémères soient-ils.

Après avoir lu les comptes rendus, j'ai fait l'expérience de rêves sensoriels, dans lesquels je planais. Je suis sûre qu'ils reflètent une forme de bonheur.

Pour en revenir aux comptes rendus, je sais que je les ai lus trop vite. Vous portez vos mains à votre visage, retirez vos lunettes. Vous riez, mi-étonné, mi-choqué, et je sais que je l'êtes, mais je n'y prête pas attention. Vous m'avez beaucoup plus donné, dans ces écrits, que je ne l'ai fait de mon côté, vous en avez beaucoup plus dit. Et je les ai survolés sans même vous remercier. Dans mon esprit, ça n'était pas un problème parce que je m'étais promis de les lire de plus près la semaine prochaine.

Je crois que je n'articule pas, quand je vous parle, j'avale mes mots. Je suis brouillon.

J'ai beau dire sans arrêt que j'aimerais tant vous rendre la pareille, je sais exactement ce que vous attendez de moi, et pourtant je choisis de ne pas vous le donner. Je fixe vos chaussures ou bien la table. Vous aimeriez que je parle plus librement, que j'arrête de garder mes pensées pour moi, mais je n'y arrive pas. Je n'assume pas ce que je dis; peut-être est-ce pourquoi mes comptes rendus ne sont pas aussi fournis que les vôtres.

Pendant la séance, j'étais optimiste, mais c'était uniquement parce que mes problèmes me paraissaient lointains et que je me sentais à l'aise. Nous avons parlé de ce que je ferais *la semaine prochaine*, pas de ce que je devais faire dans l'instant présent. Cela me fait du bien d'imaginer des tâches qui ne m'incombent pas encore.

Hier, je vous ai dit qu'il faudrait que je commence à agir, à prendre des initiatives. D'habitude, c'est vous qui me dites quoi faire. Je me suis concentrée sur la table de la cuisine, parfaite pour un premier exercice. Ça a été une révélation, la première fois que j'ai compris qu'il y avait un moyen de conquérir les futilités quotidiennes, de ne pas les laisser prendre le dessus.

En remettant toujours les choses au lendemain, je mets ma vie active sur pause. Quand je me laisse aller à la passivité, les choses que je n'ai pas faites et toutes celles que j'ai « interrompues » tournent en boucle dans ma tête, dans une parfaite inertie. Parfois, j'aime venir au cabinet parce que j'ai l'impression que c'est un moment de sécurité, suspendu dans le temps. Je me concentre sur le fait de penser à ce que je dois faire, sans que je doive le faire tout de suite.

Je sais que Karl déteste mon inertie, ma façon de reculer, mes tours de passe-passe. Je déteste ça aussi, mais je suis coincée. Je mets beaucoup d'énergie dans ce que j'entreprends, c'est juste que je m'arrête avant la perfection et surtout avant d'atteindre le but. La table de la cuisine prend soudain des airs de haut plateau, avec sa terre sèche et ses buissons déracinés que le vent souffle contre moi, et le fait que je range n'y change

...en. Je sais que mon problème est lié à la mise en suspens des actes et des sentiments. Je deviens beaucoup trop nerveuse dès lors que je ressens le besoin et l'envie d'agir. Mes désirs sont comme un cheval juste avant le départ de la course, l'instant suspendu, le drapeau rouge levé, le cheval qui piaffe, tendu. Si on le retient trop, qu'on tire trop sur les rênes une fois la course engagée, il va relâcher toute sa tension et faire une mauvaise course, ou du moins prendre un très mauvais départ. Le jockey doit savoir quand le retenir et quand le stimuler, quelques secondes à peine avant que le drapeau se baisse, pour qu'il coure à pleine vitesse. C'est cette tension que je ressens l'instant avant notre rendez-vous, dans la salle d'attente. Une fois dans votre cabinet, je me relâche, contente d'avoir franchi la ligne de départ, et la course se passe sans encombre pour nous deux.

2 juin
Dr Yalom

Une séance très importante avec Ginny, mais qui m'a laissé un peu perplexe. Le genre de séance à laquelle je m'attendais la semaine passée. Elle commence par dire que, juste après notre dernière séance, elle a envoyé quelques textes qu'elle avait écrits au magazine *Mademoiselle*. Puis, pendant le week-end, elle a été prise d'une crise de panique et n'a pas fermé l'œil de la nuit. Elle l'explique par sa mycose vaginale : Karl et elle ont essayé d'avoir des rapports sexuels, mais elle ne pouvait pas, « comme si son vagin était cousu ». Au matin, il lui a demandé ce qui n'allait pas, et elle a évoqué des choses dont nous avons parlé il y a des mois : qu'elle apprécierait qu'il lui fasse l'amour plus longuement, pour qu'elle soit satisfaite. Le soir suivant, ils ont ressayé et échoué, ce qui l'a beaucoup angoissée. Elle n'en a pas dormi de la nuit, imaginant que Karl allait la quitter, tout en espérant qu'il n'entendait pas l'écho intérieur et puissant de ses conversations imaginaires avec moi. Elle décrit de nouveau son lien à

Karl comme si elle était une enfant ou une esclave. Elle se demande ce qu'il ressent, ce qu'elle pourrait faire pour lui et ce qu'il attend d'elle, sans même envisager la réciproque.

Très vite, elle ajoute en passant qu'elle a pris le temps de relire les comptes rendus. Comme c'était justement ce qu'elle faisait avant de se coucher la nuit de sa crise de panique, elle dit en plaisantant que, depuis, elle ne les lit plus le soir, seulement le matin ou dans la journée. J'en déduis qu'il s'agit là d'un point important pour Ginny et décide donc d'y consacrer le reste de la séance.

Je me plie en quatre pour connaître les réactions de Ginny à mes comptes rendus, tandis qu'elle résiste de toutes ses forces. Je ne l'ai encore jamais vue aussi réticente. Quand je l'interroge sur les comptes rendus, je dois beaucoup déblayer avant d'avoir un vague aperçu de ce qu'elle ressent. Elle commence en disant : « Eh bien, j'ai souri en lisant ça », ou : « J'ai l'impression de ne pas avoir été sincère ou de ne pas avoir pris mes responsabilités quand j'ai demandé ça pendant la séance. » Je continue de l'inciter à me faire part de ses réactions aux révélations qui me concernent et qu'elle a trouvées dans mes rapports. Il est évident qu'elle détient désormais des informations qu'elle ignorait auparavant. Qu'est-ce que cela lui inspire ? Elle contourne la question à plusieurs reprises. Je dois presque la mettre dos au mur, pieds et poings liés, pour la faire parler. Ce qui l'a marquée finalement est ce que j'ai eu le plus de mal à écrire – comme par exemple lorsque j'emprunte des phrases ou des techniques à d'autres psychanalystes, et les « utilise » dans mon travail avec elle ; ou lorsque j'espère qu'en voyant certains livres dans mon cabinet, elle se dira que je suis cultivé ; les allusions au fait que j'ai travaillé sur des problèmes similaires aux siens au cours de ma propre thérapie ; mon attirance sexuelle ou plutôt mon manque d'attirance sexuelle vis-à-vis d'elle, qui l'ont mise mal à l'aise. J'essaie de creuser, mais nous n'aboutissons à rien, sauf que ça lui avait rappelé la fois où, plus jeune, elle avait reçu une lettre d'amour d'un garçon plus âgé qu'elle, et l'avait lue avec sa mère.

Elle a honte d'évoquer tout sentiment à mon égard, elle n'est pas à la hauteur, elle n'est pas assez forte, elle voudrait être invisible. À plusieurs reprises, elle dit : « Si seulement vous aviez pu me voir la nuit où j'ai paniqué ! » Je tente de comprendre ce qu'elle aurait voulu que je fasse, cette nuit-là, ou ce qu'elle espérait de moi, en particulier à la lumière de mes comptes rendus, qui révèlent à quel point je suis faillible. Elle répond juste qu'elle a besoin d'être avec quelqu'un quand elle est bouleversée. Quand elle était petite, son père et sa mère avaient pour habitude de la prendre dans leur lit. Je lui demande si la révélation de mon « imperfection » l'a bouleversée. Elle le nie, même si à un moment elle mentionne qu'en parcourant les pages à la recherche d'un souvenir, elle a eu l'envie soudaine de tout jeter par terre en un geste mélodramatique. Une autre fois, vers la fin de la séance, elle dit quelque chose qui laisse entendre qu'elle est en colère parce que j'ai tant occupé son esprit alors qu'elle a si peu occupé le mien. Ça m'étonne. C'est tout le contraire de ce qu'elle soutient d'ordinaire. Elle se présente en général comme une personne si insignifiante qu'elle ne mérite aucun égard. Je crois que son désir d'être l'unique récipiendaire de mon attention est le sentiment primaire. L'autre sentiment – celui d'être si petite ou inutile – est en fait une manière de compenser son désir d'exclusivité.

Je regrette beaucoup de ne pas avoir enregistré cette séance. Il m'est difficile, même juste après, de me rappeler sa saveur, et j'aurais aimé pouvoir la réentendre. Naturellement, je m'inquiète qu'elle ait pu se sentir mal à cause de ces comptes rendus. À un autre niveau, je ne doute pourtant pas qu'ils vont accélérer notre travail. Quand elle dit qu'il lui semble que j'ai travaillé sur des problèmes similaires pendant ma propre thérapie, je le confirme et je lui demande ce qu'elle en pense. Elle élude la question. Hélas, je dois mettre fin à ce compte rendu pour aller donner un cours, bien que je n'aie eu le temps de restituer qu'un fragment de la séance.

2 juin
Ginny

Vous avez raison. Je n'ai pas envie d'écrire ceci. J'ai l'impression d'avoir renoncé à un ami en vous rendant ces comptes rendus. Un ami de passage pour une courte visite. En même temps, j'ai été soulagée que cet événement soit derrière moi. Je voudrais les récupérer, un jour, pour les relire et me concentrer dessus, mais c'est peut-être une simple excuse pour remettre mes larmes à demain. Un moment qui m'a mise mal à l'aise et dont je me souviens maintenant, c'est quand vous avez pointé du doigt mon cycle d'apitoiement sur moi et le fait qu'il vous aspire. Et l'idée de me voir comme une masse. Ces écrits m'incriminent horriblement. Je ne crois pas être tout à fait comme vous me décrivez ni comme je me décris. Si c'était vrai, Karl me quitterait dans la seconde. Pourtant, j'entretiens mon pathos dans tous les comptes rendus, je l'invite chaque semaine à mes côtés, pour éloigner d'autres aspects de moi qui me sont moins familiers, mais plus forts. C'est plus facile d'être foulé aux pieds que d'être celui qui piétine.

J'essaie de vous imaginer en train de dire : « Vous savez, je vous aime bien Ginny ! », « Ne soyez pas bête… », je réponds, gênée, mais je ne peux pas aller plus loin.

Ma nuit catastrophique n'est pas le point de fuite de la semaine. Je me demande donc pourquoi c'est la seule chose dont nous avons parlé. J'aurais dû changer de sujet.

Je me sentais calme au moment d'arriver, l'esprit ouvert, puis j'ai replongé dans la nuit de dimanche, comme dans un puits où j'aurais déjà été piégée. Je vous ai raconté ce qui s'était passé, de manière pragmatique, et soudain j'étais revenue à la case départ.

Hier, en vous quittant, je me suis aperçue qu'il n'y a rien que vous ou moi puissions écrire dans ces comptes rendus qui pourrait, par magie, changer ce qui ne s'est pas produit et lui donner un sens. Après avoir lu vos commentaires, je sais que vous vous sentez aspiré, mais je ne peux arriver à une conclusion à haute voix. Je n'ai jamais pu le faire. Nous nous contentons de petites prises. Le vrai poisson se cache dans les profondeurs. Le menu fretin que nous attrapons, je le rejette à l'eau.

Je sais que le seul moyen d'aboutir à quelque chose est de parler, mais je n'ose pas. La séance m'a laissé un goût amer parce que je n'étais pas aussi concentrée que vous le souhaitiez et n'ai pas abordé les sujets que vous vouliez. Si nous nous voyions deux fois par semaine, c'est quelque chose que je pourrais améliorer. Ou peut-être pas. Je suis chaque soir avec Karl, et chaque soir je remets tout au lendemain, me disant que je dois me concentrer sur notre quotidien.

Je crois pourtant que nous n'avons pas les mêmes attentes vis-à-vis de cette thérapie. Je voudrais pouvoir être douce, calme, pleurer, alors que vous attendez de moi des réponses pragmatiques et des qualités de meneuse.

Le reste de la journée s'annonçait mal, tant j'étais découragée, mais j'ai tout fait pour inverser la tendance, pour effacer et changer l'humeur du jour, briser le cercle vicieux, et j'y suis parvenue.

11 juin
Dr Yalom

Pour moi, ça a été une des séances les moins engagées, les moins tangibles de toutes celles que j'ai eues avec Ginny. Dès que j'ai quitté mon cabinet, elle a quitté mon esprit, et maintenant, quatre heures plus tard, j'ai du mal à me souvenir de nos échanges, en dehors d'un puissant sentiment de manque de coopération et de progrès.

Je suis frappé dès le début quand Ginny m'attaque à deux reprises. Premièrement, lorsqu'elle a appelé pour changer le rendez-vous, elle a eu l'impression, me dit-elle, que je n'avais pas vraiment envie de la voir cette semaine. Deuxièmement, elle a longuement hésité à venir aujourd'hui, parce qu'elle aurait préféré aller aux courses à la place, d'autant plus que c'est le dernier jour de la saison.

Elle aborde ensuite sa dépression, son découragement, notre très mauvaise séance la semaine passée, durant laquelle j'insistais pour avoir un certain type de réponse qu'elle n'avait pas et ne pouvait me donner.

(J'avais passé presque toute la séance à tenter de l'orienter vers l'expression de ses sentiments concernant les comptes rendus.)

Je refais donc quelques piètres tentatives pour poursuivre en ce sens, mais on dirait qu'on ne va pas reparler des comptes rendus de sitôt.

Elle explique qu'habituellement, elle établit l'inventaire de tout ce qu'il y a de mauvais en elle. Faute d'approche plus originale, je la pousse à me faire part de certains événements heureux de la semaine. Elle a passé une audition pour une troupe de théâtre et conçu une variante de poker pour des amis, un jeu qui s'est révélé hilarant, mais sans valeur commerciale. En réponse à mon intérêt pour son activité théâtrale, elle me dit qu'il lui arrivait de jouer, petite, avec sa mère. Celle-ci lui demandait d'interpréter une scène, qu'elle reproduisait alors parfaitement. Elle a même songé à devenir actrice professionnelle, car à l'évidence elle ne manque pas de talent. Elle ne peut cependant pas le reconnaître et entame un mouvement subtil et élaboré pour miner toute pensée positive qu'elle aurait pu laisser échapper. Par exemple, après avoir admis qu'elle joue bien, elle ajoute immédiatement que c'est juste un rôle qu'elle joue là, pas l'expression de ses véritables sentiments. Il y a des moments où ça devient très lassant pour moi. J'ai l'impression d'avoir épuisé toute mon imagination pour encourager Ginny à se voir sous un jour différent.

Nous finissons la séance sans l'avoir vraiment commencée aujourd'hui, ne faisant que nous croiser. Les seuls signes d'espoir sont quelques moments de rébellion, comme lorsqu'elle a déclaré d'entrée qu'elle croyait que je n'avais pas envie de la voir. Fâchée d'être arrivée avec un quart d'heure de retard, puisqu'elle avait dû prendre un bus qui a été bien incapable de la conduire ici à temps. De plus, elle s'est montrée assez directive en se souvenant d'un rêve de la nuit passée : « Je vais vous le raconter, mais je ne veux pas y consacrer trop de temps. » Dans son rêve, je ne pouvais pas la voir en thérapie individuelle, mais je l'autorisais à prendre place dans un de mes cours. J'écrivais quelques mots au tableau, qu'elle recopiait dans un carnet. Du jargon psychologique. Les noms de diverses affections. Puis, ayant de la peine pour elle, je la voyais en privé pendant une dizaine de minutes. Le fait que nous ayons tous deux écrit, moi au tableau et elle dans son carnet, m'a rappelé le problème soulevé par les comptes rendus. Le rêve (et son commentaire en introduction) reflète sa peur que je ne souhaite pas la voir, mais, sous cette inquiétude superficielle, je sens les premières lames délicates d'une franche résistance à la thérapie.

11 juin
Ginny

Je m'attendais à être déçue par la séance de vendredi ;
au contraire, en vous quittant, je me sentais mieux.
Mais les jours ont passé et seuls certains éléments
ressortent dans mon esprit.

D'abord, quand nous avons parlé du fait que j'avais
pleuré en voyant *Lassie*, j'étais convaincue qu'il s'agissait là d'une mauvaise chose, un exemple d'émotivité
puérile, mais vous m'avez fait remarquer que certaines
personnes n'étaient même pas capables de ça. Ça m'a
ranimée, parce que je n'y avais jamais pensé, sauf sous
un éclairage satirique. Karl fait mine de vomir s'il me
surprend durant les cinq dernières minutes de *Lassie*.

Je crois que, quand on a énuméré mes « bons côtés »,
j'ai réussi à vous piéger. J'avais l'impression de devoir
me remémorer l'intrigue d'un roman jamais écrit. Mes
atouts sont trop lointains pour captiver mon attention
ou me motiver, je ne vois pas l'intérêt de les lister.

J'étais contente de vous entendre me qualifier d'hypocrite. Je crois que je suis toujours sincère, même

191

vis-à-vis de ma propre fadeur. Ça n'a pas dû être agréable pour vous de vous dire que j'étais fausse.

Je suis ressortie optimiste de la séance. J'ai bien senti qu'elle ne vous avait pas satisfait, mais ça n'a pas gâché mon plaisir.

Troisième round (à moins que ce ne soit déjà le quatrième ou le cinquième), dans la série « les colères de Ginny ». J'ai du mal à croire que j'aie pu mettre autant de pression sur elle, aujourd'hui. Je me demande ce qu'elle va faire, et combien de fois nous devrons repartir de zéro.

Tout commence quand elle arrive dans mon cabinet, abattue et déprimée, et déclare : « On a encore parlé "masse" hier soir. » (Elle fait référence à une conversation antérieure où Karl l'avait accusée de se comporter comme une masse lorsqu'ils font l'amour.) La source de la discussion : Karl la critique sans cesse à cause de ses nombreux défauts – critiques qu'elle trouve tout à fait justifiées. Cette fois-ci, il cherchait juste à interagir avec elle, lui demandait de faire preuve de spontanéité, et tout ce qu'il avait dit sur elle était, à ses yeux, « parfaitement vrai ». Elle n'avait pas su quoi lui répondre, ou bien elle lui avait répondu de manière absente, sans émotions. Un vrai cauchemar ! Elle avait attendu que ce soit terminé pour se sentir soulagée de tout ça. Depuis, elle était assaillie d'idées noires, dans lesquelles elle imaginait que Karl la quittait et où elle était certaine que « tout était fini ».

Elle arrive ici d'humeur autocritique et auto-dévalorisante, et je sais que, si j'entre dans cette spirale, je me ferai aspirer dans son désespoir et son dégoût d'elle-même. Je dois penser d'abord et ressentir ensuite.

Ma première réaction est de lui faire chercher ce qu'elle aurait dit à Karl si elle n'avait pas été aussi paralysée. Elle ne trouve pas grand-chose, sauf qu'une « vraie femme » ne se serait pas laissé faire. Plusieurs de ses déclarations sous-entendent qu'elle a dû étouffer une indignation et une colère considérables, sans pour autant maîtriser ces émotions.

Passer en revue la chronologie des événements de la veille clarifie ce qui s'est produit. Voici le scénario : Ginny, de 17 à 19 heures, s'est essayée à un nouveau plat, un rôti de porc. Le repas a été un demi-échec, mangeable mais sans intérêt. Karl, qui lit de toute manière pendant le dîner, a fait des mots croisés en la critiquant comme si elle était une serveuse – la viande était médiocre, les pommes de terre pas assez cuites, etc. Il s'était ensuite engagé à l'emmener chez une amie pour qu'elle puisse se doucher. (Elle ne peut le faire chez elle parce que l'eau coule marron de sa douche qu'elle doit encore faire réparer.) Il a finalement refusé de la conduire chez Ève, la contraignant à emprunter le tram. De retour chez elle, elle constate qu'il n'est plus là. Il a laissé un mot disant qu'il est allé boire quelques bières et qu'il espère qu'elle sera de meilleure humeur à son retour. Elle est soulagée par ce mot. Quand il rentre, il est sans doute fâché de constater qu'elle ne lui parle pas du mot. Il regarde un peu la télévision et, peu après minuit, ils se couchent et elle s'endort presque instantanément. Comme elle se lève à 6 h 30 tous les matins, elle est toujours très fatiguée à minuit. Malgré cela, Karl lui en veut de s'être endormie si tôt.

À ce stade de notre discussion, je m'attaque durement et sciemment à Karl. Je veux que Ginny prenne du recul et, pour une fois, ne pense plus à tout ce que Karl trouve décevant chez elle, pour qu'enfin elle cesse de vivre dans la crainte qu'il déserte subitement. Je veux qu'elle réfléchisse aux graves défauts de Karl. « Combien de temps allez-vous donner à Karl pour qu'il se ressaisisse ? » Je souligne aussi clairement que possible qu'elle s'abstrait chaque fois qu'elle est en colère. Elle ne peut exprimer sa colère que par la passivité, en décidant de ne pas faire le ménage, par exemple, ou de laisser traîner ses vêtements. Elle répond que jamais elle n'a été capable de faire le ménage. Je fais remarquer à quel point c'est ridicule, qu'elle pourrait le faire si elle le voulait, mais qu'elle ne le fait pas pour exprimer sa colère. C'est ce que nous appelons le passif-agressif.

Elle fond alors en larmes. Elle aimerait redevenir une petite fille de cinq ans, qui n'aurait pas à s'inquiéter de faire quoi que ce soit pour quelqu'un d'autre. Je reviens aux défauts de Karl, et lui tends bien des perches. Nous abordons son manque d'intuition, son manque de sensibilité vis-à-vis d'elle, le fait qu'il a constamment le nez dans son journal, en particulier pendant les repas, mais aussi son besoin de la contrôler, si oppressant que son amie Ève ne supporte pas d'être en sa présence. Il la critique, dit-elle, parce qu'elle n'évolue pas, qu'elle ne s'élève pas à la hauteur de ses capacités. Je lui demande si le fait de passer son temps à faire des mots croisés et à parier sur des courses de chevaux peut être considéré, chez quelqu'un, comme une progression. Il semble qu'il n'ait guère évolué non plus ! Nous parlons, ou plutôt je parle, de son manque de générosité, du fait qu'il lui réclame l'argent des péages, alors qu'il peut gagner quarante dollars par jour, s'il lui prend l'envie de travailler. Je lui dis qu'à mon avis, toute autre femme aurait réagi à ses critiques du dîner par un : « Pour qui tu te prends ? » Je ne cesse de lui demander si c'est vraiment le genre d'homme avec qui elle a envie de vivre. Elle répond que c'est sans importance car, tôt ou tard, il finira par la quitter. Je continue à la presser de questions : « Voulez-vous passer le reste de votre vie avec quelqu'un comme lui ? Sinon, combien de temps allez-vous encore lui accorder pour changer ? » J'évoque la possibilité qu'elle le prive de toute chance d'évoluer en ne réagissant jamais, convaincu que la scène de la veille tournait autour de ça. Elle pleure à plusieurs reprises encore. Nous parlons du fait qu'il ne souligne jamais les qualités et les talents qu'elle possède. Il ne dit rien de ses textes ni de ses parodies amusantes ou de ses performances d'actrice. Ne pense-t-elle pas qu'une autre femme espérerait une réaction positive de sa part ?

Elle m'écoute lui donner des instructions très claires et me demande presque en tremblant si elle doit le faire tout de suite, car ils ont une soirée poker importante prévue chez eux dans trois jours. Je crois sincèrement que, si je lui avais dit d'envoyer Karl au diable dès son retour, elle l'aurait fait. Elle souligne cependant que ce serait la forcer. Voilà le véritable danger que j'affronte avec Ginny : elle est si passive, si manipulable, qu'elle ferait exactement ce que je lui dis, ce qui ne l'aiderait pas à long terme à se sentir autonome. Tant pis ! Je prends ce risque car je commence à percevoir, il me semble, que nous devons d'abord travailler sur son comportement, et que les sentiments viendront dans un second temps. Quoi qu'il en soit, je me montre, pendant cette séance, très indélicat et autoritaire, au point que je ne laisse même pas à Ginny la possibilité de me dire ce qu'elle ressent face à mon comportement. Je ne sais pas ce qu'elle en fera, mais dans le passé, c'est ce genre de séance qu'elle a le plus appréciée.

15 juin
Ginny

Cette séance m'a appris beaucoup et donné de la force. Chaque fois que ça se produit, je me demande ce que je ferais sans vous et sans les séances. Je me suis sentie vraiment présente. Pour une fois, je me moquais de ce que vous ressentiez. J'ai bien senti à la fin que je vous exaspérais, mais ça ne m'a pas dérangée non plus, même si ça me fatiguait d'être aussi peu enthousiaste.

Avant la séance, j'étais complètement dans l'imaginaire. C'est comme ça que je fais face à toutes les situations possibles. L'imagination est résiliente. Je n'espérais rien de cette séance. J'y suis allée à l'aveugle. Je fantasmais tant que je n'avais pas pensé à ce qui se passerait. Je n'avais même pas l'intention d'évoquer ce qui s'était produit la veille, tant ça me semblait évident. Bien sûr, j'ai été contente de l'avoir fait, après coup. Je pense être restée fidèle à moi-même, sauf vers la fin.

Quand vous avez parlé d'« indignation », ça ne m'a pas laissée indifférente. Un jour, mon père, qui jouait avec moi, a pris une pièce de cinq *cents* qui m'appartenait (une babiole !). J'ai voulu la reprendre : il m'a taquinée et, quand il me l'a finalement rendue, j'ai fondu en larmes. Peut-être parce que j'étais mal à l'aise avec mes sentiments. Mon indignation. Karl aussi aime bien me taquiner, me provoquer. Mais je préfère ne rien penser du tout que de penser du mal de quelqu'un. Plutôt suspendre mon jugement. Je ne crois pas que vous obtiendrez de moi que je dise du mal de qui que ce soit, même si j'aimerais essayer. J'ai grandi avec Bambi : on m'a appris à n'ouvrir la bouche que si l'on a quelque chose de gentil à dire.

J'ai entendu pendant toute la séance votre voix qui, par friction, tentait de fixer la mienne et d'en attiser la flamme. Je résistais, à mesure que celle-ci se faisait de plus en plus agaçante. Je me sentais plus hostile. Vous essayiez de me manipuler. Vous essayiez de me pousser à reproduire votre férocité.

Le changement qui s'est opéré en moi après a pourtant été incroyable. Je me rends compte que la moindre colère, la moindre friction dans ma vie me paralysent. Je les redoute. Toute la nuit j'attends, tendue, éveillée ; j'attends l'étau de la colère. Je redoute toute confrontation, mais maintenant (ou du moins pendant les trois heures qui ont suivi la séance), je l'accueillerais volontiers. Je l'attends, comme une occasion de grandir et de me trouver. (Karl a été presque trop gentil avec moi. Pourquoi est-ce qu'il n'a pas fait ses remarques habituelles, il aurait pu critiquer les hamburgers que j'avais préparés, pour que je puisse me lâcher et même peut-être lui en envoyer un à la figure ?) Je me sentais plus vivante parce que je n'attendais pas dans la peur de me retrouver paralysée et incapable de réagir au premier signe de conflit. Je me sentais grandie, plus forte. Il y a eu d'autres surprises. Pendant plusieurs jours, je n'ai pas fantasmé, car tout ce qui m'entourait me paraissait agréable et puissant. Je n'ai pas non plus intégralement écrit le compte rendu parce que les mots ne suffisent pas à décrire une bonne séance, elle semble rester avec moi.

Bien sûr, j'ai de nouveau fantasmé depuis, j'ai eu peur et ai repris mes mauvaises habitudes, procrastiné. Il me faut plus qu'un simple électrochoc, mais cette petite impulsion que vous m'avez donnée m'a permis de me lâcher un moment, libre de toute peur, pleine de sensations. C'est merveilleux. Pourquoi ne criez-vous pas davantage ?

Une séance plutôt joyeuse et légère, avec un fond de séduction. Il y a une disparité évidente entre l'attitude de Ginny et le contenu de son discours. Ses paroles sont tristes – elle espère follement que je puisse reproduire aujourd'hui ce que j'ai fait la semaine précédente – alors que son attitude est enjouée. Elle porte une tenue assez absurde, avec de gros sabots et une salopette. Elle admet pendant la séance se sentir un peu gourde avec ces chaussures, mais que ce sont les seules qui ne lui donnent pas d'ampoules. Elle a bien essayé la semaine dernière de faire un effort en enfilant une autre paire, mais ses pieds ont réagi instantanément. Je ne relève pas le fait qu'elle avait voulu bien présenter la dernière fois. J'aurais peut-être dû.

Son principal message : ce que nous avons fait la dernière fois l'a beaucoup aidée. Elle a eu une attitude différente toute la semaine, en particulier envers Karl. Il ne lui a pas vraiment donné l'occasion de le faire, mais elle était prête à réagir s'il s'en prenait à elle. On dirait que son état d'esprit a influencé Karl aussi, au point qu'il a été très différent, allant jusqu'à se critiquer plus qu'elle ne l'avait jamais remarqué dans le passé. Par exemple, il a dit : « J'ai toujours été désordonné ! » ou : « Regarde un peu le bazar que j'ai laissé sur la table ! » Une ou deux fois elle s'est même imposée, mais elle sait qu'elle serait incapable de répliquer si Karl lui faisait des reproches sur le plan sexuel. Comme je tente de la pousser, afin de savoir quel genre de choses il pourrait lui dire, elle m'explique qu'il risque de l'accuser de feindre l'orgasme. Que pourrait-elle lui répondre ? Je veux qu'elle comprenne que, bien que je ne conseille pas de proférer des insultes sur le plan sexuel dans un couple, car je ne considère pas que ce soit un bon moyen de s'affronter, s'ils en arrivent là, elle doit être capable de répondre. Je tente donc simplement de l'amener au point où elle comprendra qu'elle a autant que lui le droit de s'attaquer injustement à lui.

Elle m'explique ensuite qu'elle s'interdit de porter des jugements sur les autres. Elle parle de sa sœur qui la juge tout le temps, mais elle ne peut se convaincre de répondre au même niveau. Finalement, je suis contraint de prendre la parole à sa place, suggérant que sa sœur est prétentieuse et se conduit souvent comme une idiote. Je demande à Ginny de répéter ça après moi. Alors que nous parlons de sa sœur et de Karl, elle m'interrompt : « J'aimerais qu'on fasse la même chose que la dernière fois. » Je trouve ça très curieux, car je pensais que c'était justement ce que je faisais. Je crois que, dans le même souffle, elle me demande une chose et son opposé.

Ginny a cependant raison. L'instruire activement dans l'art de l'agression est peut-être ce qui lui convient le mieux pour l'instant. Si nous pouvons nous y atteler plusieurs semaines de suite, ça modifiera sans doute ses sentiments à son propos de façon permanente. Pourtant, je résiste à l'idée de devenir aussi autoritaire, car je crains que ça ne fasse que renforcer sa dépendance. Lui ordonner d'être agressive sous-entend qu'elle m'est soumise. Il est clair également qu'elle ne peut me suivre au-delà d'une semaine.

Néanmoins, elle a eu une bonne semaine, et a même gagné de l'argent au poker. Elle n'a senti son dynamisme diminuer que les deux derniers jours, c'est-à-dire qu'elle s'est remise à rêvasser, ce qu'elle avait jusqu'à présent pour habitude de faire toute la semaine. Elle me signale cependant dès le début de la séance qu'elle n'a pas écrit. Quelle importance qu'elle tienne tête à Karl sur les tâches ménagères si elle n'écrit pas ? La veille au soir, elle a bien écrit un texte qu'elle voulait que je lise et qu'elle regrette de n'avoir pas tapé mais, comme c'est une critique de Karl, elle ne pouvait le faire en sa présence. Elle l'apportera donc une prochaine fois. Elle continue à faire de l'improvisation avec sa troupe de théâtre, le soir, et peut-être travaillera-t-elle avec eux à l'automne. Je n'arrive pas à croire qu'elle puisse ainsi improviser, qu'elle le recherche même, alors que, pour moi, c'est une situation aussi terrifiante que l'idée de me parachuter dans l'Etna. J'ai du mal à concilier ça avec l'image de la Ginny « timide » et « effrayée » que je connais.

Je consacre la dernière partie de la séance à ses textes, en faisant preuve d'une grande inventivité. Que faudrait-il pour qu'elle se mette à écrire ? Qu'écrit-elle en ce moment ? Que n'écrit-elle pas ? Je tente de la pousser à penser à demain : quel sera son emploi du temps ? Pourrait-elle se mettre à écrire à 10 heures, si elle le voulait ? J'essaie de déterminer ce qui pourrait mobiliser sa volonté. Mes questions la mettent en colère et elle me répond avec une irritation si sincère que je suis pris de court. À l'instant, dix minutes plus tard, je me réjouis presque du fait qu'elle a été capable de faire ça. Elle dit qu'elle pense écrire demain et qu'elle s'y mettra à 10 heures. Je termine donc la séance en notant « Écrire à 10 heures » sur un bout de papier que je plie avant de lui donner. Elle plaisante, me disant qu'elle l'épinglera à son chemisier. Même s'il s'agit pour elle d'une plaisanterie, je suis très sérieux, et suis prêt à parier que nous serons amenés à reparler de ce bout de papier. Je me sens assez enthousiaste, optimiste et heureux, aujourd'hui, après avoir vu Ginny. La séance a été très intéressante et elle était vraiment charmante. Elle a plaisanté, m'a raconté des choses drôles qu'elle avait faites pendant la semaine, et j'ai une idée bien plus claire qu'avant de la personne drôle et charmante qu'elle peut être pour Karl. J'en avais bien sûr déjà conscience, mais j'avais rarement fait l'expérience de son côté enjoué et plein d'humour.

23 juin
Ginny

Je n'ai jamais été au fond de mes sentiments. J'ai traîné. Vous l'avez dit : le vrai problème, c'est l'écriture. Comme vous n'arrêtiez pas d'insister pour savoir pourquoi je n'écrivais pas, il a bien fallu que je trouve une réponse à marmonner. Je crois que j'aurais pu me mettre en colère. Parce que ça m'agaçait, parce que je croyais entendre mes parents qui voulaient que mes « talents » se matérialisent en quelque chose de constructif. À l'évidence, ces prétendus talents sont trop encroûtés pour être exploitables, mais j'ai toujours l'impression de devoir répondre que oui, je vais le faire.

J'ai dit ce qu'il vous ferait plaisir d'entendre, quand vous énonciez des évidences sur l'écriture, tout en me jugeant. J'ai fait semblant de vous écouter et de vous suivre, j'ai joué l'interlocutrice alors que je ne prends rien de tout ça personnellement – ou au sérieux. Comme j'attendais que vous changiez de sujet, je l'ai fait avec le sourire plutôt que de vous dire que je m'ennuyais.

Dans le bus, en rentrant, je me suis endormie et je me suis réveillée en sursaut, surprise de voir que la séance était terminée. La séance en elle-même n'était pas inintéressante. Comme lorsqu'on commande le mauvais plat au restaurant : il faut alors attendre la fois suivante pour retenter sa chance et, en attendant, digérer ce qu'on a mangé.

On dirait que, chaque fois qu'une séance est bonne, la suivante est forcément médiocre, en comparaison. Je sais que la précédente m'a donné une force nouvelle et un but. Alors que cette fois, je suis arrivée, et je suis restée moi-même, inchangée, papillon sous verre. Je crois que c'est une ruse de parler de ma muse (non !), pour parler de mes écrits. Je crois aussi qu'envisager mon avenir est pire que de revenir sur mon passé. Et je sais, depuis que j'ai lu vos comptes rendus, que vous n'aimez pas que je revienne sur mon passé. C'est vrai, si j'écrivais, ou si je pouvais me défendre, ne pas avoir honte de me couper d'autres gens par des jugements ou des émotions, la thérapie et moi nous porterions bien mieux. Je crois qu'il y a chez Karl certains côtés que je n'aime franchement pas, des choses blessantes et que nous passons sous silence, parce que je sais que ce n'est qu'une partie de lui. Je n'arrive pas à affronter ses mauvais côtés, je sombre dans la tristesse et préfère me concentrer sur tous *mes* mauvais côtés, à la place. Pourquoi suis-je incapable de lui dire, et me dire, ce que je n'aime pas, ce qui ne va pas, ce qu'on devrait jeter, donner à une association caritative, pour pouvoir ensuite aller de l'avant, sans que je me sente honteuse ou accusatrice ? Nous en sortirions tous deux grandis. Si seulement je pouvais simplement admettre qu'il y a certaines choses que je n'aime pas chez Karl, et d'autres que j'aime, je ne détruirais pas tout.

De même que vous voulez que j'écrive des comptes rendus sur ce qui s'est passé pendant les séances, je pense que ces séances devraient s'en tenir à ce que je fais. J'ai l'impression en thérapie que le monde est fait de « si », ma vie suspendue à ces « si ». Parce que, quand nous parlons d'écrire, ou de ce que je pourrais écrire, j'avance et plane sur mon optimisme, jusqu'au moment où je rentre chez moi, que le moment d'écrire approche, et que je commence à planter des aiguilles dans ma chair, que je redeviens Mme Paresseuse et que je me rends compte que c'est une personnification de moi qui s'est rendue à Palo Alto, échangeant frénétiquement pendant une heure avec quelqu'un qui ressemble à mon père et qui sait pertinemment que tout irait bien si seulement je me mettais à écrire.

Bien sûr, j'ai une fois de plus trop attendu pour écrire ces lignes, au point que je ne me souviens, ni ne peux retranscrire, que des impressions générales sur la séance et sur moi.

J'avais envie de vous lire ce que j'avais écrit dans mon journal la veille et dont je vous ai parlé à plusieurs reprises. Au moins, cela vous aurait permis de découvrir une autre facette de moi. Et peut-être auriez-vous vu à quel point je peux aussi me laisser aller à des plaisirs simples.

30 juin
Dr Yalom

J'ai très souvent l'impression d'avoir perdu une heure et que Ginny en a perdu plusieurs. Il lui faut trois ou quatre heures, entre la séance et les transports. J'essaie malgré tout de rationaliser mon impression de temps perdu. Que dis-je à mes étudiants ? Ah, oui, qu'il s'agit de temps passé à « renforcer la relation ». Une thérapie est un lent projet de construction, qui demande des mois, des années, et, si on peut bien sûr espérer une avancée tangible à chaque séance, il y a parfois des heures de frustration que le thérapeute et son patient doivent subir ensemble. Si le thérapeute exige et attend une gratification personnelle de chaque séance, soit il deviendra fou lui aussi, soit il s'engagera dans une forme de thérapie express et révolutionnaire, comme celle du cri primal, qui est en soi une forme de folie. Le thérapeute mûr progresse délibérément et patiemment ; c'est ce que je dis à mes étudiants, et c'est ce que je me dis aujourd'hui, même s'il est parfois difficile de garder la foi.

Ginny commence la séance en m'annonçant qu'elle est de très mauvaise humeur, qu'elle a perdu son porte-feuille il y a deux jours et ne s'en est aperçue que ce matin, que le trajet a été horrible ; qu'un gamin de quinze ans lui a fait des avances sexuelles alors qu'elle était allongée sur un banc dans le parc avant la séance et qu'elle n'a même pas pu lui ordonner de partir ; qu'elle a perdu 3 dollars au poker dès le début de la partie et s'est donc retirée dans sa chambre, puis a boudé et ronchonné pendant les quatre heures qu'a duré le jeu ; qu'elle a passé plusieurs entretiens d'em-bauche, sans succès, etc.

Je ne sais pas par où commencer. Le seul lien entre ces divers événements, dit-elle, est une colère à peine perçue. Pendant un instant, je laisse ma propre imagi-nation divaguer devant l'image confuse qui me vient à l'esprit : un immense lit de lave bouillonnante éjectant des bouffées de colère qui explosent à la surface, et Ginny troublée et dépassée par tout ça. Je décide d'ap-profondir chacun de ces incidents, pour que Ginny reconnaisse l'ombre de sa colère, et peut-être en refasse l'expérience.

Je suis aussi curieux de savoir quel effet a eu le petit mot que je lui avais donné, dans lequel je l'in-vitais à « écrire à 10 heures ». Ginny me dit qu'elle a écrit hier et avant-hier, sans toutefois mentionner le reste de la semaine. Elle tend à nier sa réussite en soulignant qu'elle n'a pu écrire que pendant une heure et demie – alors qu'elle a produit sept pages pendant ce court laps de temps ! J'essaie de l'ama-douer en plaisantant sur ce texte. Pourquoi n'a-t-elle pas écrit la semaine dernière ? Pourquoi n'écrit-elle pas continuellement ? Je soupçonne que, si je la provoque suffisamment, elle extériorisera un peu de sa colère contre moi.

Puis nous parlons de sa soirée poker et de sa colère contre une amie qui est arrivée en retard, et qu'elle a défendue devant les autres, leur disant qu'elle préparait des cookies. Elle s'est sentie bête quand son amie est arrivée les mains vides. Elle a été en colère de perdre tant d'argent si vite, en colère contre un ami qui a cassé une porte, parce qu'elle craignait que le propriétaire n'en profite pour les expulser, en colère contre tous pour être restés tard dans la nuit au risque que le propriétaire réprouve qu'ils accueillent tant de gens ivres. Sa rage ensuite contre le jeune garçon qui lui a fait des avances, et sa fureur contre elle-même pour ne pas avoir trouvé quoi lui rétorquer, comme « Fous le camp ! » ou « Dégage, abruti ! ». Elle s'était contentée de se lever et de s'éloigner, de dire au revoir en pensant à la réaction de ses amies. Bien sûr, elle s'était alors mise à regarder les choses d'un autre angle, réalisant combien ce gamin de quinze ans aurait été blessé. Puis elle parle de sa colère contre moi, surtout contre ce qu'elle éprouvera à la fin de la séance. Je tente de lui faire imaginer que c'est la fin de la séance, qu'il n'est plus 15 heures mais 16 h 30. Qu'aimerait-elle donc me dire ? Elle essaie à peine. Je la provoque un peu plus sur ses textes. Je sens qu'elle est à deux doigts d'exploser, mais se contente d'un : « D'accord, d'accord, je vais écrire ! » Elle n'a pas crié : « Bon sang, lâchez-moi un peu ! », alors je le verbalise à sa place. Cela la fait sourire. Il semble pourtant que sa patience soit à bout, et je crois que c'est une bonne chose – combien de temps ai-je passé à la pousser à se sentir en colère et à l'exprimer ?

Finalement, nous sommes tous deux repartis avec un vague sentiment d'insatisfaction. J'ai consacré un peu de temps à lui demander de regarder les aspects lumineux, positifs de sa vie. Même si tout lui paraît noir aujourd'hui, sa relation avec Karl s'est bien améliorée. Elle est convaincue désormais qu'il l'aime vraiment et est capable de lui répondre quand des problèmes surviennent. D'une manière ou d'une autre, elle s'est aussi libérée sexuellement. Elle écrit, elle ne se sent plus seule, elle a plusieurs amis, et j'insiste pour lui démontrer que ces choses sont bien plus essentielles que les éléments banals qu'elle a mentionnés. Elle admet que ce qu'elle m'a raconté en arrivant était sans importance. De nouveau, elle est sur le point de se mettre en colère contre moi et j'exprime sa colère pour elle : « C'était bête de ma part de dire ça puisque vous l'aviez déjà dit au début de la séance. » Ginny sourit, signe d'accord tacite. À mesure que je dicte ce compte rendu, je m'aperçois que la séance a été meilleure que je ne l'avais vécue.

30 juin
Ginny

Je me suis sentie prétentieuse et frivole alors que j'aurais voulu me sentir triste et sincère. Je vous entends déjà me dire : « Ginny, trouvez d'autres mots plus positifs pour dire "prétentieuse" et "frivole". » Ma colère me rend à la fois vivante et morte. Je suis prise au piège, l'estomac noué. Plus je prends conscience de ma colère, plus je suis hardie. Puis j'ai l'impression de ne plus rien voir, et je marche au hasard dans une sorte de frénésie.

À la fin de la séance, l'assurance banale dont vous avez fait preuve quand vous avez annoncé que vous préféreriez qu'on se voie à 16 h 20 m'a montré à quel point il peut être facile d'exprimer ce que l'on veut. J'aime vous voir fort et ordinaire. Je sens que j'apprends de ces échanges, si banals soient-ils.

De nouveau, j'ai senti que je vous divertissais, aujourd'hui, mais je n'ai pas pris la peine de vous demander si c'était votre souhait. Je devrais vous demander si mon attitude nous mène quelque part, au lieu de laisser ma nervosité ouvrir la voie.

Comment atteindre des pensées plus profondes ? Vous avez fait remarquer, à la fin de la séance, que tout allait assez bien dans ma vie, mais que je ne parlais que de choses insignifiantes.

Avec vous, je suis incapable de me concentrer sur ce à quoi vous voulez que je pense. Je me dissocie de la personne à qui vous vous adressez.

12 juillet
Dr Yalom

La semaine dernière, la séance avec Ginny n'a pas eu lieu. Deux de mes collègues étaient de passage en ville, et nous avons travaillé jour et nuit sur un livre à propos des thérapies de groupe. J'ai annulé presque tous mes rendez-vous quand je me suis rendu compte que, sinon, nous ne parviendrions jamais à terminer. J'ai demandé à ma secrétaire d'appeler Ginny pour voir si elle pouvait décaler notre séance au vendredi. Ma secrétaire m'a mal compris et a tout bonnement annulé le rendez-vous de Ginny, alors que ce n'était pas ce que je voulais. (J'ai appris plus tard que Ginny ne pouvait de toute manière pas venir le vendredi.) Dès que je l'ai su, j'ai tenté de joindre Ginny chez elle pour trouver un autre créneau, sans succès. J'étais désolé de ce qui s'était produit ; en même temps, je savais que j'étais trop noyé et trop préoccupé pour être efficace tout en la voyant le mercredi.

Ginny arrive aujourd'hui, et je lui explique ce qui s'est passé. Elle ne réagit pas du tout à ce que je viens de lui expliquer et se plaint d'être très déprimée, et ce depuis un bout de temps. Elle utilise aussi le mot « ennui ». Puis elle me demande si je suis allé au cinéma lundi dernier, car elle croit m'y avoir vu. Je lui dis que non. Je conçois alors une interprétation orthodoxe et, je crois, exacte : elle semble avoir des sentiments cachés quant à l'annulation du rendez-vous, dans la mesure où elle m'a immédiatement dit qu'elle était déprimée et qu'elle a imaginé me voir au cinéma, a même espéré que c'était moi, pour que je puisse observer son comportement, la regarder toucher Karl, manger du pop-corn, boire un Coca, grignoter une barre chocolatée. Ce désir de me voir davantage a été créé, je crois, pour contrer sa douleur quand j'ai annulé notre temps ensemble. Elle nie en bloc et suggère en riant que j'ai beaucoup d'imagination, que je devrais « écrire un roman ».

Puis, d'une voix très déprimée de nouveau, elle me parle de son mal-être. Curieusement, une partie de ce qu'elle dit me semble révéler un vague espoir : elle a peut-être trouvé un travail auquel elle tient vraiment, en tant que professeure d'anglais auprès d'étrangers, dans une école pour adultes. Bien que cela paraisse certain, elle ne sera fixée que dans deux jours. Comme il n'y a aucune cause évidente à sa déprime dans ce qu'elle raconte, je suis convaincu que mon annulation de la semaine dernière a été un facteur important, et je décide de m'y attacher sans relâche.

Quand elle évoque sa relation avec Karl, et notamment son incapacité à lui expliquer son mal-être, ses angoisses, je pense aux parallèles entre Karl et moi. Chaque fois que Ginny croit avoir mal agi avec Karl,

215

elle craint qu'il ne la mette à la porte, et il en va de même avec moi. Je tente donc de l'aider à me dire les choses qu'elle n'a pu dire ni à Karl ni à moi. J'insiste pour qu'elle me révèle les sentiments qu'a déclenchés mon annulation de la semaine dernière. Je ne cesse de lui dire qu'elle n'exprime pas ses véritables sentiments. Elle montre une légère impatience, mais je persiste et elle finit par dire qu'elle a été un peu déçue. Je lui demande d'examiner cette petite déception à la loupe et de me dire à quoi elle ressemble. Elle admet qu'elle a été désolée que ce soit ma secrétaire qui lui téléphone. N'aurais-je pas pu le faire moi-même ? Elle ajoute que des amis, qui étaient chez elle au moment de l'appel, se sont moqués du fait qu'elle consulte un psychiatre. Ils ont soutenu que je suis la cause de ses problèmes et que, si elle cessait de me voir, elle irait bien. Elle a résumé la situation en m'expliquant que ce qui l'a le plus agacée était de n'avoir rien à faire à la place du rendez-vous annulé.

Nous allons de plus en plus loin dans l'exploration de ses sentiments, et je lui donne l'autorisation de me poser la question de son choix. Comme elle a eu toutes sortes de fantasmes à propos de la semaine dernière, pourquoi est-ce qu'elle ne me les raconterait pas ? Elle me demande ce que j'ai fait la semaine dernière, et je lui raconte ma semaine. Elle souhaite ensuite savoir si je me suis demandé ce qu'elle faisait de son côté. Je le confirme, et c'est vrai. Je ne cesse de la pousser à poser d'autres questions sur ce qu'elle veut réellement savoir. Elle se bloque et ne peut aller plus loin. Je lui explique ce que je pense : sa déprime était une réaction à mon désistement et probablement liée à un événement passé

de sa vie ; je crois que ce qu'elle me dit vraiment, c'est :
« Regardez un peu ce que vous m'avez fait ! » et que
sa déprime est une façon de me punir. Elle réagit par
l'affirmative à mon scénario. Je me demande si elle se
comporte de la même manière avec Karl, puis je tente
de troubler son esprit en changeant de cadre : « Votre
mission est accomplie. Je me sens coupable et très mal
de ne pas avoir pu vous voir la semaine dernière et
votre déprime a fonctionné. Ce n'est pas la peine de
continuer. Passons à l'épisode suivant. » Elle rit. Au
début de notre séance, elle a été capable de me demander : « Qu'avez-vous à me proposer ? Vous n'auriez
pas une étincelle à m'offrir pour me sortir de là ? »
C'est là une déclaration aussi franche qu'inhabituelle,
de la part de Ginny.

Je lui dis que je me sentirais plus proche d'elle si
elle s'énervait contre moi directement, lorsqu'elle
pense que j'ai mal agi, plutôt que d'être là à attendre,
à se comporter si elle était à la morgue, dans l'espoir
vengeur de me blesser. Je lui dis que je suis certain
qu'elle agit de même avec Karl et que, si elle se sent
contrainte par leur relation, ou si elle ne trouve pas
cette relation satisfaisante, elle s'assure en ne disant
rien à Karl que celle-ci prendra fin. En ne parlant pas
de sa douleur, elle s'éloigne de lui un peu plus, comme
elle le fait avec moi.

12 juillet
Ginny

Parfois, vous êtes trop intellectuel et vous encouragez mes analogies tirées par les cheveux ; comme lorsque vous m'avez demandé ce que ça m'avait fait d'avoir manqué une séance. Est-ce que ce n'était pas pour ça que je pensais vous avoir vu au cinéma ? C'est une manière d'envisager la psychiatrie un peu burlesque, un peu comme un scénario qu'on écrirait ensemble. Si je pensais que c'était votre manière d'envisager les choses, je me dirais que nous nous voyons simplement pour papoter.

Je m'en voulais de sourire bêtement chaque fois que je répondais à une de vos questions. Quand je suis repliée sur moi, je suis sombre, sans expression. Mais dès que vous me sollicitez, que vous me donnez une piste et une occasion de répondre, je redeviens frivole.

J'aime votre idée d'utiliser une loupe pour observer un incident particulier et pour tenter d'en analyser les émotions. Une manière de mettre la vie au ralenti. Ce qui me plaît bien. Je crois seulement que l'incident

218

n'était pas assez important. Il y avait en réalité deux versions, deux faces, deux émotions. Je vous ai donné celle que vous attendiez, c'est-à-dire ma déception et ma colère face à votre désistement. L'autre face de ma pauvre pièce, c'est que j'étais soulagée. Un trajet en moins. Deux dollars d'économisé, plus de temps pour moi, et pas de transports.

Le seul moment où j'ai éprouvé quelque chose pendant la séance, c'est lorsque je vous ai blessé en suggérant que ça m'était égal de ne pas vous voir. Je me suis alors sentie coupable et triste. Je me suis dissociée de ce moi désinvolte, sans émotions.

J'étais pleine d'espoir, comme au début d'un nouveau chapitre, quand vous m'avez demandé de tester mes questions et mes besoins sur vous avant de me risquer avec Karl. « Essayez d'abord avec moi », avez-vous dit. Tout un programme, toute une aventure !

Mais je ne fais toujours que survoler… À la fin de la séance, je me sentais malgré tout vivante. Peu importe mon état d'esprit, votre simple attention me fait cet effet. J'ai aimé votre théorie selon laquelle, par pure vengeance, je deviens morte et plus déprimée, et que je parviens à faire culpabiliser les autres. J'ai tout autant aimé votre conclusion : une fois que je suis parvenue à mes fins, je peux passer à autre chose. Quand vous m'avez remis l'article sur Hemingway que je vous avais demandé, c'était un très beau cadeau.

Je refuse cependant de prendre au sérieux le rythme et les mouvements individuels de la séance. Peut-être est-ce pour cela que je ne peux mener à bien ces comptes rendus : parce que je généralise, que je saisis au vol ou que je dénigre certains sentiments, me laissant aller à eux durant les quelques heures seulement qui suivent la séance, avant de les ignorer de nouveau, et ce jusqu'à la prochaine séance.

22 juillet
Dr Yalom

Ginny a appelé aujourd'hui pour demander si je pouvais la voir à 15 heures au lieu de 16. Il se trouve que ça m'arrangeait aussi. J'ai donc accepté. C'était une démarche inhabituelle pour elle, le genre de requêtes qu'elle n'ose habituellement pas faire.

Elle commence la séance en disant qu'elle a vécu un état de stupeur terrible ces deux derniers jours, alors qu'avant, la semaine s'est très bien déroulée. Il est évident qu'elle souhaite me parler de la mauvaise période, mais je ne peux m'empêcher de m'enquérir de la bonne. Elle me dit qu'il s'est produit, lors de notre dernière séance, un épisode qui lui a fait énormément de bien : lorsque j'ai déclaré « mission accomplie », c'est-à-dire qu'en étant déprimée, elle avait réussi à me faire me sentir coupable. Elle a aimé que je lui suggère de ramasser ses gains après cette manœuvre réussie et de consacrer son énergie à autre chose. L'important, c'est que j'aie explicité quelque chose qu'elle faisait implicitement, annulant

221

de fait ce processus qui, pour opérer, doit rester inconscient.

Le problème du jour concerne les deux semaines de cours qu'elle suit actuellement afin de pouvoir enseigner l'anglais. À deux reprises, elle a mal prononcé Cuba à cause de son accent new-yorkais. Le professeur l'a corrigée et Ginny est désormais persuadée qu'elle va rater l'examen, ce qui serait la pire des catastrophes. Je commence par travailler sur ce problème en ouvrant mon énorme sac à approches diverses, les testant l'une après l'autre. Certaines sont raisonnablement solides, d'autres sont de vieilles techniques grinçantes que je lui avance dans un fauteuil roulant. J'essaie de l'aider à comprendre que, quel que soit le résultat de cet examen, le cours de sa vie n'en sera pas bouleversé. Je tente de souligner que, dans le long écheveau de sa vie, c'est un événement assez banal qui ne la touchera pas en son for intérieur. Je l'amène à penser à des choses qui, par le passé, lui ont semblé dramatiques et importantes sur le coup, mais qu'elle a oubliées depuis longtemps, et ce dans le simple but de l'aider à relativiser cet incident. Je lui demande pourquoi elle croit que le professeur a le droit de la définir, et pourquoi, s'il recale Ginny, ça signifierait qu'elle n'est rien. Je propose même ironiquement qu'elle imagine son épitaphe : « Ci-gît Ginny, recalée par M. Flood à son cours d'anglais langue étrangère. » J'emprunte une autre approche, un boulevard, en suggérant qu'elle perçoit sûrement mal la situation. Il me semble peu probable, comme le prétend Ginny, que cet enseignant veuille réellement la recaler dans le simple but de profiter de son autorité. Je propose, puisqu'elle anticipe un échec, qu'elle fasse quelque chose pour contrer la « calamité » prévue. Peut-être n'a-t-elle pas encore donné à ce professeur l'occasion de percevoir certaines de ses qualités ; et si, au fil des cours, elle lui donnait des chances d'apprécier quelques-unes de ses forces, comme son humour ou sa ténacité ? Aucune de ces approches ne se révèle bien efficace. Elle est là, la gamine de dix ans qui, jouant au ballon prisonnier dans sa robe jaune amidonnée, me tire la langue en esquivant chacun de mes lancers. J'ai dans l'idée pourtant que, par l'intensité même de mes efforts, je suis parvenu à lui apporter un peu de sérénité. Je l'espère ! Autre aspect sur lequel nous avons travaillé : l'idée qu'elle se fait que Karl, qui suit le cours avec elle, ait pu la trouver stupide parce qu'elle n'a pas su répondre à certaines questions. Je lui demande comment cela pourrait être le cas, car il semble peu probable que Karl n'ait pas déjà appris à apprécier son intelligence, depuis le temps qu'ils vivent ensemble !

Thème accessoire lors de l'entretien : un article que j'ai écrit avec ma femme sur Ernest Hemingway, et que je lui ai donné à la fin de la séance précédente. Elle m'annonce d'emblée qu'elle l'a beaucoup aimé. Plus tard, elle marmonne qu'elle ne comprend pas que je l'aie écrit avec ma femme. Je lui suggère de me poser toutes les questions qu'elle a concernant ma femme. « Qu'enseigne-t-elle ? » Je lui dis qu'elle enseigne la littérature et la civilisation françaises. A-t-elle d'autres questions ? « Non, c'est tout. » Elle se contente d'ajouter qu'elle n'avait pas compris que mon épouse était professeure, elle aussi. Elle l'a vue une fois, dans la rue et, maintenant, elle se dit qu'elle l'a certainement croisée dans les couloirs de l'université. Je tente de la faire partager d'autres réactions, car je soupçonne qu'elle éprouve de la jalousie et je sens une tension, mais elle ne peut ou ne veut pas continuer.

Nous évoquons aussi des fantasmes qu'elle a eus la nuit précédente, où elle se voyait de plus en plus malade, où Karl s'enfuyait avec une jolie fille rencontrée au travail et où je l'entraînais dans une cabane au fin fond de la campagne, une sorte d'hôpital dirigé par un ami et collègue. Celui-ci voulait l'aider à se sentir mieux en l'encourageant à exprimer sa colère et à faire toutes les choses qu'elle ne parvient pas à faire. De mon côté, je venais lui rendre visite de temps en temps. Je lui fais remarquer, bien sûr, que ce fantasme fait suite à la bonne semaine qu'elle a passée, et qu'il lui semble dangereux d'avoir une trop bonne semaine, puisque cela représenterait la menace de la fin de nos séances.

En guise de dernière autocritique, Ginny se lamente de ne pas être « sérieuse », de ne jamais prendre les choses assez sérieusement, de ne pas s'investir assez, d'être trop désinvolte, même dans sa thérapie. J'ai du mal à comprendre où elle veut en venir, car je la considère comme quelqu'un de très sérieux. Sa désinvolture et son sens de l'humour font tout son charme et je détesterais qu'elle tente de les exciser chirurgicalement[1].

---

1. Les enregistrements, ainsi que les comptes rendus des trois séances suivantes, ont été perdus.

IV

L'HIVER PASSE

26 octobre-21 février

26 octobre
Dr Yalom

Trois mois déjà que je n'ai pas vu Ginny. J'ai été tellement occupé que je ne peux pas dire que j'aie beaucoup pensé à elle ni qu'elle m'ait manqué, mais je me suis rendu compte, dès qu'elle est entrée dans mon cabinet, qu'il y a chez Ginny une sorte d'« essence » à laquelle je me suis attaché.

Au bout de cinq minutes avec elle, je suis transporté dans un autre espace psychologique, un lieu familier que je n'ai pas foulé depuis des mois. Ginny me raconte tout ce qu'elle a fait. Elle a travaillé pendant trois mois, quarante heures par semaine, jusqu'à ce qu'elle soit licenciée pour des raisons indépendantes de ses qualités. Elle est toujours avec Karl et les choses se passent bien. Elle ne vit plus sous la menace de son départ. Lorsqu'ils évoquent un éventuel départ pour l'Amérique du Sud, il est sous-entendu qu'ils iraient ensemble, même si Ginny n'est pas certaine de vouloir quitter les États-Unis. Elle s'est fait de nouveaux amis et a beaucoup discuté avec eux, faute de pouvoir me parler, même si elle a aussi tenu bien des conversations imaginaires avec moi en mon absence. Après ce bilan apparemment positif, elle s'attaque à l'aspect « pernicieux » de son existence. Elle a le sentiment de ne rien avoir vécu d'authentique, mais d'avoir suivi le mouvement, à l'aise, heureuse. Je lui suggère de reconsidérer sa définition de la vie – sa vraie vie ne se déroule peut-être pas seulement pendant les moments où elle se torture. Elle s'étonne. Est-ce que je suis sérieux ? Est-ce ce qu'un psychiatre voit ça comme un progrès ? Je lui dis qu'elle souffre d'hyperconscience de soi, et elle admet qu'elle surveille toujours tout ce qu'elle fait. Elle fait trop souvent partie de l'auditoire, trop peu de la troupe.

Ses relations avec Karl se sont nettement améliorées. Pourtant, Ginny croit dur comme fer qu'elle n'est pas liée à lui, qu'elle est incapable d'être profondément « impliquée », et elle a beau vouloir que les choses changent entre eux, elle ne peut expliquer clairement en quoi. Quand j'insiste, elle dit qu'elle aimerait que Karl la regarde dans les yeux et prononce son nom. Ils passent tout leur temps ensemble, jour et nuit. Ils ont le même travail, au centre de formation pour adultes, et j'imagine qu'ils sont suffisamment occupés pour que cette collaboration se déroule sans tensions. La nuit cependant, c'est différent, avec la douloureuse question de leur vie sexuelle, qui n'est toujours pas résolue. Ginny sent qu'elle devrait être plus honnête avec Karl sur leur incompatibilité sexuelle, qu'elle devrait lui faire part de tout ce qu'elle ressent. Je pense, sans le lui dire, qu'il y a des sujets intimes qu'elle devrait garder pour elle. Elle aimerait participer avec Karl à un groupe de parole, où elle pourrait le mettre face à ses peurs les plus profondes sans qu'il les prenne à la légère. Je lui suggère sur le ton de l'humour de venir à la prochaine séance avec lui. Elle panique, répétant que Karl ne croit pas en la psychiatrie.

Elle finit par me dire qu'elle n'a pas changé depuis le début de la thérapie. Le croit-elle réellement? Elle répète qu'elle se sent la même à l'intérieur, mais je ne peux m'empêcher de lui faire remarquer les changements que j'ai vus en elle. Elle admet que c'est vrai, que sa relation avec Karl a évolué, qu'ils se partagent désormais les tâches ménagères et qu'elle ne paie plus l'essence, tout en soulignant qu'elle n'est pas responsable de ces progrès : sans moi, rien n'aurait été possible. Je tente de lui faire prendre conscience de son jeu, dans lequel elle renonce à toutes ses victoires pour me les attribuer. À la fin de la séance, elle est relativement fâchée après moi et me reproche d'agir exactement comme ses parents quand ils l'assurent que tout ira bien.

Elle s'inquiète aussi de mon idée de publier ses comptes rendus, ce qui me pousse à lui demander si elle se souvient de notre accord. Elle se souvient que j'ai promis de ne pas les rendre publics sans son autorisation ; elle ajoute que, puisque Karl sait qui je suis, ils ne peuvent en aucun cas être publiés sous mon nom. Et ce même après sa mort. En plaisantant, elle dit vouloir aussi garder les droits pour l'adaptation au cinéma. Je dois avouer qu'en l'écoutant, je suis déçu, même si elle a raison. Avec le temps, il n'est pas exclu qu'elle change d'avis et de ressenti vis-à-vis de cette éventuelle publication, ou bien nous pourrions toujours le faire de manière totalement anonyme. Quoi qu'il en soit, nous finirons probablement par laisser tomber cette idée, car je ne suis pas certain que ces comptes rendus soient dignes d'être publiés.

1er novembre
Dr Yalom

Une séance tronquée, étrange et touchante, avec des hauts et des bas aussi nombreux qu'inattendus.

J'ai la jambe dans le plâtre à cause d'une blessure au genou, le cabinet a été réorganisé et mal rangé, et je ne suis pas assis à la même place que d'ordinaire. Ginny s'installe et prend la parole sans évoquer ces changements évidents. Elle est la première patiente à ne pas me demander immédiatement ce qui est arrivé à ma jambe.

Elle m'annonce d'emblée qu'elle a envie de garder le silence, aujourd'hui, d'aborder la séance différemment. Le premier quart d'heure est très tendu. Elle semble gênée et, quand elle se met à parler, je sens le poids de sa sexualité dans chacune de ses paroles. Karl est déçu qu'elle ait repris sa thérapie, il aimerait qu'elle se porte bien et n'ait plus à me voir. Plus tard, elle évoque son incapacité à me montrer ses sentiments et ajoute qu'elle ne les montre à aucun de nous (ni Karl ni moi). Frappé par la référence aux « deux hommes »

de sa vie, je lui demande si Karl me considère comme
« l'autre homme ». Elle le nie, bien sûr. Elle utilise le
terme *impregnable* pour qualifier son attitude envers
nous deux, et immédiatement ce mot m'évoque des
images de grossesse[1]. Elle passe alors en revue les
événements de la semaine passée, qui laissent supposer
que cette période est inhabituellement bonne : Karl et
elle sont allés dans les hauteurs de Big Sur et tout s'est
très bien passé entre eux. Elle s'est bien amusée, mais
a cependant le sentiment que quelque chose manque
à sa vie, sans être capable de dire quoi.

Elle me raconte un rêve apparemment insignifiant.
(Chaque fois que j'entends ce mot, je tends l'oreille ;
cela signifie toujours qu'un rêve important va être
révélé.) Il y a, dans son rêve, un psychiatre et une fille, et
la fille est très bizarre, elle fait de drôles de gestes avec
ses mains. Elle est schizophrène. Le psychiatre l'aime
beaucoup, prend longtemps soin d'elle, puis finit par
la pousser à s'engager auprès d'un garçon qui revient
du Vietnam. Le garçon en question est un mélange
de son frère (en réalité, elle n'a pas de frère) qui s'est
fait tuer au Vietnam et d'un autre garçon. Au début,
tout se passe très bien avec ce garçon, mais il devient
très vite méchant avec elle, tandis que sa schizophrénie
s'aggrave, au point de devenir catatonique. Avant que
le garçon et elle ne partent ensemble, le psychiatre lui
explique comment éviter de tomber enceinte et leur
dit à tous deux de ne pas trop s'éloigner ; plus tard,

---

1. *Impregnable* signifie « imprenable » en français mais se
rapproche de *pregnancy*, « grossesse », *pregnant*, « enceinte ».
(N.d.T.)

elle tente d'obtenir une ordonnance pour des pilules contraceptives, mais elle prend peur, parce qu'elle sait que le psychiatre va tout faire pour retrouver sa trace. Elle pense que l'ordonnance risque de la trahir.

J'essaie de travailler sur ce rêve, mais Ginny résiste. Je suis plus intrigué par le rêve qu'elle, et sa résistance étouffe sa curiosité. Je lui dis que son rêve me rappelle quelque chose dont nous avons souvent discuté : son sentiment qu'elle ne peut retenir mon attention et mes soins que par la folie. « Pourquoi est-ce que je vous dirais de ne pas avoir d'enfants et de rester près de moi ? Qui était cette voix qui vous ordonnait ça ? » Elle ne sait pas, ça ressemblait à la voix de ses parents, mais elle sait que ce n'étaient pas ses parents. Comme ils aimeraient qu'elle se marie, nous en concluons que la voix est celle de ses parents quand elle était enfant, et que cette voix continue à vivre en elle. C'est tout. Encore un rêve très riche qui ne l'intéresse pas.

Pourquoi n'a-t-elle fait aucun commentaire sur ma jambe plâtrée ? Au début, elle n'a pas remarqué que c'était un plâtre, pensant que c'était un simple bandage. Que cela lui évoque-t-il ? Ça a l'air inconfortable, d'autant plus que je porte des vêtements bien plus près du corps que d'ordinaire. Est-ce un pantalon en jersey que je porte ? Elle m'imagine en train de regarder la télévision en pyjama. Sous le pyjama, elle voit quelque chose qui ressemble à un slip blanc, mais qui en réalité est un plâtre. Rien de ce qu'elle dit n'a de sens, et j'ai du mal à la suivre. Jamais elle ne dit explicitement pourquoi elle a choisi d'ignorer le plâtre. Je ne peux qu'imaginer que ce plâtre et la jambe à l'intérieur évoquent trop pour elle la tension sexuelle entre nous.

Elle me raconte tout à coup que Karl lui a dit : « Si tu as un enfant un jour, ses premiers mots seront "Je n'y arrive pas." » (Mon intuition était donc correcte : le mot *impregnable* n'était pas anodin ; il a pris naissance dans le rêve et, quand nous avons parlé de ce qui manquait dans sa vie, elle pensait aux enfants qu'elle n'a pas.) La remarque de Karl sur cet enfant éventuel était cruelle et gratuite, à plus d'un titre. Je lui demande pourquoi elle n'a pas répondu à Karl. En ne répliquant rien, elle n'a fait que prouver ce qu'il sous-entendait : qu'elle ne peut rien faire, pas même exprimer son désaccord. Plus tard, elle lâche qu'elle apprécie que je dise ce genre de choses et que c'est précisément ce qu'elle attend de moi. Je la prends au mot et explore avec elle la question du mariage et des enfants, forçant Ginny à l'affronter avec moi. « Qu'attendez-vous de Karl ? Voulez-vous l'épouser ? Voulez-vous des enfants ? Pourquoi ne lui demandez-vous pas de vous épouser, ou ne tentez-vous pas au moins de savoir quel est votre statut ? Ou bien cela vous suffit d'être sa compagne ?

— Alors il pourrait vivre avec moi cinq ans et trois cent soixante jours et me quitter juste avant l'échéance !

— Pourquoi acceptez-vous cette situation ? Changez-la ou bien cessez de vous en plaindre ! »

Elle interrompt ma rafale de questions de manière assez comique : « Écoutez-vous un peu, avec votre genou en miettes ! » Et nous éclatons de rire.

Elle prétend ne pas souhaiter épouser Karl, parce qu'elle nourrit encore le fantasme de vivre un jour seule dans une cabane au milieu des bois. Je refuse de me laisser embarquer et lui dis que ce fantasme est aussi romantique que puéril. D'ailleurs, elle n'est jamais seule dans son monde imaginaire, un adulte semble toujours veiller sur elle. Qui est cet homme ? Pourquoi passerait-il sa vie à s'occuper d'elle ? A-t-il été son père ? Son père ne va pas être là pour elle à tout jamais ; un jour, il mourra, et elle devra bien continuer à vivre. Elle se met à pleurer, murmurant qu'elle ne veut pas penser si loin. Je lui assure qu'il s'agit d'un des faits les plus crus de la vie, et qu'elle devra inexorablement affronter.

Plus tôt pendant la séance, j'ai eu le sentiment qu'elle se révoltait contre moi, qu'elle me reprochait d'être un psychiatre fou qui, contrairement à la plupart des psychiatres, la faisait regarder au-dehors plutôt qu'en elle. Quand je lui reproche de trop se focaliser sur elle-même, elle dit qu'elle le fait uniquement de manière superficielle et qu'elle souhaiterait que je cesse de la critiquer pour ses introspections. Tout cela me semble être un signe très sain de sa capacité à s'opposer à moi. Elle a à ce moment également évoqué le fait que le nom de Madeline Greer figurait sur la porte d'un autre cabinet, et elle m'a demandé de ne rien dévoiler de nos séances à Madeline, qu'elle connaît. Ironie du sort ! Madeline, une collègue, est la seule personne à qui j'ai montré certains comptes rendus de Ginny. Que faire ? Je suis trop mortifié pour l'avouer à Ginny et je crains d'en discuter avec Madeline, de peur de lui en révéler plus qu'elle n'en sait déjà, car je ne suis pas certain qu'elle ait fait le lien entre la Ginny des comptes rendus et celle qu'elle a rencontrée à San Francisco.

1ᵉʳ novembre
Ginny

Quand je suis arrivée, je n'avais aucun problème, aucune récrimination ni aucune pensée hormis le fait que tout allait être abstrait, mais j'ai finalement vraiment apprécié cette séance, que j'ai trouvée utile, peut-être parce que vous avez parlé plus que d'habitude.

Bien sûr, je ne réagis que lorsque vous abordez des sujets larmoyants, comme lorsque vous avez dit que j'allais passer la moitié de ma vie sans mes parents. Il est vrai que je suis plus dépendante d'eux que la plupart des gens de mon âge, puisque je me vois toujours comme la petite fille que j'étais, incapable de prendre conscience du fait que j'ai changé, grandi. Je veux dire que je ne peux me définir ni par mon travail ni par une nouvelle famille. J'ai encore l'impression d'être une enfant *à part* et dilettante.

Quant à votre petite diatribe sur le fait que je suis particulière, je savais que c'était atroce et que vous vous moquiez un peu de moi, mais vous aviez raison.

Ce doit être la façon dont je me vois. C'est parce que je suis un peu spéciale que je me récompense par des fantasmes aussi étranges que désespérés, dans lesquels je m'enfonce dans la solitude ou bien je finis vieille fille. Ce que je trouve le plus utile, c'est quand je vous dis quelque chose que j'ai fait et que vous me montrez les comportements alternatifs que j'aurais pu adopter dans cette situation. J'apprends à réagir différemment. Comme quand je vous ai raconté que, selon Karl, si j'avais un enfant, ses premiers mots seraient « Je n'y arrive pas », et que ma seule réaction avait été la douleur, puis la peur et un besoin de me rapprocher de lui pour voir s'il m'aimait toujours. Quand je me comporte de cette manière pathétique, j'imagine que la véritable Ginny n'est pas celle qui est là chaque jour, et que, lorsque je n'ai plus personne vers qui me tourner, plus personne à contenter, besoin de plus personne, je trouve là ma vraie punition et mon véritable salut. Tout cela m'empêche de changer mon comportement au quotidien et encore maintenant. Ce n'est qu'en faisant l'expérience du quotidien, quand je me libère de mes vieux mécanismes, que je sens que j'ai réussi et que j'ai évolué. Je ne veux pas vraiment m'exiler ni me torturer. J'aime Karl, notre environnement, et j'ai besoin de tout ça.

9 novembre
Dr Yalom

Une séance terne, plutôt laborieuse, sans véritables découvertes. Ginny annonce d'emblée qu'elle a passé une très mauvaise nuit pour une raison stupide. Tout a commencé quand Karl a dit qu'il ne se sentait pas bien parce qu'il s'inquiétait pour son avenir et sa carrière. C'était juste avant d'aller dormir. Une fois au lit, elle a imaginé qu'il allait la quitter, angoissée à l'idée de se retrouver seule. L'incident donne le ton au reste de la séance, et je me dis immédiatement qu'elle aurait mieux fait d'essayer de comprendre ce qui préoccupait Karl, afin de pouvoir l'aider. Quand je le sous-entends, elle réagit : « Qu'est-ce que j'aurais pu faire ? Qu'aurait fait votre épouse ? » Je grogne : « Oh, non ! » Elle transforme ça en plaisanterie : « Qu'aurait dit Mme Nixon au président ? » Je choisis d'ignorer sa question, parce que je ne pense pas que ça aidera Ginny de savoir ce que mon épouse aurait dit, et aussi parce que Ginny demande une information personnelle que je ne souhaite pas lui donner. Quoi qu'il en soit, ça nous conduit très vite au fait que Karl et elle n'abordent aucun sujet intime. Jamais il ne viendrait à Ginny l'idée d'aider Karl à explorer ses sentiments concernant son avenir, et je suis certain que c'est en partie la raison pour laquelle elle ne peut obtenir de sa part aucune clarification sur leur avenir commun. Même s'ils peuvent passer des heures à discuter de choses abstraites, les règles strictes qui régissent leur relation empêchent toute discussion personnelle sérieuse de quelque nature que ce soit. Je la sens avide d'instructions sur la manière de briser ce schéma avec Karl. Que veut-elle savoir de lui ? Cela nous conduit à la question cruciale : que signifie cette relation pour Karl ? Combien de temps va-t-il s'y tenir et s'y engage-t-il profondément ?

Elle parle alors d'une soirée littéraire où elle s'est comportée comme une gamine de dix ans en présence d'adultes, paralysée parce qu'elle se sentait creuse, sans substance. Si Karl n'avait pas été là, si d'autres n'avaient pas été là, elle se serait recroquevillée et serait devenue rien, dans la mesure où elle estime qu'elle n'est capable que de rebondir sur des idées avancées par d'autres, sans rien proposer elle-même. Je lui fais part de mon avis : c'est tout le contraire, elle a une véritable essence, que les autres sentent et reconnaissent toujours. Au milieu de conversations d'« adultes », elle ne peut intervenir, mais elle est tout à fait capable d'en faire la satire dans sa tête. Son comportement ne me paraît pas si déraisonnable. Pourquoi devrait-elle se conduire comme tout le monde en société ? Elle me piège alors très astucieusement, en répliquant que, si j'approuve à tel point ce qu'elle est, pourquoi est-ce que j'attends d'elle qu'elle change dans sa relation avec Karl ? Je contourne cette difficulté en expliquant que, si les gens peuvent se comporter différemment en société, quand deux personnes entretiennent une relation étroite, ils doivent en général parler de questions intimes, à moins d'être si totalement occupés à survivre ou à travailler ensemble que leur intimité se passe de paroles. Karl et elle passent tellement de temps à parler à d'autres de leurs sentiments profonds et à les explorer dans leurs écrits qu'il me paraît inconcevable qu'ils puissent continuer ainsi, à moins qu'à un certain niveau ils ne communiquent plus intimement.

Ginny raconte que le dernier petit changement dans sa vie s'est produit quand je l'ai contrainte de parler à Karl de l'argent dépensé en essence. La conversation avait été douloureuse, mais s'en était suivi un change-ment extrêmement important dans leur relation. Elle souhaite que je la force à faire de nouveau quelque chose de similaire.

J'ai le sentiment à un moment donné que Ginny n'a peut-être plus rien à me dire, ce qui indique qu'elle va mieux, qu'elle mettra peut-être bientôt un terme à la thérapie. Certes, certains problèmes subsistent, mais, dans l'ensemble, sa vie commence à se conformer à des schémas plus satisfaisants.

9 novembre
Ginny

Nous avons aujourd'hui parlé « conversations », avec notamment mon incapacité à discuter de choses sérieuses avec Karl. C'est lié à ma nature unidimensionnelle, et je crois que je me comporte avec lui comme avec vous. Alors pour savoir ce qu'éprouve Karl... Qu'éprouvez-vous ? (J'aurais dû vous le demander.) Et combien de temps allez-vous rester, tous les deux ? Bien sûr, j'ai plus de craintes avec Karl, puisque mon temps et mes organes vitaux, ainsi que mes sentiments, sont plus impliqués.

Quand vous m'avez demandé si j'avais appris quelque chose dans la séance de groupe, ça m'a prise au dépourvu. Je ne vois aucune de mes expériences comme des étapes ou des progrès. Les membres du groupe ont été pour moi des compagnons de route ; de toute façon, les réponses aux questions posées étaient rarement sincères, et je n'ai pour ma part jamais bien répondu à toutes celles qui m'ont été adressées. Je m'effondre le long d'une ligne rationnelle ; je suis un

241

cercle vicieux en forme de sourire. Nous avons connu deux silences aujourd'hui, des silences vides. Vous avez voulu savoir ce qui se passait et j'ai dit, rien.

J'ai été contente d'apprendre que Madeline vous a parlé, et j'imagine, sans vous le demander, qu'elle a dit que j'étais gentille. Vous voyez, je confonds le sérieux et l'aveu. À la fête où je l'ai rencontrée, je me comportais comme une ingénue paralysée (ma mère prétend qu'on peut, en soirée, « se faire discret », mais comme je ne tiens pas en place, les gens comprennent vite). Après que Karl a parlé de vous à cette occasion et que Madeline s'est montrée encourageante, je lui ai donc expliqué que je vous voyais depuis trois ans et que, cette année, j'écrivais pour vous. Je n'étais pas obligée de lui confier cela, et je ne le voulais pas non plus, mais quand je ne trouve rien à dire, je me rabats sur ce qui me semble pertinent pour l'autre.

Ce que vous avez dit hier, que je dois oser m'exprimer, était juste ; ça n'a pourtant eu aucun impact émotionnel, ça n'est pas allé plus loin qu'un article dans un magazine. Ni vous ni moi-même ne sommes parvenus à m'atteindre. Je ne m'en suis pas trop voulu.

En retournant prendre le bus, j'étais optimiste, j'imaginais que j'avais déjà parlé à Karl et que tout allait bien. Puis, dans mon film, vous partiez en voyage d'affaires et deviez annuler la prochaine séance, alors je vous appelais pour vous dire que tout allait parfaitement bien.

Vous voyez comment mon esprit s'égare ou court-circuite toute tâche ou tout problème sérieux.

Bien que je sois tournée vers l'extérieur, quand on a parlé de ma « présence », cela m'a plu, même si je sais qu'il me faut un cadre particulier pour réussir à être naturelle, pour avoir justement une présence. Je ne peux me forcer à parler, même si mon silence met les autres mal à l'aise. Je ne peux donner. C'est aux autres de le faire. Je sais que ce n'est pas important, mais je m'en veux de ne pas pouvoir donner un minimum dans des situations ordinaires.

16 novembre
Dr Yalom

La séance tourne aujourd'hui autour d'un seul problème et me met mal à l'aise. J'ai l'impression d'être une pom-pom girl ou un soigneur au coin du ring de boxe qui encourage Ginny.

Elle arrive et annonce qu'elle n'a rien fait de ce que je lui ai suggéré la semaine dernière. Elle n'a par exemple pas abordé la question du mariage avec Karl, alors qu'ironiquement, une occasion lui a été offerte sur un plateau d'argent, lorsqu'un de leurs amis a croisé Karl et Ginny lors d'une fête et leur a demandé, d'un ton malicieux, quand ils avaient prévu de se marier. Karl a immédiatement répondu qu'il n'était pas intéressé par le mariage, et qu'il ne qualifierait pas sa relation avec Ginny de « mariage ». Ginny a raté l'occasion de lui en reparler le soir même, puisqu'elle a, sur un coup de tête, invité tout le monde chez eux à regarder un film à la télévision, et la soirée s'est éternisée jusqu'à 4 heures du matin. Cela a mis Karl tellement en colère contre elle qu'elle a dû s'excuser pour le calmer plutôt que l'inverse.

D'autres incidents l'ont bouleversée. Par exemple, Karl lui a passé un savon un soir parce qu'elle a fait une erreur dans la préparation du dîner, ce qui a entraîné une diatribe contre ses nombreuses faiblesses. Elle a piteusement approuvé tout ce qu'il disait, le remerciant presque de s'être exprimé. Je tente de passer en revue ce qu'elle aurait pu lui répondre d'autre, en me demandant surtout comment leur relation a pu se définir de telle sorte qu'il ait le droit de la critiquer sans qu'elle ait une prérogative réciproque. Elle pourrait bien sûr essayer de lui parler de quelques petites choses qu'il fait mal, me dit-elle, mais ce serait totalement inutile, puisque ses critiques sont tout à fait justifiées. Je dois le répéter maintes et maintes fois : il ne s'agit pas de savoir s'il a raison ou tort, mais de comprendre comment leur relation s'est définie de cette manière. Je passe à des jeux de rôle, m'appropriant ce que Karl a dit et lui demandant de répondre différemment. Elle présente alors des excuses : elle tentait juste de lui faire un repas un peu plus élaboré, mais, s'il préfère un hamburger, elle peut très bien lui en préparer un. Je remarque qu'elle est très indirecte. Est-ce qu'elle ne pourrait pas dire quelque chose de plus personnel, puisqu'elle est ici en sécurité ? Elle dit alors à Karl, à travers notre jeu de rôle, qu'il lui a fait de la peine, et pourquoi fallait-il qu'il l'humilie juste avant qu'ils aillent se coucher ? Puis elle s'échappe de cette scène inconfortable par une pirouette comique : elle a l'impression que je lui fais subir la formation d'un samouraï – planter ses pieds au bon endroit, bien tenir l'épée...

Elle me raconte que tout à coup elle a bredouillé « Je t'aime » à Karl pendant le week-end, et que celui-ci n'a pas répondu. Je veux savoir pourquoi elle n'a pas cru avoir le droit de l'interroger sur son silence. Elle connaît la réponse : il ne l'aime pas et n'a aucune intention de l'épouser. J'avance deux observations. La première : si c'est vrai, quel intérêt voit-elle à rester avec Karl ? Est-ce qu'elle n'attend rien d'autre de la vie que cette relation « sans amour » ? La seconde : je déclare que je n'ai aucune confiance en ses facultés d'interprétation. Je lui rappelle que pendant longtemps, par exemple, elle a été incapable de me demander de changer l'heure de notre séance parce qu'elle croyait que ça me dérangerait ; quand elle avait mobilisé tout son courage pour me poser la question, elle s'était rendu compte qu'elle avait eu complètement tort. Ça pourrait bien être le cas pour Karl. Il y a bien des éléments qu'elle ne prend pas en considération, comme le fait qu'il a passé une grande partie de sa vie d'adulte avec elle. Je continue donc à la pousser, encore, à partager des choses personnelles avec Karl. J'ai quelques craintes sur l'issue, sans compter qu'il est possible que je lui impose une chose dont elle est incapable. Et si cette relation avec Karl était meilleure que pas de relation du tout ? Je perçois, tout au fond de mon esprit, le souvenir de Madeline me disant à quel point elle avait senti Karl hostile quand elle l'avait rencontré. Peut-être que je surprotège Ginny, mais il semble bien que Karl lui fasse du mal et je veux la sauver de ce type, ou du moins l'aider à modifier leur relation, afin qu'elle soit plus vivable pour elle.

16 novembre
Ginny

Et si c'était bon signe que je ne me souvienne pas bien de ce qui s'est passé hier ? Pendant que j'attendais pour entrer dans le cabinet, j'ai vu une fille quitter son thérapeute en larmes et ça m'a rappelé le bon vieux temps – « fille en pleurs, problèmes majeurs ».

Dès le début de la séance, j'ai été saisie d'angoisse, certaine que je n'avais rien à dire, et j'avais envie d'aller aux toilettes. Je n'avais rien d'autre à vous exposer que des choses déjà passées, immuables. J'ai senti immédiatement que j'allais pleurer, surtout en reparlant du soir où Bud nous a interrogés sur notre mariage. J'ai continué à parler, concentrée, jubilant, poussée par mes tremblements. Ça a duré longtemps, jusqu'à ce que je retire l'étincelle de mes larmes. Vous comprenez, je ne m'intéresse pas tant aux discussions qu'aux émotions qu'elles déclenchent. Les larmes sont bien plus faciles à obtenir que l'intelligence qui les a fait couler.

Nous sommes revenus à notre sujet classique : « Pourquoi est-ce que je n'arrive pas à m'exprimer ? »

Vous avez joué le rôle de Karl, mais je ne joue jamais vraiment le mien (même si je me rappelle soudain que c'est ce que je ne cesse de vous demander : de me donner une chance de prétendre). Je sais que c'est sans danger, dans le cabinet, mais je ne parviens pas à aller jusqu'au bout. Au moins, je sais que vous ne me mettrez jamais à la porte. Quand vous avez dit : « Vous ne pourrez jamais vous affirmer tant que vous ne comprendrez pas que vous êtes la seule à pouvoir changer les choses, que votre opinion compte », je savais bien que vous aviez raison, que je devrais m'en souvenir et y réfléchir, mais j'ai classé ça dans le dossier « À traiter plus tard ».

Malgré tout, j'ai eu l'impression de m'être rapprochée d'un point de départ d'où nous pourrions démarrer. J'aurais pu commencer le jour même ; je ne l'ai pas fait. Une fois ce point atteint, j'ai continué de parler. Comme d'habitude, j'ai rationné mes réactions et mes sensations. J'étais incapable de me concentrer. Peut-être aurais-je dû vous signaler le moment précis où je me suis égarée, et nous aurions pu en discuter. À l'inverse, je vous ai observé, qui tentiez de m'inciter à bouger, mais je me sentais bien, à l'abri, comme un bébé qu'on vient de déposer dans son berceau.

Quand je ne cessais de dire « Je me sens morte », c'était vraiment le cas. Tout ça vous ennuyait et j'avais honte du nombre de fois où j'ai utilisé ça comme une excuse. Je sais que, si j'arrêtais de me dire que je suis morte, je serais plus ouverte à d'autres sensations. Ce que je suis certaine d'avoir réussi à faire pendant la séance passée.

Vous m'avez paru très impatient, agacé par mes « excuses pour le passé », comme vous les appelez.

Une séance horrible avec Ginny aujourd'hui, mais, pour ne rien arranger, elle venait juste après une séance tout aussi médiocre avec une autre patiente, qui s'était montrée très hostile, rétive, silencieuse et méfiante envers moi, et que je n'avais cessé de provoquer pour la pousser à une certaine forme d'activité.

Avec Ginny, ce fut le vide absolu ; rien à prendre, tout à laisser. J'ai été peu à peu submergé par le sentiment que tout cela était vain : pourquoi aider Ginny à changer, puisqu'elle ne veut opérer aucun changement en elle ? À la fin de la séance, j'ai eu l'impression d'être face à une falaise bien lisse avec une seule et infime fente à laquelle m'accrocher. Je me suis accroché, répétant à Ginny, une fois de plus, qu'elle est malheureuse parce qu'elle ne sait pas si Karl va l'épouser, alors pourquoi ne lui pose-t-elle pas tout simplement la question ? Ça m'a semblé la seule approche possible, et elle était fort mince.

Elle entre. Sa première phrase : elle se sentait extrêmement bien jusqu'à ce qu'elle arrive ici ; elle a

tapé sa nouvelle et l'a soumise à plusieurs magazines.
Il est évident qu'elle a honte de ne pas avoir suivi
mon conseil de parler à Karl de questions personnelles. Pour éviter que je ne la gronde, elle m'offre
une compensation sous la forme de ce texte qu'elle
a terminé. Je pourrais bien sûr le lui faire remarquer, mais à quoi bon ? Presque tout le reste de la
séance se passe à écouter ses lamentations. Elle n'est
pas assez « sérieuse », ferait mieux de se taire plutôt
que de bavasser sans jamais rien faire de concret.
Elle et moi sommes si impersonnels et distants que
je finis par l'inviter à me poser une question directe.
« Combien de temps allez-vous continuer à me voir,
continuer à me laisser venir pour m'entendre dire
que je vais bien ? » Je tente de lui répondre ouvertement et honnêtement : j'étudierai avec elle le fait
que je ne prends pas très au sérieux ses affirmations
selon lesquelles tout va bien alors qu'il y a à l'évidence
des zones majeures d'insatisfaction dans sa vie. Elle
semble se réjouir de la nouvelle, comme une enfant.
Plus tard, elle se dit dégoûtée de son attitude, elle
n'est pas « à égalité » avec moi, elle se sent fausse ;
jusqu'à ses sourires qu'elle trouve artificiels. Il n'y a
rien que je puisse faire pour l'aider. Je me contente de
répéter à l'envi cette question : « Voulez-vous changer ? » Peut-être le statu quo est-il confortable. J'ai
l'impression que toute la responsabilité d'un changement repose sur mes épaules. Elle veut même que je
lui fixe ses buts. J'ai dû dire la même chose de quatre
ou cinq façons différentes. En vain. Aujourd'hui, j'ai
pour la première fois pensé que j'avais envisagé cette
thérapie de manière trop ouverte. Peut-être devrais-je

fixer une date de fin – quatre mois, six mois. Ça pourrait accélérer notre travail. Je me demande parfois si c'est ce qu'elle attend de moi. Était-ce ce qu'elle essayait de me demander, aujourd'hui ?

23 novembre
Ginny

Avant d'entrer, j'avais peur que nous n'ayons rien
à nous dire, mais j'ai pensé que, par magie, ça allait
fonctionner. Ça aurait été le cas, si je n'avais pas été
aussi bavarde et aussi rigide. Je me suis excusée dès le
premier mot. Je n'ai pas réussi à être spontanée ni à
changer une mauvaise situation, ni même à réfléchir
à comment m'en sortir. Peut-être ai-je fait alors ce que
je fais ici : parler de moi de façon égoïste. La séance
m'a mise très mal à l'aise.

Quand j'ai dit que j'aimerais que vous me corrigiez
et que vous me donniez des buts, il ne s'agissait pas
de tâches ménagères pour remplir ma semaine – ce
serait trop immédiat et trop insignifiant. J'espérais
que vous me donneriez des choses à faire pendant la
séance. Tout ce qui m'arrive découle de l'élan que je
prends en vous parlant de ce que vous jugez important.
Vous êtes le maître de cérémonie. Je vous en veux donc
de toujours revenir aux mêmes vieilles cicatrices, aux
mêmes évidences cruciales : est-ce que Karl m'aime

– ou m'apprécie, au moins ? Va-t-il me quitter ? C'est toujours le même refrain.

Hier, je me sentais vide intérieurement. Ma vie ressemblait à un paquet d'herbes sauvages échouées contre une clôture, et j'essayais de reprendre mon souffle avant que le vent se lève de nouveau. Assise chez moi sans le réconfort de votre présence, j'imagine un tas de choses à vous dire. Sur l'ennui et les pressions de mon existence. Comment Karl, avant de se mettre au lit le soir, toise les murs des yeux, évalue notre foyer et déclare : « Je déteste cet endroit. Je le déteste. » Et je n'arrive pas à croire qu'en fait, ce n'est pas moi qu'il évalue, utilisant l'appartement comme prétexte. Cela ne provoque pas un sentiment d'amour et d'abandon, et même quand je parviens à lui dire de manière satirique que ce n'est vraiment pas le genre de déclaration qui appelle l'amour, juste avant d'aller se coucher, que c'est même plutôt cruel de sa part, j'en garde une immense sensation de malaise et d'insatisfaction, parce qu'il sait l'impact de ses mots, et qu'il n'est ni sensible ni attentif à nous. Puis je me dis qu'il traverse une période difficile, et qu'il s'en prend à moi. À moins que je n'aie véritablement eu aucun problème à résoudre, hier. J'ai eu l'impression de nous faire perdre notre temps à tous les deux.

Quand vous avez parlé de mes buts, j'ai compris à quel point je suis détachée de moi-même. J'ai donné des réponses courtoises. J'aurais tout aussi bien pu être en train de parler à un conseiller d'orientation au lycée.

Je n'ai écouté que d'une oreille distraite votre avis sur des questions qui m'intéressent pourtant, comme quand vous avez évoqué mon compte épargne. J'utilise mon compte épargne comme mon talent. Je n'y touche pas, craignant de dépenser plus que le minimum vital, attendant l'urgence, le moment où je n'aurai plus d'autre choix que d'utiliser mon âme et mon argent. Comme d'habitude, je remets tout à plus tard. Je m'épargne pour une crise ou pour la fatalité.

Je me suis sentie doublement mal en pensant à ce compte rendu. Il y a peu de choses à dire puisque nous n'avons parlé que de choses non accomplies, plutôt que de choses réalisées qui auraient échoué. Mais je suis déçue que la séance ne se soit jamais remise d'être partie du mauvais pied, simplement parce que je n'avais pas parlé à Karl. Je crois que j'ai tout fait pour faire avancer les choses, quand j'ai évoqué mes écrits pour vous faire plaisir. Pourquoi n'avez-vous pas réussi à changer le cours de la séance?

Avant, vous arriviez à me détendre et, quand ça ne marchait pas, nous tentions différentes approches. La séance m'a donné l'impression d'un entretien d'embauche pour un poste que je ne voulais pas.

Une telle séance est contagieuse et, au milieu de la séance, je savais déjà que je m'en voudrais après, ce qui est le cas. Et c'est ce qui me déprime : de ne pas pouvoir arrêter ça, ne pas pouvoir vous demander de m'aider, que vous me laissiez continuer.

Je devrais me fâcher quand vous ne cessez de m'appâter avec cette question de statu quo, en me disant que, finalement, je suis peut-être heureuse. J'imagine que je devrais bondir : « Non, non, c'est horrible ! », mais je ne le fais pas et c'est censé signifier que tout va bien. Vous avez dit vous-même que ce n'est pas un statu quo réussi, mais que je m'en contente peut-être.

En fait, je ne veux pas renoncer à ma vie avec Karl, même si vous et mes propres mots m'y poussez. Je n'évoque jamais les bons moments, puisqu'ils viennent avec facilité, naturel, et qu'ils passent. Et ils sont encadrés par notre silence, notre incapacité à dire que nous avons besoin l'un de l'autre, que nous nous aimons…

Je n'étais que matière, dans ce fauteuil, à tenter de feindre des émotions et une présence.

Une séance bien triste. Ça devient de plus en plus sinistre. Je me sens découragé, impuissant, je ne sais plus vers quoi me tourner. J'aperçois de temps à autre un bref rayon d'espoir qui ne me porte jamais bien loin. Il m'arrive de penser que nous partageons une illusion, que nous savons tous deux que c'est sans espoir, mais que jamais nous n'oserions prononcer ces mots.

Elle commence par me dire que, quelques jours après la dernière séance, une de ses meilleures amies s'est plainte qu'elle ne révélait jamais rien sur elle. Cette amie lui disait n'avoir aucun moyen de savoir ce que Ginny pensait ou ressentait. Depuis, Ginny a essayé de s'ouvrir davantage, mais elle s'y sent contrainte, même si son amie ne lui a posé aucun ulti-matum. Il est évident que cet incident coïncide avec ce que je lui répète depuis des mois. J'y vois une lueur d'espoir car, comme elle l'a dit plus tard, ce n'est plus uniquement avec moi qu'elle peut désormais tenter d'être différente.

Puis elle me dit combien elle a été malheureuse depuis la dernière séance, qui avait été horrible pour nous deux. Tout de suite après, elle a éprouvé un sentiment dévastateur d'irrévocabilité, comme si on lui avait attribué une note inscrite sur son front à l'encre indélébile, et que jamais elle ne pourrait la changer. « Pourquoi ne pas vous dire : "Et alors ? La séance a été emmerdante ! Qu'est-ce que ça a de définitif ?" »

Une chose intéressante a pourtant aiguisé ma soif de stimulations intellectuelles. Depuis la séance précédente, elle a été obsédée par certains fantasmes, la plupart abordant le thème de son avenir. Elle doit avoir la trentaine, elle vit seule, misérable, malheureuse, avec un petit boulot sans intérêt, vendeuse dans un grand magasin peut-être. Parfois, des gens la voient, moi ou quelqu'un de sa famille, et le fantasme s'achève alors en d'interminables sanglots pendant lesquels elle s'apitoie sur son sort. Tandis qu'elle me décrit ces épisodes, je ne cesse de me demander ce que lui apportent ces fantasmes. Un fantasme doit être un souhait. Que souhaite-t-elle être ? Je crois que, puisqu'elle est malheureuse, elle veut nous rendre malheureux, Karl, ses parents et moi. Il y a de toute évidence beaucoup d'hostilité dans ces fantasmes. Je lui raconte une scène tirée d'une pièce de Beckett, où un protagoniste souhaite que ses parents soient au paradis, tout en espérant que, de là-haut, ils pourront le voir souffrir en enfer. Aucune des interprétations que j'avance soulignant son hostilité n'a le moindre impact sur elle. Quand j'insiste, elle admet s'être dit que peut-être j'aurais dû agir différemment, la fois dernière, que j'aurais dû utiliser des techniques de relaxation, ou bien qu'elle aurait plus sa place en thérapie comportementale. Cela ressemble fort à une critique. J'en fais la remarque, ce qui a pour effet de l'arrêter.

Nous terminons la séance sur le thème familier de son incapacité à parler de choses personnelles avec Karl. Il se trouve qu'en ce moment, Karl n'arrive pas à décrocher un emploi. Il enchaîne les candidatures, sans succès, ce qui le déprime de plus en plus. Ginny est très fière d'avoir pris l'initiative, une fois cette semaine, de lui demander ce qui n'allait pas. Il lui a répondu qu'il était juste déprimé, mais que c'était quelque chose qui le concernait, pas Ginny. Pourquoi, pendant toute cette période, ne lui a-t-elle pas donné davantage d'occasions de parler de cette douleur qu'il éprouve de toute évidence ? Elle agit, à mes yeux, avec lui comme un enfant dont le père est au chômage et qui n'ose pas s'immiscer dans des affaires d'adulte. Elle me dit que c'est exactement ce qu'elle ressent. Tout changement la bouleverse. Elle se souvient d'avoir piqué une crise d'hystérie lorsqu'elle avait cinq ans et que son père avait quitté son emploi. Est-elle tout simplement incapable d'affronter la moindre idée de changement dans sa relation avec Karl ? Elle sait qu'ils foncent droit dans le mur. Il est clair que Karl ne peut rester sans travail, et que, s'il n'en retrouve pas un bientôt, quelque chose finira inévitablement par se produire – il pourrait changer de ville ou même la quitter. Elle n'ose cependant pas poser la question.

Elle a de son côté trouvé un emploi à plein temps pour la période des fêtes de fin d'année, et il est probable que nous ne puissions donc pas nous voir durant les trois semaines à venir. Cette nouvelle ne me touche pas, dans un sens comme dans l'autre. Je suis certes un peu triste à l'idée de ne pas la voir, mais je suis aussi tellement découragé et pessimiste, en ce moment, que j'apprécie ce répit.

Elle fait un effort pour se rapprocher en me regardant droit dans les yeux et en disant qu'elle parvient au moins à faire ça, à établir ce contact-là avec moi.

18 janvier
Dr Yalom

Voilà un mois que je n'avais pas vu Ginny, puisqu'elle travaillait dans une librairie pour les fêtes de fin d'année. Au bout de quelques minutes à peine, nous sommes de nouveau piégés dans les mêmes sables mouvants. Être en compagnie de Ginny est une expérience dramatique unique. Il semble qu'elle apporte, avec elle, son propre décor gris et triste, le disposant avec adresse dès les premières minutes de la séance. Très vite, je suis pris dans le drame. Je fais alors son expérience du monde : un découragement étrange, troublant, circulaire. Je commence à partager son désespoir. Aujourd'hui, celui-ci prend la forme suivante : « Jamais je ne pourrai être heureuse avec Karl parce que je ne peux pas avoir d'orgasme, et je ne peux pas avoir d'orgasme parce que ces voix continuent à se moquer de moi chaque fois que j'essaie d'en avoir un. » Ces « voix » ne sont que les cris de sa propre haine d'elle-même, et plus elle échoue, pour l'orgasme ou pour quoi que ce soit d'autre, plus les cris persistent et se font forts. C'est le serpent qui se mord la queue. Il n'y a aucun moyen d'en sortir. Mon cerveau patauge au bout d'une dizaine de minutes à peine. Je me sens désarmé et irritable.

Je lui dis qu'il est possible qu'elle n'arrive jamais à l'orgasme pendant un rapport, que cinquante pour cent des femmes dans le monde n'ont pas d'orgasme, et qu'il faut qu'elle arrête de se focaliser sur ce prétendu orgasme magique. Elle a un argument tout prêt pour ça, qu'elle m'expose bien sûr avec déférence : ce sont les femmes de la génération précédente qui n'ont pas d'orgasme, et tout ce qu'elle lit dans les journaux montre bien que les femmes d'aujourd'hui en ont davantage. C'est presque comique mais, en un sens, elle a raison. J'ai adopté une position intenable. Je voulais simplement souligner les aspects positifs de sa vie : elle travaille et gagne de l'argent, sa relation avec Karl s'épanouit, il est devenu très affectueux et prend soin d'elle. Malgré tout, elle continue à dire qu'elle ne peut imaginer l'épouser parce qu'elle n'arrive pas à l'orgasme avec lui. Ça me dépasse. Elle argumente en évoquant le grand nombre de divorces pour cause d'« incompatibilité ». Je remarque qu'« incompatibilité » ne signifie pas nécessairement « absence d'orgasme », mais à quoi bon ? Cet échange ne nous conduit nulle part.

La nuit dernière, elle a soudain eu une crise de larmes dont elle n'a pas trouvé l'explication. Aujourd'hui, elle a mal à la tête. Et la semaine dernière, quand elle a appelé, elle a été contente que je ne puisse pas lui donner de rendez-vous avant cette semaine. De toute évidence, elle est partagée à l'idée de revenir me voir, mais nous ne parvenons pas à pousser très loin le sujet.

Elle me décrit alors un fantasme qu'elle a souvent et qui concerne Karl et sa meilleure amie. Elle aime-rait que son amie l'invite chez elle, mais lui dise de ne pas amener Karl. Elle s'imagine furieuse contre son amie et pense à tout ce qu'elle lui dirait. Puis elle se voit restant seule chez elle le soir, à pleurer sur son sort, pendant que Karl serait allé jouer au billard. (Je ne vois pas ce qui pourrait motiver de tels fantasmes hormis que l'agression qu'elle subit l'autoriserait à justifier une agression de sa part, ne serait-ce que dans son imagination.) Je lui donne une interprétation simpliste : tout son comporte-ment renvoie à sa colère réprimée. Je lui dis que ses fantasmes, son incapacité à prendre soin d'elle d'une quelconque manière, sa timidité maladive, son attitude respectueuse envers moi, son refus de blesser quiconque, de demander à Karl quelles sont ses intentions pour l'avenir – tout provient de cette colère qu'elle garde en elle. En réponse, elle déclare que ça a été un long et merveilleux entretien. Je lui fais remarquer que, de tout ce qu'elle aurait pu me dire, elle a choisi un compliment. Ça l'intrigue et elle prend un air très intéressé, comme moi. Pourtant, nous savons tous deux qu'il n'y a rien de nouveau dans le fait de parler de sa colère inexprimée, sujet sur lequel nous sommes déjà revenus à d'in-nombrables reprises, si nombreuses que je préfère ne pas les compter. Cet échange m'évoque le mot « cyclothérapie ». Cependant, Ginny a l'air de penser que sa colère pourrait bientôt refaire surface, que

262

l'agacement qui couve est un peu plus réel pour elle que par le passé. Je ne sais pas si c'est vraiment le cas ou si Ginny m'offre sa colère dans le seul but d'apaiser mon sentiment général de découragement.

Il a ... ... qui ... est ... certaine rue pour elle ... que je pense que je ne suis pas ... de vraiment le ... de sur Ginny. Il offre ... ... dans la peur mais ... ... d'assumer son statut en général de décolonisation.

18 *janvier*
Ginny

Je n'étais, au fond de moi, pas sarcastique pendant la séance. Je me suis concentrée sur ce que je disais ou ce que je pensais, et ça m'a donné de l'énergie. Je n'ai pas eu l'impression que ça durait des heures. J'ai couvert tant de sujets – les vacances, mon travail, mes nouvelles chaussures, le coucher, Ève ! Le Dr Yalom a fini par tout relier. (Je vais consciemment vous appeler Dr Yalom à partir de maintenant. Vous appeler « vous » me donne l'impression que vous êtes assis en face de moi et j'essaie de vous faire plaisir, de vous ravir, et si je vous critique, c'est avec un sourire sur le visage, mais votre véritable nom mettra une distance, et je pourrai enfin cesser de jouer un rôle.) Je me rends compte que j'essaie toujours de faire plaisir au Dr Yalom, par exemple en lui disant que ça a été « une longue et merveilleuse séance », et qu'il se dresse. Je n'en avais pas pris conscience, mais je me rends compte maintenant que je me détournais de ce qu'il disposait

264

devant moi, et répondais comme si tout était déjà terminé, la boucle bouclée.

Nous avons de nouveau abordé la question de la colère. Penser à cette colère me permet de mieux l'appréhender, m'aide à comprendre mon comportement parfois fou, nerveux, puéril au travail. Je pose toujours trop de questions et mes actions finissent inévitablement par irriter tout le monde. Est-ce que je ne pourrais pas avoir des échanges normaux ? Non, je dois aller plus loin. Je suis comme une ombre qui abandonne son corps, souriant face au danger. Un sac plein de vent.

J'ai toujours su que je n'agissais pas comme il fallait, à toujours mettre les pieds dans le plat, sans pouvoir m'en empêcher. Peut-être que ça me plaît de me mépriser.

Pendant les séances, je le fais aussi, mais vous devez penser que c'est par pure naïveté, puisque ça ne vous met pas en colère – comme quand je vous dis que j'aime venir en thérapie parce que j'ai trouvé un endroit pas loin qui fait de bons milk-shakes chocolat-vanille et une pharmacie pas chère. Le Dr Yalom ne se défend pas – son temps contre mes bavardages. Je me mets à nu. Je m'expose pour voir à quel point je peux rapetisser. Je n'ai pas de projet interne, aucun instinct de survie, ou peut-être que le moi que j'essaie de préserver est déjà fossile. Au travail, j'ai toujours eu peur de sortir du cadre, et j'ai toujours fait exactement ce qu'on me demandait, sans prendre de responsabilités, sans ambition personnelle. Pendant les séances aussi, j'attends sans doute de vous que vous lanciez la balle. C'est même certain.

Juste après la séance, j'ai pensé à une photo de moi que je pourrais vous offrir, dans une pose symbolique. Je crois donc qu'au bout du compte, j'essayais malgré tout de vous faire plaisir, de tout faire pour que vous m'appréciiez de nouveau, parce que c'est une jolie image.

Je suis contente d'avoir une fois de plus abordé le chaos qui règne dans ma conscience, les voix mêlées et insistantes qui me bombardent quand je fais l'amour, et j'espère qu'il a compris, comme moi, que ce n'est plus l'orgasme ou le manque d'orgasme qui est pour moi le problème majeur, mais la confusion et la haine que ça provoque en moi, qui m'emplissent, même quand je prends du plaisir, ou plus tard, quand Karl est encore en moi et que je suis de nouveau excitée, c'est comme un plaisir clandestin – que je ne suis pas sûre que Karl approuverait ou comprendrait ; il se demanderait pourquoi je n'ai pas pu atteindre l'orgasme avec lui, pourquoi j'ai tant traîné. Il croirait que c'est un pis-aller, ce qui est vrai au fond, situation dont je me suis accommodée. Dire qu'avant tout paraissait si simple !

Quand j'ai utilisé le mot « incompatible », je pense que le Dr Yalom a cru que je le faisais marcher, ce qui n'était pas le cas. J'y croyais vraiment. Il ne se rend pas compte à quel point je suis véritablement puérile, ou bien que je le reste, ou que je tente de l'être. Il n'arrivera jamais à me convaincre du fait que cet aspect de la vie – le sexe – n'est pas l'un des plus importants. Et je ne peux me résigner à l'ignorer pour me concentrer sur la table de la cuisine. Si Karl a tort dans nombre de ses habitudes autoritaires, au lit, il est la plupart du temps capable de liberté et d'oubli, sinon

266

d'indulgence. Pourquoi compter les dîners, les livres et les mots que je lui sers, si je ne peux me donner à lui purement et complètement sans avoir l'impression d'imiter une autre femme ?

J'étais complètement avec le Dr Yalom, jusqu'à ce qu'il change de sujet et passe du sexe à mes relations en général. Le thème m'a semblé beaucoup trop vaste pour que je m'y attelle et je n'ai pas réussi à me concentrer dessus, mais je ferai un effort cette semaine. Je m'y attellerai, s'il le faut, puisqu'il va y revenir. Je crains de ne pas laisser beaucoup de marge au Dr Yalom avec mes sujets censurés. Je refuse de me laisser aller à un quelconque reproche contre mes parents. Chaque fois qu'il essaie de m'y amener, ou que je le fais moi-même, que je parle de « femmes laides qui me harcelaient de remarques sarcastiques », il dit : « Qui sont ces femmes laides ? Les avez-vous connues ? » Le problème devient confus et nous passons à autre chose. Nous faisons tous les deux preuve de transparence. Il ne faut pas donner à son psychiatre les armes pour se battre.

Il ne cesse de m'inciter à m'affirmer face aux autres, mais j'aime mieux l'idée de m'affirmer en moi-même. Contrôler mes propres pensées. (Comme ça, seules mes tripes seront attaquées, personne d'autre.) Je sais que le Dr Yalom n'est pas d'accord quand je dis que mon but est de contrôler mes pensées, de les intégrer, alors qu'en parallèle, je continue à fumer de l'herbe. (Je ne l'empêche pas de boire son sherry !) Quand je fume, les idées et les phrases mornes que j'ai en moi prennent une saveur, une texture. Les pensées libérées sont déjà là, elles s'animent, prennent vie, elles dansent et deviennent fascinantes, réelles. Ce sont des ingrédients qui mijotent déjà dans la marmite. Pourquoi les ignorer ?

Avez-vous sous les yeux un phénomène immuable, ou pensez-vous que je peux changer ? Je sais que vous répondez oui, « de petits changements ». Et j'en viens à comprendre que ce serait bien, parce que ce sont de petites choses qui annulent mes pensées positives et me rendent si frustrée que je pourrais en mourir.

Addition, 18 janvier

Je vous ai dit que je vous montrerais le genre de choses que j'écris quand je suis d'humeur frustrée et sinistre. Voici un paragraphe rédigé récemment.

Je suis allée me promener dans une rue sans danger, derrière les garages, une jolie rue envahie par les mauvaises herbes. Pas de circulation pour fracasser le silence. On n'entend que les oiseaux et les lointaines cornes de brume abrutissantes. Le chemin monte. Il a été pavé en secret et des framboisiers le dissimulent. Des brins verts et jaunes, neveux des mauvaises herbes, s'y cachent. Et je me cache aussi. Je suis venue chercher le calme. De là-haut, les maisons qui longent la baie ont des airs de coquillages à peine recouverts par la marée, tandis que le brouillard gomme les aspérités du centre-ville, duquel émerge une tour blanche, château de sable abandonné par un enfant. Jusqu'à ce que la nuit s'abatte.

Quelques jours avant mes règles, je suis toujours à cran. Peut-être est-ce la différence que je découvre entre le fait de travailler et de ne pas travailler. (Je suis maintenant au chômage.) Mon corps est agile et infatigable, mais, aussi vite, il s'affaisse et se dévitalise. J'ai au moins deux sets de tennis derrière moi aujourd'hui, mais pas de partenaire, et le manque d'objectif limite mes promenades, et ce petit tour. Karl est une énigme. Je ne sais pas si c'est l'œuvre de ma mauvaise humeur qui le transforme en un assemblage du pire ou si sa propre radinerie fait surface. Il est capable de dilapider quinze dollars aux cartes, et quand je lui demande de sortir dîner, pas de m'inviter mais juste de m'accompagner, il prend une tête maladivement négative. Je m'en veux : c'est ma faute, pourquoi dois-je parler de sortir dîner alors qu'il est au chômage... Mon besoin farouche de loisirs m'échappe. Ce désir bancal de remplir ma vie de passe-temps, toujours dépendante des autres... et toujours un courant d'air.

J'ai revu Larry (un ancien amant), qui m'a offert la semi-possibilité d'être aimée et belle à nouveau. J'étais là à côté de lui, incapable de bouger, seulement de sourire, avançant à petits pas et rejouant la scène juste après. Toujours cette colère envers les autres ; je la laisse m'envahir, me submerger comme je le fais avec l'excitation sexuelle. Ressentiment et haine. C'est ainsi que je me tourmente jusqu'au sommeil. À invoquer Dieu à demi-mot, dans l'espoir qu'il lave mon esprit et mon âme de tant d'accusations et d'images. Mon comportement est un rêve faisant écho aux pires scènes possibles.

Ce manque d'initiative et de foi me donne davantage l'impression d'être une victime quand je suis traitée gentiment, parce que je pense : « Comme c'est gentil de ta part, comme c'est charitable, mais pour ça, pour ce film, ce dîner, ce coup de fil ou cette robe, je serais recroquevillée en moi, prête à bondir et à mordre de toutes mes forces. »

Mais j'enferme ces sentiments trop mûrs. À la place, je prépare un bon plat grec avec des pommes de terre et des tomates et, en jouant les fées du logis, je trouve mon salut en vitamines.

25 janvier
Dr Yalom

Une heure curieusement enjouée et informelle avec Ginny. C'est d'autant plus troublant que j'étais, pour ma part, préoccupé à l'extrême. Trois heures avant l'arrivée de Ginny, j'avais eu une séance bouleversante avec une autre patiente, ce qui m'avait conduit à faire ce à quoi je tente de ne jamais recourir : agir de manière irresponsable, voire destructrice, en perdant mon sang-froid. La patiente était sortie du cabinet en courant. J'avais alors culpabilisé, parce qu'elle était déprimée et insomniaque, et que l'ébranler davantage était la dernière chose à faire. Bien sûr, je peux rationaliser mon attitude de différentes manières : ma colère pourrait l'avoir aidée, son mépris et sa rage auraient poussé à bout un saint, un thérapeute est aussi un être humain… Peu importe, après son départ, j'étais très secoué et très inquiet qu'elle puisse faire quelque chose de terrible, voire qu'elle tente de se suicider.

Pendant les heures entre cette séance et celle de Ginny, j'étais en réunion avec des internes en

272

psychiatrie, ce qui m'a laissé peu de temps pour réfléchir. C'est en allant à mon rendez-vous avec elle que
j'ai repensé à cet incident, ce qui m'a profondément
distrait. Ce fut pourtant si réconfortant de la voir
que j'en oubliai Ann, l'autre patiente. J'imagine que
Ginny est si différente d'Ann, si peu menaçante et
tellement reconnaissante, que ça me met à l'aise. Je vis
le drame de Rosencrantz et Guildenstern : une autre
pièce se joue en coulisse, d'autres acteurs attendent.
Je pourrais être en train d'écrire un scénario avec
Ann en vedette, et dans lequel Ginny n'aurait qu'un
tout petit rôle. C'est le secret ultime et terrible du
psychothérapeute : les drames qui se jouent sur une
autre scène.

J'écris le lendemain, et j'ai du mal à reconstituer clairement la séquence des événements dans mon esprit.
Ce dont je me souviens le mieux, quand je repense à
cette heure, est d'avoir senti Ginny plus adulte, son
sourire moins enfantin, plus plantureuse et attirante.
De surcroît, je le lui ai dit. Je l'ai encouragée à me
poser des questions – une conversation d'adultes. Elle
a commencé très vite en me demandant ce qui n'allait
pas. J'ai nié qu'il y eût un problème, mais lui ai révélé
plus tard m'être fâché contre une autre patiente. Elle
a eu une réaction curieuse, presque comme si elle était
triste de ne pouvoir m'imaginer en colère contre *elle*. Je
lui ai dit que c'était vrai. Puis elle a parlé de fantasmes
qu'elle avait eus pendant la semaine et qui illustraient
des situations où elle pourrait être en colère contre
d'autres. Je crois que notre approche de sa colère a été
utile, car nous disposons désormais d'une vision plus
claire de ce que signifie ce déluge de fantasmes.

Elle est tout à fait consciente de se sentir et d'agir comme une petite fille et de sourire tout le temps, sans raison. Pendant cette séance, elle n'a presque pas souri, et je me suis senti très différent avec elle.

Elle me confie avoir pris beaucoup de poids, ce qu'elle tourne naturellement en quelque chose de destructeur ; elle s'appuie sur la conviction irrationnelle qu'elle va finir par faire le même poids que sa mère et redoute l'idée de n'hériter que des mauvais traits de celle-ci. C'est un exemple typique des associations magiques de Ginny. Je lui fais savoir à quel point je trouve ça irrationnel, et qu'elle doit cesser de tout tourner en quelque chose de négatif pour elle. J'insiste : elle a l'air de se porter bien mieux. Je me surprends presque à tenter de la séduire. Il est intéressant de noter que, quand elle a quitté mon cabinet, un ami qui entrait pour discuter avec moi m'a parlé de la « jolie fille » qui venait de sortir.

Elle me demande d'imaginer que j'ai vingt ans de moins. Je lui dis que c'est compliqué pour moi. Elle me demande alors, très sérieusement, d'organiser pour elle sa semaine et de lui dire exactement ce qu'elle devra faire. Je réponds de la même manière et j'avance quelques suggestions : parler ouvertement avec Karl, écrire deux heures par jour, ne plus sourire tout le temps. Un autre sujet abordé met au jour l'étrange façon qu'elle a d'envisager sa relation avec Karl, de mon point de vue. Karl est très déprimé, sans travail, et Ginny a le sentiment qu'il va l'en rendre responsable, comme si elle l'avait « tiré vers le bas ». À mon sens, il est bien plus probable qu'il verra la situation à l'opposé, c'est-à-dire que, maintenant que tout s'est effondré autour de lui, elle est la seule chose qui lui reste. Il y a d'ailleurs des indices qui vont dans ce sens, puisqu'il s'est récemment montré beaucoup plus affectueux avec elle. À la fin de la séance, elle me demande de lire mes derniers comptes rendus, et je lui promets de les rassembler pour la semaine prochaine. Un temps libre, rafraîchissant et détendu avec Ginny.

25 janvier
Ginny

Je crois que je n'attendais pas cette séance avec
impatience car je n'avais rien de précis à l'esprit et
je ne savais pas tellement ce que je pourrais raconter.
Avant de vous voir, comme je vous l'ai dit, je me sentais
en transe ; j'aurais pu rester les yeux dans le vague
pendant des heures, mais, au bout de dix minutes, la
séance a commencé.

Le Dr Yalom agissait de manière étrange, assis tout
au fond de son fauteuil, souriant, couvrant sa bouche
avec la main chaque fois que j'arrêtais de parler. Plus
tard, il m'a expliqué pourquoi il était nerveux, et j'ai
trouvé ça intéressant. Je me suis brièvement imaginé la
scène, une fille sarcastique avec lui à maintes et maintes
reprises, provoquant sa colère. J'ai demandé pourquoi
ça ne s'était jamais produit entre nous – malgré mes
progrès si lents et qui tournent en rond. Je ne manque
pourtant pas de sarcasme, même si ce n'est jamais à
son égard mais envers moi-même ! Il m'a répondu
qu'il serait difficile de trouver ma colère (une phrase

formidable !). En d'autres termes, il ne pourrait être en colère contre moi que si, comme cette fille, j'avais été sans arrêt en colère contre lui. L'idée m'a semblé très attrayante. Je me suis alors rendu compte à quel point notre scénario était limité, à cause de moi et de la manière dont j'appréhende la thérapie – je reste en hauteur, là où ne peuvent m'atteindre que quelques douces émotions, quelques sous-entendus et des idées saugrenues. Peut-être est-ce pour cela qu'il y a une harpie en colère en moi, parce que je suis garante de tout ce qu'il y a de mauvais, de tous les violents contre-coups de la vie. Je ne suis exposée qu'au dixième du spectre des émotions qu'éprouvent les autres. J'envie les émotions, j'envie les filles qui s'enfuient ou qui se font mettre à la porte par leur psychiatre.

J'ai parlé et parlé, sans aucune idée de ce qui allait arriver, convaincue du pire. Je n'ai abordé aucun nouveau sentiment. Le Dr Yalom est resté assis, silencieux, mais son visage parlait pour lui. Je me suis dit qu'il devait avoir le vertige à force de m'entendre bourdonner à la recherche d'un sujet. Je lui ai demandé à quoi il pensait. Il a dit que j'avais l'air en meilleure forme, qu'il lui était plus facile de réagir dans ce cadre que par le passé. S'il m'avait annoncé que j'étais horrible et que je ne proférais que des bêtises, j'aurais été tout aussi heureuse de l'entendre. Je ne portais aucun jugement. Quand j'ai voulu savoir pourquoi j'avais l'air mieux, je n'avais aucune arrière-pensée. « Vous êtes plus sérieuse, vous agissez comme si vous aviez dix ans de plus que d'ordinaire, et vous êtes plus plantureuse. » Je venais de lui parler des cinq kilos que j'avais pris depuis la dernière séance. Il a alors dit une phrase que j'aimerais pouvoir citer précisément, mais que j'ai déjà mal interprétée ; quelque chose comme : « Vous avez l'air mieux, plus plantureuse, plus femme, et vous ne souriez pas sans arrêt sans raison. »

Je ne me suis autorisé une réponse ou des pensées sensuelles que très longtemps après. Nous parlions de la fille en colère qui avait déclenché une réaction furieuse de sa part, et j'ai conclu qu'au moins, de cette manière, elle obtenait des réponses. Il a dit que c'était vrai, mais qu'il y avait aussi d'autres manières de répondre que celle-ci. J'ai été en partie touchée par ce compliment, heureuse et enthousiaste à l'idée de tout ce que ça impliquait. Je n'ai pas pu m'empêcher de faire une remarque sarcastique, dans ma tête, implicite et évidente : « Ah, mon pote, c'est ce qu'ils disent tous. »

Tout cela a eu, après coup, un effet positif, et je me suis sentie mieux, plus impliquée, entière et joyeuse. Je suis revenue à travers bois, passant devant la tombe de Stanford, et je me sentais différente du génie ingénu que je suis d'ordinaire. J'étais une femme mangeant des amuse-bouches, un verre en cristal à la main, entourée du Dr Yalom, de son épouse et d'amis (dans l'autre main ?). Une adulte faisant la conversation. Le monde m'a semblé plus limpide, je me concentrais, j'étais vivante. Le changement d'heure approche, et il faisait encore très clair à 17 h 15. Le monde était lumineux. Quand je suis arrivée à la maison, j'étais de bonne humeur, joyeuse, et dès que Karl a touché mon gros ventre, j'ai blagué et il a demandé : « Qu'est-ce que ton psy t'a dit aujourd'hui ? » (J'étais surexcitée.) J'ai répondu qu'il m'avait dit que je faisais femme. « Oh, c'est le genre de choses qu'il dit... », a remarqué Karl avec autant d'humour.

P.-S. : Mots clés de la séance : tact et timing parfaits. Il y aura toujours un différend entre mon idéal d'ouverture d'esprit, d'amour, mes réactions viscérales, les grandes difficultés universelles (telles que je les imagine et en rêve de loin), et les buts accessibles de la thérapie (peut-être les autres relèvent-ils du royaume de la religion), mais je crois aux premiers, parce qu'ils m'évitent d'avoir à travailler sur toutes ces petites choses, les choses réalisables, concrètes ; ils sont un moyen pour moi de ne pas reconnaître la moindre réussite. Le Dr Yalom tente toujours de me montrer que tout le monde se cache. D'accord, c'est sans doute vrai, mais les gens n'ont pas tous peur. J'ai peur de ce que je cache. Le Dr Yalom essaie de me faire comprendre que je ne suis pas seule dans ce cas.

Une séance complètement différente de celle de la semaine dernière. Aucune trace de séduction enjouée, mais nous étions assez détendus et nous avons traité les problèmes en adultes.

Elle entre et m'annonce (quelle surprise !) qu'elle a passé une très bonne semaine. Non, à y repenser… elle commence la séance d'un air découragé. Elle m'annonce avoir tenté de parler à Karl, sans succès. Au vu de ce qu'elle raconte, on dirait qu'elle a effectivement tenté une conversation personnelle, mais en adoptant une approche négative, critique, et ça s'est très mal passé. Alors qu'elle lisait une des nouvelles qu'il avait écrites, elle a déclaré qu'il utilisait le même ton autoritaire que les personnages de sa nouvelle. Il s'est mis sur la défensive et a demandé des exemples concrets, concluant que c'était vraiment exagéré, de la part de Ginny, de le contrarier de la sorte. Elle en a déduit que, s'il était trop choqué pour parler de ça, il ne serait pas en mesure de parler de choses plus importantes.

Pourtant, tout ce qu'elle avait à dire d'autre à propos de sa semaine était assez encourageant. Elle avait passé un merveilleux week-end au Yosemite Park avec un couple d'amis. Karl n'était pas venu parce qu'il voulait écrire. À son retour, il lui avait dit combien sa vie était vide sans elle. Il est très clair pour moi, et pour Ginny aussi, que leur relation s'est brusquement transformée. Elle ne vit plus dans la peur qu'il ne lui annonce soudain qu'il la quitte ; la situation s'est inversée au point qu'apparemment, elle est en position de force et qu'il a autant besoin d'elle qu'elle de lui.

Le seul obstacle, maintenant, est sa peur de la nuit et du sexe. J'essaie tout d'abord une approche rationnelle en lui faisant remarquer que le sexe ne représente qu'une infime partie de sa vie, quelques minutes à peine, une heure ou deux tout au plus. Elle s'oppose courageusement à moi, ce qui est bien inhabituel, et rétorque qu'il s'agit là d'une opinion erronée et que tous les magazines à succès disent le contraire. Elle me remet astucieusement à ma place. J'entame alors une investigation beaucoup plus rigoureuse (et je m'adresse plus sérieusement à Ginny) concernant ce qui se passe au lit avec Karl. Nous en avons souvent parlé, mais, cette fois, je comprends plus clairement. Ses terreurs nocturnes liées au sexe n'avaient pas lieu d'être avec son ami précédent, parce qu'il la masturbait. Avec Karl, au début, tout se passait bien, de façon naturelle. Elle n'avait pas à lui demander de la caresser. C'est lorsqu'elle a commencé à être plus tendue qu'elle est entrée dans un cercle vicieux : le stress bloquait sa spontanéité, ce qui entraînait plus d'angoisse encore. Avec Karl, le principal problème est qu'elle continue à craindre de lui demander de l'aider, qu'elle pense qu'il refusera de faire certaines choses, qu'il considérera ça comme une défaite ou une solution de facilité. Elle explique la différence entre les deux hommes par le fait que le premier était juif et que les garçons juifs sont plus sensibles et plus troublés par le sexe, et plus soucieux de faire plaisir à leur partenaire du fait de leurs propres différends avec leur mère juive. Que puis-je répondre à ce trait de sagesse ? Me voilà plongé dans des pensées concernant ma propre mère.

Je refais surface et l'incite à approfondir ses peurs : de quoi a-t-elle peur, précisément ? Il est clair que Karl ne fera rien pour la blesser ; qu'est-ce qui l'arrête lorsqu'elle s'apprête à lui parler ? Elle décrit ce qui se passe, en général, le soir. Ils se couchent main dans la main, ils s'allongent, et elle n'ose pas l'affronter. Si elle s'écoutait, elle demanderait à Karl de l'appeler par son nom, ou de la regarder, ou de la serrer dans ses bras. Je tente de la convaincre de faire un geste vers lui, de l'enlacer, de l'embrasser ou de lui dire qu'elle a peur et qu'elle aimerait qu'il la serre très fort. C'est précisément ce genre de gestes qu'elle trouve le plus effrayants. Puis elle annonce, plaisantant à moitié, qu'elle ne va surtout pas prendre de telles initiatives alors même que je serai en voyage pendant deux semaines ! J'en ai oublié mon départ prochain. Au vu de ce que dit Ginny, j'ai l'impression qu'elle craint qu'il s'agisse là de la dernière étape de sa thérapie. Que nous arriverait-il, lui dis-je, si elle était capable d'aborder ces sujets intimes avec Karl ? De quoi elle et moi pourrions-nous parler ? Je plaisante à moitié, car je crois que c'est d'une pertinence cruciale. Elle préfère rester en thérapie plutôt que d'aller mieux et de renoncer à moi. Sa réponse est intéressante. Elle s'imagine qu'elle sera un peu comme son amie Ève. Une fois cette étape franchie, elle devra penser à sa place dans la société, commencer à affronter le monde, entamer une carrière, chercher un sens à sa vie. Je suis stupéfait de sa réponse, parce qu'elle signifie que Ginny commence à réfléchir sérieusement à ces questions. Je ne crois pas, depuis tout ce temps que je la suis, avoir jamais été aussi convaincu qu'elle a effectivement changé. Elle s'est soudain mise à évoluer très vite.

Et tout ça après la séance « plantureuse » de la dernière fois. Un incident qui date de mes années à Londres me revient en mémoire. Curieusement, ce dont je me souviens le mieux de mon analyse avec le Dr R. fut quand il me qualifia, comme si c'était un fait évident, de personne très intelligente. Ce détail avait été pour moi bien plus important que toutes les analyses savantes qu'il m'avait proposées jusqu'alors. Je me demande si ce n'est pas le même phénomène avec Ginny, après tout le travail que j'ai fait avec elle, ce dont elle se souviendra un jour, c'est que je lui ai dit qu'elle était plantureuse et séduisante ! Elle évolue dans la direction opposée à celle de la patiente contre laquelle je me suis énervé la dernière fois.

Ann m'a en effet appelé pour m'annoncer que, pour le moment du moins, elle allait cesser la thérapie. J'ai le sentiment d'avoir totalement échoué avec elle, mais c'est avec un certain soulagement que j'envisage de ne plus la revoir dans l'immédiat. Pour en revenir à Ginny, en revanche, ça me manquera de ne pas la voir la semaine prochaine. Je pense à mon collègue, avec qui j'avais discuté de certains de mes comptes rendus sur Ginny il y a un an. Sa première réaction avait été : « Tu sais, je crois que tu es un peu amoureux de Ginny. »

1er février
Ginny

Il est difficile d'écrire ce compte rendu. Nous avons évoqué mes efforts pour parler à Karl, le fait que ça se soit retourné contre moi et mon angoisse ensuite. Et tous les revers que j'ai connus. J'ai comme excuse de l'avoir cru fort, inébranlable, ce qui était une raison pour cacher ma propre faiblesse. Pourtant, même si nous sommes maintenant sur un pied d'égalité, qu'il est aussi nerveux que moi, je me sens toujours angoissée, sous pression, incapable de lui parler ouvertement. Peut-être parce que les angoisses de Karl me semblent normales au vu de sa situation actuelle, puisqu'il n'a pas de travail, alors que les miennes sont autochtones. Karl est une personne saine – vis-à-vis du monde, quand il s'agit de faire des choses. Vous tonnez en me demandant si je trouve que faire des mots croisés et aller parier aux courses est sain ? Je crois que oui, la vie peut aussi être un jeu, ça permet de lutter contre l'ennui. Seules les affections physiques de Karl, qui traînent en longueur, sont un signe qu'il est en guerre.

Moi qui ne suis presque jamais malade, je m'impro-vise infirmière de ce convalescent éternel. Ses maladies, qu'elles soient psychologiques ou physiques, finissent par bloquer nos vies et étendre une ombre sur tout projet.

Le principal sentiment que j'ai éprouvé pendant la séance d'hier a été mon incapacité à penser à mon avenir – ou peut-être que je m'y refuse. Et que je suis incapable de répondre à vos questions puisque je ne me les pose pas.

Vous m'avez dit de me consacrer à de petites choses, cette semaine. Je vais essayer, mais le flou de la séance m'a laissée larmoyante et fatiguée. (C'est peut-être plus lié au fait que je tente de toucher mon assurance chômage et que je me retrouve à faire la queue, debout, des jours entiers.)

Je regrette de vous avoir parlé de mon ami qui fume de l'herbe en conduisant. Ça m'a travaillée et je me suis sentie ternie par cette trahison. J'ai bien vu que vous désapprouviez totalement. Chaque fois que c'est le cas, je sens un énorme fossé générationnel et vous deve-nez comme un parent pour moi. De plus, c'était un problème sans conséquence. J'essayais juste de trouver des sujets de conversation sans issue.

J'ai eu l'image de quelqu'un qui ne va nulle part et qui flâne en chemin. C'est ma façon d'agir. Fatalement, je n'aime pas tellement non plus parler de sexe. Comme ça a occupé une grande partie de mes bavar-dages, hier, pas étonnant que ça m'ait ennuyée. On dirait que la parole est un mauvais moyen de commu-nication. Le sujet se retrouve écrasé, diminué, et on croit avoir réglé les choses alors qu'il n'en est rien : il prend juste des airs de porno en noir et blanc, au lieu de refléter toutes les belles choses qu'il recèle. Karl et moi communiquons facilement, nous échangeons des remarques sarcastiques, rions, et sommes heureux. Puis les lumières s'éteignent, et il n'y a plus de passe-relle, plus de crépuscule entre nos discussions du soir, les images disséminées, et nos relations, alors que nous sommes des étrangers et que je sens que Karl ne me désire pas.

J'ai trouvé réconfortant que vous disiez que je semble plus proche que d'ordinaire d'un commencement.

Je crois que j'attendais de vous cette semaine les mêmes réponses que la semaine passée – sur le fait que j'étais séduisante, plantureuse ; et comme ça n'a pas été le cas, j'ai eu l'impression de régresser et je me suis sentie plate, au sens figuré.

21 février
Dr Yalom

Une grande déception. Une des séances les plus maladroites, tendues et inanimées que j'aie jamais passées avec Ginny. Celle-ci fait suite à un déplacement de ma part et à l'annulation du rendez-vous de vendredi dernier. Elle m'annonce dès son arrivée que ces deux semaines n'ont pas été si mauvaises et qu'elle a même connu quelques jours de bien-être total. Elle ne sait pas comment ils ont commencé ni pourquoi ils se sont arrêtés, mais, pendant ce temps, elle a perdu sa timidité aliénante et elle a été en mesure d'écrire et de vivre avec une certaine aisance. Ce matin, elle s'est réveillée aux aurores et se sentait très mal. Toute la journée, elle s'est sentie anxieuse, déconcertée, troublée et distraite. Elle a l'impression de ne pas être capable de se recentrer, que les gens la regardaient dans le bus, qu'elle avait l'air négligée. J'ai pour ma part le sentiment qu'en dépit de tout ce qu'elle dit, je trouverai peu de choses sur quoi travailler. Je choisis naturellement le fait qu'elle s'est réveillée trop tôt et qu'elle s'est sentie mal toute la journée, tentant de savoir si cela avait un lien avec sa venue ici, mais n'obtiens rien de sa part. En fait, elle me donne si peu d'informations que je suis convaincu que c'est là le sujet important à creuser.

Je rassemble l'image de Ginny passant du bon temps pendant que je suis au loin et son annulation du rendez-vous de vendredi alors qu'il lui aurait été possible de l'honorer, même si cela ne l'arrangeait pas. Elle est visiblement perturbée. Je lui demande si elle préférerait ne pas être là. Dès lors, tout va de mal en pis. J'apprends, à la fin de la séance, qu'elle a cru m'entendre dire que je ne voulais plus qu'elle vienne. Comme toutes mes tentatives pour la mettre au travail ont raté, j'essaie de lui faire affronter la question : pourquoi continue-t-elle la thérapie ? Quels changements veut-elle opérer en elle ? Il n'y a pas de meilleur déclencheur d'angoisse que cette question. Ma psychanalyste de Baltimore, une vieille dame charmante, me réveillait toujours en me la posant quand je traînais les pieds en thérapie. Ginny répond que, d'ici à quelques semaines, elle devrait être en mesure de me soumettre un texte de deux cent cinquante mots m'expliquant pourquoi elle est là. Il est évident qu'elle est en colère et que l'atmosphère entre nous est moins chaleureuse et plus tendue. Elle me fait remarquer que, lorsque je retire mes lunettes et que je la regarde, mon visage lui rappelle ceux des gens dans le bus. Ce qu'elle veut dire, je le découvre assez laborieusement, c'est que je ne suis plus vraiment le Dr Yalom, mais pas vraiment un ami non plus. Avant, elle me voyait comme un ami particulier sans pour autant me différencier qualitativement de ses autres amis.

Apparemment, ce changement d'attitude vis-à-vis de moi a été déclenché lors de notre dernière séance, quand j'ai suggéré que, si elle considérait son incapacité à avoir un orgasme comme son problème principal, elle devrait envisager la possibilité d'une thérapie sexuelle par l'hypnose ou par la méthode Masters et Johnson. Quand je réitère cette suggestion aujourd'hui, elle est stupéfaite de l'avoir écartée sans y avoir même réfléchi ; peut-être n'est-elle donc pas vraiment intéressée par un changement thérapeutique.

Elle finit par dire qu'elle ne veut pas de thérapie sexuelle, parce que ça voudrait dire repartir de zéro avec quelqu'un d'autre, et qu'elle ne souhaite pas la faire avec moi, parce que ce serait trop gênant de parler aussi spécifiquement de sexe (bien que nous abordions ces questions à longueur de séances). Elle souligne que, sexuellement, rien n'a changé pour elle depuis des années, et qu'elle semble n'avoir fait aucun progrès dans ce domaine, ce qui lui fait regretter profondément de ne pas avoir travaillé à son traitement. Je lui demande si elle m'en veut, puisque j'étais censé l'aider, mais elle le nie.

Je commente, de façon un peu sournoise, qu'elle était peut-être anxieuse ce matin parce qu'elle se doit d'avoir un symptôme quand elle vient me voir. Elle admet qu'elle a peut-être délibérément tenté de me mettre en colère, sachant que n'importe qui serait en colère contre quelqu'un qui aurait bavassé comme elle pendant une heure. Tout cela n'est guère convaincant. Je suis désorienté par ce qui se produit et je le lui dis plusieurs fois pendant la séance, mais nous faisons peu de progrès. Au contraire, ça empire. Elle répond par quelques déclarations sans intérêt sur sa détermination à passer une bonne semaine, dans l'espoir de fournir de la matière intéressante à notre prochaine séance. Nous tournons en rond, et je me sens impuissant et découragé.

Voilà à peu près tout pour cette morne séance. Ginny était convaincue que le déroulé de la séance était déjà déterminé dès son entrée dans la pièce, faute d'avoir pu se concentrer de toute la journée. Peut-être a-t-elle raison. J'ai pourtant été très distrait moi aussi, et je ne peux m'empêcher de penser à une autre séance semblable que j'ai eue deux heures plus tôt. J'ai donc certainement une part de responsabilité dans cette séance peu fructueuse.

À la fin de celle-ci, j'ai donné à Ginny mes comptes rendus des six derniers mois. Nous les lirons chacun de notre côté avant de nous revoir la semaine prochaine.

21 février
Ginny

Bien sûr, sans plus de discipline qu'un chewing-gum, j'ai commencé à lire vos comptes rendus avant d'écrire le mien pour la dernière séance. Ça donnera un peu de couleur à ce qui aurait pu être mon compte rendu le plus sombre.

En repensant à la séance, je suis un peu en colère contre nous deux. Je n'ai pas aimé que vous tentiez pendant tout ce temps de plonger dans mon humeur morose et angoissée. Je crois que vous essayiez simplement de trouver chaussure à mon pied douloureux en procédant par élimination : étais-je angoissée à cause des deux semaines que nous avions ratées ? à cause de ma sœur ? de Karl ? J'étais votre associée volontaire. Il s'avère que mon humeur et mes sentiments étaient un prélude à un de mes rares rhumes et que M. Bayer aurait pu nous libérer de ce sujet.

Comme je suis arrivée avec le sentiment d'avoir perdu d'avance, vous avez suggéré que cette thérapie ne nous conduisait nulle part. Vous m'avez demandé si je la considérais encore comme telle. Je crois que j'ai répondu « non », sans réfléchir. Je vous ai proposé de vous faire une petite rédaction pour définir mes buts. Si vous étiez plus qu'un ami ou que je vous prenais pour un ami, peut-être pourrions-nous arriver à quelque chose ?

Je n'ai lu que quelques-uns de vos comptes rendus, hier soir, mais ça a suffi à me transformer en plomb. Je me suis sentie si lourde que j'ai dû aller me coucher. C'est drôle, en lisant vos comptes rendus, j'ai une impression de danger, que tout est exposé. Dans les miens, tout est assez enjoué et cryptique, rien n'est dit simplement. En poursuivant ma lecture cette semaine, tout ce qui me concernait m'est apparu si sinistre que j'ai eu honte. La semaine dernière, je vous avais gentiment accusé de vouloir mettre fin à la thérapie. Vous avez dit que je parlais en votre nom, mais je me rends compte en vous lisant que vous en avez véritablement assez, que vous êtes déprimé et que vous vous sentez piégé dans mon propre plongeon statique.

Je n'ai pas pu me concentrer là-dessus très longtemps. Je me suis soudain souvenue d'une scène avec M. J., le responsable du groupe dans lequel j'étais. Il s'adressait à une fille dont la vie était bien plus pitoyable que la mienne. Elle l'avait superbement exposée, au point que nous en avions presque tous ressenti l'expérience et que nous compatissions avec elle. M. J. a alors déclaré qu'elle avait déjà connu vingt années de misère et qu'elle en connaîtrait encore vingt autres pareilles. Il lui a proposé de danser avec elle et a tenté de la faire rire. Mais elle s'est accrochée à l'image sacrée de sa triste vie et à ses vieilles habitudes.

Il bondissait autour d'elle comme un crapaud, et il lui a proposé une danse libérée de douleur et de ses souvenirs. Elle a alors pris conscience de ce qu'elle faisait, et un sourire involontaire s'est dessiné sur ses lèvres. Dès cet instant, sa vie a changé. C'est elle qui a provoqué ce changement. J'étais pour ma part encore une éponge imbibée de pitié. On m'a dit que j'étais dans un trou dont je ne sortirais jamais. Et j'ai écouté, sans rien dire, sans rien faire, comme je le fais avec vous. Les plaisanteries n'étaient pas de mise. Quant à vous, vous suivez mon rythme et nous nous traînons ensemble. Je suis parfois tentée d'apporter un jeu de cartes, pour rire. Dans les moments où nous n'arrivons pas à avancer, nous pourrions au moins conclure la séance de manière ludique.

Cette semaine, j'ai donc dit mécaniquement que j'allais changer, me forcer. Je ne l'ai pas fait. Pourtant, je me sens un peu plus vivante. Quant à la thérapie sexuelle, ces deux dernières semaines je me suis dit que ce serait en effet une bonne idée, mais, pendant la séance, je n'ai pas réussi à vous demander ce que vous entendiez par là et comment ça pouvait se passer. J'ai donc sautillé autour du pot. Autant suggérer une thérapie sexuelle à une enfant de trois ans.

Quand j'essaie de me concentrer, des images défilent sous mes yeux, complot de mon esprit, et je m'égare. Au lieu de répondre à vos questions, je regarde votre visage et je visualise un type que je connais à peine, un type beau, avec une barbe et tout le reste. Quand je vous vois affalé dans votre fauteuil comme un étudiant ou quelqu'un en train de lire un livre ou de boire une bière, je ne peux m'empêcher de digresser. Si j'avais pu fantasmer à haute voix, il se serait passé quelque chose ; mais non, je teste en permanence différentes attitudes, différents sentiments, sans jamais me fixer. Je reste donc vide, face à vous et moi. Comme quand j'ai vu votre chaussette dépasser. Je me suis sentie comme un chiot, j'aurais pu me mettre à quatre pattes pour aller la mordiller. Ces pensées frivoles traversent sans arrêt mon esprit adulte.

V

PRINTEMPS FINAL

29 février-3 mai

29 février
Dr Yalom

Pendant la semaine, Ginny et moi avons lu nos comptes rendus. Je suis un peu mal à l'aise en me rendant à la séance car, bien que j'y aie consacré une bonne partie de la journée, des circonstances inévitables (la visite de gens venant de loin) ont gravement limité mon temps libre, me forçant à en survoler une grande partie, en particulier les miens. C'était particulièrement malvenu, car, contrairement à la fois précédente, Ginny les a tous étudiés avec un soin extrême ; elle les a lus et relus, allant jusqu'à me citer des passages de mémoire.

Cette séance s'avère émouvante et intense pour moi, et pour Ginny aussi, je crois. Une des choses les plus frappantes, pendant celle-ci, est qu'elle a reproduit ce qu'elle fait dans sa relation avec Karl : elle s'éloigne en dansant de la scène des émotions véritables. Elle évite les aspects tant positifs que négatifs de ses sentiments vis-à-vis de moi jusqu'à ce que je l'y précipite. Les sentiments négatifs arrivent en premier, ils jaillissent quand elle évoque le fait que j'ai montré certains de ses premiers comptes rendus à Madeline Greer, l'assistante sociale en psychiatrie qui connaît Karl. Je me hâte bien sûr d'expliquer à Ginny que Madeline n'a vu aucun des rapports depuis plus d'un an, que jamais je n'aurais songé à les lui montrer si seulement j'avais su que Madeline connaissait Karl – et Madeline n'aurait d'ailleurs pas voulu les lire. Il est évident que Ginny a été prise de court et qu'elle a tous les droits d'être furieuse de la liberté professionnelle que j'ai prise en partageant son « cas » avec une collègue. J'aurais moi-même certainement été, à sa place, profondément blessé et furieux. Pourtant, elle ne fait montre que d'un bref éclair d'indignation. Elle signifie sa défiance en me disant qu'elle regrette de m'avoir parlé de son ami (un étudiant en sociologie), qui fume un joint tous les matins, parce que je risque de l'utiliser contre lui.

Elle a été frappée, me dit-elle, par l'alternance de nos séances : après une très bonne, elle me « décevait » inévitablement la fois suivante. Elle a aussi noté une différence entre nos appréciations respectives de plusieurs séances, après lesquelles elle avait une bonne impression alors que je pensais que ça s'était mal passé. Elle a également été troublée de constater que j'étais bien plus découragé et déprimé par elle que je ne le lui avais laissé entendre. Je veux savoir si elle a été surprise aussi par certaines choses positives que j'avais écrites, et elle reconnaît que certains commentaires lui ont fait du bien. Nous arrivons petit à petit à un point positif de mes notes. Ginny trouve que j'en ai plus révélé sur moi qu'elle-même, en référence à la fois où mon collègue a dit que je devais être un peu amoureux d'elle. Elle glisse tout doucement dans le sujet en demandant qui était ce psy, saluant mon courage d'avoir été à ce point honnête et ouvert. Elle évite pourtant le cœur du sujet : la notion d'« amour ». Quand je m'enquiers de sa réaction précise, elle murmure, vraisemblablement émue, qu'elle a eu le sentiment de ne pas en être digne et qu'elle souhaite désormais sincèrement changer, pour moi. Nous discutons de la manière dont elle a lu les comptes rendus chez elle, quand elle a dû les glisser en toute hâte dans un tiroir en entendant Karl. Je lui fais observer, comme je l'avais fait il y a plusieurs mois, que ça me fait penser à un roman où l'héroïne, angoissée, cache les lettres d'amour de son amant au retour de son mari.

Autre exemple de l'utilisation thérapeutique des notes : ses sentiments à l'idée de les publier. Elle aborde la question, sans pour autant me demander franchement quelles sont mes intentions. Quand j'insiste pour qu'elle me pose une question directe, elle fait un effort et reformule ses remarques, sur quoi je lui dis que, bien sûr, je ne le ferai pas sans sa permission. Elle me raconte alors certains fantasmes dans lesquels elle arrosait les comptes rendus d'essence et les brûlait dans mon bureau, me signalant toutefois que ses craintes étaient plus liées à l'idée de blesser Karl qu'à ce qu'elle avait révélé d'elle-même. Elle ajoute que mes comptes rendus se sont bien améliorés depuis la dernière fois. Elle me demande ensuite si j'envisage sérieusement d'établir une limite dans le temps à la thérapie, afin qu'elle puisse se préparer à quelques mois de travail très intensif. Je lui dis que je n'ai rien décidé, mais qu'un laps de temps logique devrait se terminer fin juin, puisque je pars pour les trois mois d'été. Elle contourne la question de cette échéance désormais définie en me demandant où j'ai prévu de partir, et nous ne parvenons pas à être très explicites concernant ses sentiments à l'idée d'arrêter la thérapie dans quatre mois. Son attitude évasive et mon ambivalence sur le sujet ont, je pense, joué contre nous.

Elle parle ensuite du magazine *Sports Illustrated*, qu'elle a vu dans la salle d'attente avec mon nom dessus, et me demande si je suis abonné, parce que Karl le lit aussi. Je lui dis que je ne m'intéresse pas du tout au sport, que ce magazine est plutôt pour mes fils. Pourtant, je suis content qu'elle m'ait posé une question de personne à personne. C'est de nouveau une séance où je sens que Ginny est une femme mûre. Plus de sourire niais; elle est moins gênée et je perçois de bonnes ondes entre nous. Elle sent que tous ses petits problèmes sont désormais derrière elle, qu'elle a dépassé le stade du paiement de l'essence, des frustrations au poker, des repas ratés et du nettoyage de la table. Restent les plus gros problèmes : sa vie, ses droits, son avenir avec Karl. En fait, aujourd'hui, en descendant du bus, elle a eu pour la première fois le fantasme de Karl et elle vivant séparément, ne se voyant que dehors, pour sortir ensemble. Je note aussi avec intérêt que mon interprétation de son besoin de fantasmer sur d'autres, agissant injustement envers elle, afin de légitimer sa colère, a eu un effet réel, puisqu'elle n'a plus eu ce genre de fantasmes depuis.

Une bonne séance de travail, que je suis soulagé de terminer car, en vérité, je n'ai gardé que très peu de choses pour moi dans les comptes rendus qu'elle a lus. J'ai été aussi honnête avec elle que je peux envisager de l'être avec quiconque.

29 février
Ginny

Je ne voulais surtout pas que la séance se déroule comme la dernière fois, alors je me suis préparée intérieurement à l'aborder avec calme et enthousiasme. J'ai commencé la préparation la veille en relisant les comptes rendus, plutôt que de regarder la télévision. J'ai été moins bouleversée que la première fois. J'ai recopié des phrases qui m'ont émue. Je savais qu'on aborderait le sujet de Madeline et j'ai tenté de me rappeler la sensation brûlante que j'ai éprouvée quand j'ai lu pour la première fois que vous lui aviez montré mes comptes rendus. J'avais perdu celui que je vous avais écrit. Je l'avais caché dans mon tiroir à sous-vêtements, et l'ai retrouvé dans le tiroir de dessous, qui est celui de Karl, parmi plein d'autres choses qui avaient glissé de l'un à l'autre. Ce compte rendu était donc passé de mes petites culottes à ses caleçons… où je l'ai retrouvé aujourd'hui. Une ironie du sort qui ferait certainement beaucoup rire Thomas Hardy.

La séance a commencé avec un peu de retard, puisque j'ai attendu qu'on vienne me chercher, plutôt que de prendre l'initiative de frapper à votre porte. J'avais l'impression d'être mieux habillée que d'habitude, et ça m'a un peu intimidée, car j'ai pensé que vous risquiez de croire que j'essayais d'attirer votre attention. Comme vous n'avez rien dit, je n'y ai plus pensé. J'ai voulu être la première à évoquer les comptes rendus, mais vous avez été plus rapide. Nous avons fait les mêmes observations – sur l'effet de pendule entre les bonnes et les mauvaises séances. Vous avez été déçu d'apprendre que je gardais des choses pour moi, à la fois pendant les séances et dans mes écrits. Je n'ai rien à répondre à ça. Je n'ai que des muscles superficiels, ce sont les seuls que j'utilise. La première couche. C'est la contradiction entre nous, car je suis certaine de ne pas pouvoir creuser plus avant sans larmes ni émotions, et je résiste quand vous attendez de moi plus que ce que je suis en mesure de vous donner. J'ai l'impression que tout ça a été organisé pour qu'on parle, et que la thérapie, pendant laquelle nous nous trouvons, tous deux, amis, dans nos gros fauteuils en cuir, fait qu'il m'est très difficile de paniquer. Je ne suis pas habituée à chercher mes mots enfouis très profondément – mes paroles sont pour la plupart une énergie et une improvisation superficielles. Je frôle le désespoir à l'idée de ne jamais arriver à quelque chose par la parole, en répondant à vos questions.

Puis nous avons évoqué Madeline. Vous avez de nouveau été déçu que je ne vous fasse pas confiance. Ça ne veut rien dire pour moi. Je ne suis pas responsable de ce sentiment négatif, ni du fait qu'il vous blesse. Quand vous me dites que je me méfie sans doute de vous, ça glisse sur moi comme de l'eau. Sans pour autant changer ce que j'éprouve pour vous. Il n'y a pas de désamour dans cette défiance. Elle appartient au passé. Et je me sens découragée. Parce que je ne me méfie pas de vous.

Même si j'ai eu l'impression de pouvoir vous regarder pendant la séance, c'était sans intérêt, puisque je n'avais rien de nouveau à vous dire.

Nous avons parlé de poser une limite à la thérapie dans quatre mois, d'en finir avant votre départ pour l'Europe. Ça me semble encore si loin que ça ne me fait pas peur. Je me sens à la fois tendue et détachée, incapable de faire en sorte que ces quatre mois soient les plus denses, les plus importants de ma vie, incapable de remettre ma vie en ordre. Je me vois déjà partir en pleurnichant.

Quand vous avez évoqué votre collègue et que nous avons abordé le sujet de l'amour, je me suis rendu compte à quel point j'étais loin, parce que je me suis sentie revenir avec ces mots et redevenir vulnérable. Je me suis laissé emporter par quelques bribes d'émotion et de sensation, puis j'y ai mis fin.

7 mars
Dr Yalom

Une heure étrange. Elle commence par une prome-
nade aride à travers un désert désolé et vide, mais dont
émane un parfum curieusement agréable. La scène finit
par changer, mais l'odeur reste, et nous terminons, je
crois, très proches et profondément impliqués.

Ginny démarre sur un paradoxe : elle a vomi, il
y a quelques minutes, à la suite d'une nausée qui l'a
prise soudainement en arrivant au cabinet. Elle a par
ailleurs passé une assez bonne semaine. J'essaie de
comprendre les raisons de la nausée du mieux que je
peux, me fourvoyant dans une impasse après l'autre,
jusqu'à ce que, las, j'accepte de me contenter d'une
piètre explication : c'est la conséquence d'un soin du
visage gratuit qu'on lui a fait dans une boutique de
Palo Alto. J'applique toute ma conscience professionnelle à comprendre pourquoi elle s'est fait faire son
premier soin du visage de sa vie sur le trajet pour venir
me voir (comme je ne suis pas stupide, je veux savoir
si c'est pour moi qu'elle l'a fait). Non, elle garde une

réserve délicate en réponse à ma question implicite et me parle des promotions sur les soins du visage dont elle voulait profiter depuis un certain temps. Je tente de trouver le chemin menant à ses sentiments quant à l'arrêt de la thérapie à l'été, mais nous n'y revenons que plus tard, quand ce sujet m'amène à des informations d'une richesse considérable.

Beaucoup de résistance, mais une résistance douce. Ginny me dit comme elle se sent bien, entourée de chaleur, dans ce contexte agréable ; elle n'est pas angoissée, mais il n'y a tout simplement rien dont nous pourrions parler. Karl a trouvé un emploi à temps partiel. Les choses s'arrangent vraiment pour elle et lui, me signale-t-elle presque en passant. Elle rejette, comme des miettes sans importance, le fait que leurs relations sexuelles se sont nettement améliorées et qu'ils ont des discussions psychologiques plus intimes. Ça me stupéfait, parfois, de constater que mes patients oublient les mois et les mois de travail qui ont été nécessaires pour en arriver là, et m'informent, comme si ça leur traversait tout à coup l'esprit, des progrès qu'ils ont accomplis.

Elle me demande ensuite si elle peut continuer à me voir pendant les quatre mois à venir, même si elle n'a plus rien à dire. Je l'interroge sur ses sentiments à l'idée de terminer en juin et j'insiste : « Plus que quatre mois. » Elle nie être très touchée par cela, s'amuse à l'idée de m'écrire une lettre, après, et part dans un nouveau fantasme, dans lequel elle viendra me voir quand elle sera devenue célèbre. Il y a beaucoup d'émotions liées à ce fantasme, et ses yeux s'emplissent de larmes. Elle semble, par ses larmes, se demander si je lui consacrerais effectivement un peu de mon temps, une fois la thérapie terminée. Elle est très heureuse, dit-elle, à l'idée de venir me voir. Est-ce quelque chose qui pourrait vraiment arriver ? Je lui réponds : « Qu'est-ce qui pourrait vous en empêcher ? » Après avoir lu mes notes, et comme elle me connaît bien, elle pourrait sans problème deviner ma réponse. Oui, elle le sait.

Nous consacrons encore un peu de temps aux comptes rendus. Elle a été quasiment incapable d'écrire pendant près de quatre semaines, et en même temps ça ne lui a pas vraiment manqué, d'autant plus que ses journées étaient bien remplies. Écrire ne lui manque que lorsqu'elle se rend compte qu'elle n'a rien d'important à faire et qu'elle perd son temps, mais tout se passe assez bien avec Karl, et sa vie lui semble plutôt agréable et palpitante. Je me demande si je ne me suis pas trop investi dans ses écrits, au point qu'elle considère ses textes comme miens et pas comme siens. Peut-être n'écrit-elle pas pour éviter de me donner satisfaction. J'ignore cette petite voix intérieure et, comme le père d'une enfant star, je suggère qu'on établisse un planning et qu'elle commence par écrire pendant deux heures demain matin. Elle semble réceptive. Elle termine la séance par une question d'une franchise inhabituelle : comment les choses se passeraient-elles, si elle me voyait plus d'une fois par semaine ? Peut-être qu'une semaine entre chaque conversation, c'est trop long (sa thérapeute précédente lui avait dit que si elle ne pouvait pas la voir au moins trois fois par semaine, il était inutile qu'elle vienne). Sa question me montre bien à quel point l'idée d'arrêter la thérapie l'angoisse, et qu'elle préfère imaginer qu'elle me reverra à mon retour de vacances. Il me semble que je fais la même chose, car il m'est difficile d'imaginer ne plus la voir à l'avenir.

7 mars
Ginny

J'ai du mal à parler de la séance en d'autres termes que ceux évoqués quand nous nous voyons.

Le moment le plus important a été lorsque nous avons abordé mes sentiments et pas des idées piochées au hasard. Je me suis sentie ancrée momentanément. Le fait de devoir vous quitter me rend triste. Pourtant, j'ai à moitié caressé l'idée d'arrêter les séances dès maintenant et de ne revenir que lorsque j'aurai quelque chose de nouveau à dire. Je ne sais pas pourquoi j'ai dit ça et, dans la même phrase, demandé en quoi la thérapie serait différente si je pouvais venir deux fois par semaine. J'essayais de briser le bastion qu'a été la thérapie jusque-là, de provoquer un changement. Comme une femme qui sait que son mari va la quitter si elle ne réagit pas.

Pour une fois, vous m'avez consultée sur mon envie de continuer ou non à parler d'un certain sujet : ma nausée. Vous devez avoir appris de mes comptes rendus que je vous accuse d'insister parfois sur des sujets sans espoir.

310

J'ai fait un soin du visage parce qu'on me l'a proposé, gratuitement, alors que je traversais le grand magasin Macy's en me rendant à votre cabinet. Les parfums, le rouge à lèvres et le fond de teint m'ont donné la nausée.

Il y a une grande différence entre les moments où je vous raconte juste des faits – le gamin qui m'a agressée, la maquilleuse, la coupe de cheveux – et ceux où j'éprouve vraiment quelque chose. Je sens que je suis présente, mais qu'il y a à mes côtés aussi un interprète qui traduit un tiers de ce qui est dit par vous et par moi. Dès qu'il ne traduit pas, je suis à l'aise (même si je fais semblant d'être tendue). Peut-être que je crois que tout deviendra plus fort quand la thérapie sera terminée. Mon masochisme me rend sereine, je me complais dans mes bêtises et mes fantasmes, mes tourments. Je suis tellement gâtée en ce moment par la thérapie, vous savez si bien me réconforter que, même quand mon immobilisme me désespère et que je vous vois bâiller, je me sens ravivée et heureuse, ne serait-ce que parce que je suis près de vous, que vous êtes mon auditoire, Papa Yalom. Jusqu'au moment d'écrire le compte rendu, au moment de l'introspection, et de l'angoisse face au futur. Pourquoi est-ce que je me sens aussi vivante un instant, pour l'oublier l'instant d'après ?

15 mars
Dr Yalom

Ginny a commencé par m'assurer qu'elle a consacré du temps à l'écriture, hier, mais s'est bien vite rétractée, son « offrande » annulée par le fait qu'elle n'avait produit que quelques brouillons très peu inspirés. Stop ! Ce menuet honteux entre transfert et contre-transfert ne peut plus durer… C'est la dernière danse. Elle ne peut être pour moi l'écrivain que j'ai toujours voulu être. Et je ne dois pas être pour elle la mère vivant à travers sa fille. J'ai donc verbalisé la situation : « Pourquoi me tentez-vous en me faisant don de vos écrits ? (Pourquoi est-ce que je me laisse tenter ?) Pourquoi n'écrivez-vous pas pendant la semaine au lieu d'attendre chaque fois la veille de notre rendez-vous ? (Pourquoi est-ce que je souhaite tellement vous voir écrire ?) Le faites-vous seulement pour me faire plaisir ? (Pourquoi pas ? Il est clair que ça me fait plaisir !) » Elle ne répond pas, mais peu importe : je m'adressais autant à elle qu'à moi-même.

En passant, à nouveau, elle signale quelques changements à l'évidence très positifs. Par exemple,

Karl s'est mis en colère contre elle et lui a dit qu'il ne voulait plus aller au restaurant avec elle, qu'ils ne pouvaient pas continuer de jeter l'argent par les fenêtres (alors même qu'il avait perdu 25 dollars au jeu la veille). Apparemment, Ginny a tenu bon et lui a dit qu'elle avait envie de sortir dîner. Quel intérêt a-t-elle à travailler et à gagner de l'argent si elle ne peut pas l'utiliser comme bon lui semble ? Elle est alors partie promener le chien. À son retour, elle s'est dit que cette fois-ci, Karl allait peut-être la quitter pour de bon et, à sa grande surprise (pas à la mienne), l'opposé s'est produit : il s'est montré attentionné et s'est même excusé. Ça semble l'étonner, et je lui dis que plus elle parviendra à s'opposer à lui, plus il pourra l'apprécier en tant que personne distincte : « Personne n'aime les filles gnangnan » – mon aphorisme psychiatrique du jour. Nous en plaisantons. Un autre incident a trait à leur vie sexuelle. Un soir, alors qu'elle était d'humeur coquine, Ginny s'est apprêtée avec soin, mais Karl n'avait pas envie de sexe ce soir-là. Cela l'a visiblement troublée puisqu'elle s'est réveillée au beau milieu de la nuit. Elle a dit à Karl ce qui la tracassait ; il l'a prise très au sérieux et ils en ont discuté longuement.

Après ce récit, elle paraît se détendre et cherche de nouveaux sujets à aborder. Je finis par lui dire qu'il me semble qu'elle va mieux et, pour une fois, elle approuve. Il est évident qu'elle se sent beaucoup mieux dans sa peau, même si elle dit être déçue du cheminement. Elle s'attendait à une percée miraculeuse et tonitruante. Sa vie, même si elle commence à être plus satisfaisante, n'a pas de « mystère ». D'autres mènent une double vie, ils trompent, ont des aventures ou des liaisons, ils vivent un drame permanent ; elle n'a rien de comparable dans son existence, où elle n'a pas à choisir puisqu'il n'y a qu'une voie pour tout ce qu'elle entreprend. Je tente de réfuter ce point avec elle en usant de logique. Il est évident qu'elle a des choix à faire pour presque tout ce qu'elle fait, et l'absence de choix n'est que sa vision de ses expériences. Tout cela ne nous mène pas bien loin.

Puis elle dit qu'elle déçoit sa mère, qui considère qu'elle n'a pas de carrière, pas de mariage, pas d'enfants – zéro sur toute la ligne. J'approfondis le sujet du mariage et des enfants et la pousse à nouveau à réfléchir : a-t-elle envie de se marier et d'avoir des enfants ? Dans ce cas, que fait-elle pour que ça se produise ? A-t-elle l'intention de rester avec Karl, si elle est certaine que jamais il ne lui apportera ça ? Bien qu'il nous reste encore quelques minutes, elle prend son sac et se dirige vers la porte. Il est clair que je vais trop loin. Néanmoins, je la réprimande pour ne pas avoir révélé à Karl certains de ses espoirs pour l'avenir, alors qu'elle souhaite un avenir commun. Jamais elle ne lui a sérieusement dit qu'elle voudrait des enfants, jamais elle n'a tenté de le mettre face à la question du mariage. Peut-être que je manque de sagesse et de réalisme en attendant d'elle qu'elle discute ouvertement de ces questions avec lui. Peut-être le fait-elle d'une manière bien plus raisonnable, par étapes. Pourtant, elle a vingt-sept ans, et ses années de fertilité sont presque à moitié écoulées ; je pensais donc provoquer un peu plus d'angoisse en mettant ces sujets sur la table. Nous verrons la semaine prochaine.

Je lui demande si elle a une question à me poser, aujourd'hui, juste pour continuer à l'aider à s'affirmer. Elle veut savoir ce que je pense de la séance, et je lui dis que c'était un moment agréable et que j'ai senti qu'elle cherchait des sujets à aborder. Elle prend ça pour une critique et dit que la semaine prochaine elle va vraiment travailler dur et trouver des éléments sur lesquels travailler. Elle aborde le sujet de la fin de la thérapie en disant qu'elle s'est sentie très déprimée hier (nous nous retrouvons en général le mardi, mais, cette semaine, nous nous voyons le mercredi à cause d'une réunion à laquelle je devais assister). Elle se demande si le fait de ne plus me voir va laisser un grand vide dans sa vie.

15 mars
Ginny

Plus la séance est apaisée, plus il est difficile de faire un compte rendu. Pour l'essentiel, j'ai apprécié notre conversation – lorsque nous avons parlé de ce que j'ai dit et fait avec Karl la semaine dernière. Puis, peu avant 17 heures, alors que j'étais prête à partir, vous nous avez donné quelques minutes de plus. J'ai senti toutes les bonnes choses m'échapper, quand vous avez reformulé ce qui m'arrivait, en changeant de perspective, et j'ai acquiescé. Par exemple le fait que je n'aie rien à dire sur mes progrès, que j'aie la sensation de n'avoir aucune liberté, aucun jardin secret, que mes textes soient sans intérêt, etc. Je me suis autosabotée, en pointant du doigt tout ce qui ne va pas.

En rentrant chez moi, je me suis rendu compte que je vous ai encore une fois donné des armes pour condamner ma mère (elle écrit que mes lettres illuminent son existence morcelée). De même lorsque je vous ai confié que Karl et moi sommes ennuyeux (« une grande première », avez-vous dit), j'ai eu l'impression de trahir mes relations. Je déteste cette idée de gentils et méchants en thérapie. C'est comme ça qu'ils apparaissent dans ma tête. D'autant plus que moi aussi j'adore les lettres, qu'elles illuminent mon existence et que Karl et moi sommes aussi ennuyeux que vous et moi pouvons l'être. Pourquoi les choses ne peuvent-elles juste être ce qu'elles sont sans paraître mauvaises ?

Voici la liste des progrès que je dois encore accomplir :
Carrière
Mariage
Enfants

Vous dites que tout est la faute de ma famille alors que c'est le fruit de mon esprit. Jamais ma mère n'a dit de telles choses. C'est plutôt comme une évaluation extérieure de ma personne à laquelle j'attribue injustement le nom « mère ». C'est moi qui joue la mère, qui sape systématiquement ma réalité quotidienne. Bien sûr, ma famille aimerait qu'au moins un ou deux de ces projets se concrétisent, avant que leur oisillon atteigne vingt-sept ans.

Voilà donc ce qui s'est produit dans les cinq dernières minutes de la séance, quand j'avais à nouveau jeté l'ancre dans la fange. J'ai malgré tout passé une très belle journée, la thérapie n'a rien gâché. J'en ai profité jusqu'à ce que je rentre à la maison.

Je n'ai pas vu Ginny pendant deux semaines. J'étais en voyage pendant la première, et la seconde elle a annulé parce qu'elle travaillait. Elle arrive quelques minutes en retard, me voit assis dans mon fauteuil et demande timidement si elle doit attendre dehors. Elle m'avoue plus tard sa déception et son découragement, car elle aurait aimé entrer en trombe dans le cabinet et déclamer : « Qu'est-ce que je suis contente de vous voir ! » ou quelque chose dans le genre. Elle a essayé à deux reprises de me joindre aujourd'hui, sans succès. Ma secrétaire n'était donc pas sûre qu'elle viendrait et Ginny elle-même a pris le bus sans être certaine que je serais là pour elle. J'imagine qu'elle a accumulé de la colère en chemin, puis de la culpabilité vis-à-vis de cette colère, si bien qu'au moment d'entrer dans le cabinet, elle a presque peur de me voir.

Malgré cela, elle se lance immédiatement dans une tirade sur sa relation avec Karl, qui subit de grands bouleversements. Il semble que Karl ait changé, aussi soudainement que radicalement, après une discussion explosive avec Steve, un ami. Si j'ai bien compris, Steve, qui est beaucoup dans le jugement, serait tombé sur Karl de manière assez menaçante, débouchant sur une altercation violente. Karl était tellement en colère qu'il a dû sortir se calmer, puis a finalement préféré céder et revenir se réconcilier avec son ami. Steve en a profité pour l'humilier d'autant plus. Après le départ de Steve, Karl s'est effondré ; il a pleuré un long moment. Il est sorti de cette altercation plus enclin à approfondir ses sentiments, et est allé passer du temps avec un ami, qui a suggéré que Ginny et lui s'inscrivent dans un groupe de parole à Berkeley. À la grande surprise de Ginny, Karl a trouvé que c'était une bonne idée. En conséquence, Karl s'est beaucoup plus ouvert à Ginny, il a été tendre, gentil et attentionné avec elle, lui disant des choses qu'il n'avait jamais été capable de lui dire auparavant – par exemple qu'il y a eu des jours, dans le passé, où il lui en a énormément voulu. Peu à peu, ils sont en mesure d'examiner tout le fondement tacite de leur relation. Ginny l'encourage à le faire, bien qu'elle ne lui dise pas grand-chose de plus que par le passé. C'est du moins ce qu'elle me dit.

En dépit de cette bonne nouvelle, la séance manque d'énergie. Ginny est tendue, sur la réserve, plutôt démoralisée de ne pas être plus présente, et je ne trouve aucun moyen pour l'aider. Je contribue même à éteindre ses sentiments. Il y a quelque chose chez moi, je crois, qui empêche les autres d'exprimer leur joie ou leur enthousiasme sans fard.

Ce dernier mois, elle a travaillé et écrit ; elle a connu une très bonne semaine, deux assez bonnes et une horrible, pendant laquelle elle a tourné en rond à cause d'une boursouflure qu'elle avait à la joue et qui l'a plongée dans des fantasmes de cancer, jusqu'à ce qu'un médecin l'assure que c'était bénin.

À un moment, elle me demande si je la considère comme un cas désespéré. Je lui dis que ce n'est pas du tout mon sentiment. Ma réponse n'est pas tout à fait honnête, car je suis mal à l'aise et inquiet de cette torpeur entre nous. Elle pense de son côté que sa situation est sans espoir, parce que, malgré toutes les bonnes choses qui lui arrivent, elle n'y réagit pas émotionnellement comme elle le devrait. Doucement, inexorablement, l'engrenage du changement se met en marche en grinçant. Je joue un rôle dans sa rotation ; je ne sais pas toujours lequel, mais je sens que Ginny change, lentement mais sûrement. Elle progresse et mûrit. Sa relation avec Karl, bien que je ne la connaisse qu'à travers une narratrice peu fiable, s'approfondit et prend du sens.

Elle déclare soudain qu'elle aimerait être encore celle qu'elle était dans la thérapie de groupe de M. J., puisqu'elle arrivait alors si facilement à feindre l'enthousiasme. Je lui fais remarquer qu'il est aisé de jouer un rôle quand on est en vacances, et elle comprend tout de suite ma critique. Elle sait aussi bien que moi que le rôle qu'elle jouait dans le groupe ne pouvait être généralisé dans le monde extérieur : rien ne changeait dans sa relation aux autres, au-delà de la magie des premiers jours.

Des éléments de transfert sont évoqués auxquels je ne sais pas comment réagir. Quand je me lève pour chercher ma pipe, elle demande d'un ton enjôleur :

« Auriez-vous un Tiparillo à m'offrir ? » Plus tard, elle mentionne qu'une amie lui a écrit d'Allemagne pour se plaindre du système bureaucratique et de la vie en général, là-bas. J'ai le sentiment que cela fait écho à la distance dans notre relation, et probablement à son souhait que je n'aille pas en Europe cet été, mais elle ne semble pas disposée à en parler.

Dans l'ensemble, je trouve la séance assez décevante, parce que nous sommes restés distants, sans nous impliquer ; pourtant, j'ai été content qu'elle me donne de bonnes nouvelles sur les changements qu'elle opère dans sa vie en dehors de la thérapie.

4 avril
Ginny

J'ai tellement repoussé l'écriture de ce compte rendu que, six jours plus tard, la séance me semble lointaine. Au début, vous m'avez paru différent, froid ou en colère. Déjà trois semaines depuis notre dernière rencontre, mais vous n'avez pas voulu vous attarder sur ce point.

J'étais certaine que vous me feriez du mal, que vous ne seriez tout simplement pas là. Tout l'après-midi, j'avais intercepté des bribes de fantasmes devant mon milk-shake vanille-chocolat, pris sur le campus. J'additionnais dans ma pauvre tête toutes les éventualités qui pourraient faire que vous ne seriez pas là, puisque la séance avait été repoussée. Dans le bus, j'avais commencé à lire *La Cloche de détresse* de Sylvia Plath, qui m'a émue. J'étais tout à fait prête à souffrir indirectement avec l'héroïne de ce livre. Je me sentais plus concernée par son sort que par le mien.

Je ne me souviens guère de ce qui s'est passé durant la séance, si ce n'est qu'à la fin, comme souvent, j'ai eu le sentiment d'avoir trahi mes proches.

Je vous ai raconté ma semaine, en particulier ce week-end, avec la bagarre aussi choquante qu'éclairante entre Karl et Steve, et la manière dont Karl a réagi et les répercussions sur notre vie. À nouveau, j'ai le sentiment que ce ne sont que des idées que je me fais, et que j'élimine au travers de mes émotions, mes réactions. J'ai bien eu l'occasion de me réjouir la semaine dernière, quand enfin quelque chose commençait à se produire, mais, au lieu d'en profiter pleinement, j'ai prémédité les problèmes et agi comme si l'incident était clos. Vous n'avez cessé d'insister : maintenant que les portes de l'honnêteté et de la douleur ont été ouvertes (par Karl), il sera difficile de nous replier sur notre ancienne existence, et le moment est venu de parler à Karl, pas seulement d'écouter. C'est un bon conseil. Comme toujours, vous me demandez ce que je voudrais lui dire, ce qui me bloque. J'ai un réservoir de défauts et de faiblesses et je me sens incapable de parler sans les évoquer, ce qui m'empêche de vous répondre. J'ai toujours le sentiment de devoir changer pour Karl mais, cette fois-ci, je dois me contenter de l'accompagner et de l'écouter. J'admire la manière dont il laisse ses émotions l'envahir. Je crois qu'il travaille à autre chose, un fleuve plus imposant que notre simple relation. Il s'agit peut-être de sa famille et d'autres commencements, qui sont bien enfouis en lui. Ce serait égoïste de ma part de lui demander d'agir maintenant. De plus, je crois que ses pensées le mèneront à nous deux. La bagarre a permis à notre relation de s'épanouir et m'a fait prendre conscience d'une autre face de Karl que je soupçonnais à peine.

Durant la séance, j'ai aussi parlé de la bosse sur mon visage (bosse, ça fait plus neutre que tumeur). Cette bosse dégonfle tous les bons moments et m'aide, dans les moments de déprime, à être concave. Je crois que je n'ai pas trop joué l'hypocondriaque, devant vous. Toujours cette retenue. Si au contraire j'avais su exprimer mes pires inquiétudes, ça m'aurait aidée. Vous m'avez un peu rassurée en disant qu'il n'y a pas de raison de s'en faire, surtout à cet endroit du visage.

11 avril
Dr Yalom

Ginny commence la séance d'une manière inhabituelle : elle me lit quelque chose qu'elle a écrit en m'attendant. C'est essentiellement un compte rendu de ses sentiments du jour, sur ce qui lui est passé par la tête alors qu'elle faisait les magasins ; cette petite vignette très touchante scintille de métaphores brillantes. Je suis enchanté de l'entendre me la lire et, une fois de plus, je suis convaincu de son talent considérable. Son texte m'a cependant semblé un peu trop pétillant, et je me suis demandé si elle aborderait un jour des thèmes plus profonds et plus vastes. Et me voilà, en langue vernaculaire, qui « lui tombe dessus », jugeant son travail sur la profondeur du problème qu'il aborde. Ces derniers mois, je me suis plongé dans la lecture de Heidegger, parce qu'il traite du problème fondamental par définition : la signification de l'être. C'est une aventure terriblement punitive pour moi, car sa langue et sa pensée me sont cruellement opaques. Pourquoi dois-je attendre des autres qu'ils traitent des mêmes sujets écrasants ?

Elle avait d'autres raisons de me lire son texte, outre un simple partage. Elle y mentionne le fait qu'elle s'est portée candidate à un emploi qui risque de mettre assez vite fin à sa thérapie, ainsi que le fait que Karl commence à envisager sérieusement une thérapie. Bien sûr, ironie suprême, il songe à appeler Madeline Greer, la seule personne au monde qui a lu certains de ces comptes rendus. Madeline serait très gênée, je crois, de prendre Karl en charge, sachant qu'elle détient un secret qu'elle ne peut partager avec lui. Quand je fais part de ces craintes à Ginny, elle a l'impression de se mettre en travers du traitement de Karl. À l'évidence, tout ça prend une tournure disproportionnée car, de tous les thérapeutes du monde, pourquoi faudrait-il qu'il voie Madeline ? C'est d'autant plus absurde que Madeline est à Palo Alto et qu'il y a des centaines de bons thérapeutes dans la région de San Francisco.

Ginny a bonne allure, aujourd'hui, bien coiffée, vêtue d'un joli chemisier et d'une jupe longue. Je remarque également que nos fauteuils ont été disposés plus près l'un de l'autre par l'homme de ménage, et je me sens bien, à côté d'elle, alors qu'hier justement je m'étais senti très mal à l'aise à être aussi proche d'un autre patient, et j'avais éloigné les fauteuils. Elle évoque de nouveau la bosse sur sa joue. Cette fois, je me lève pour la tâter et essayer de comprendre quel est le problème, car son médecin suggère maintenant qu'il faut se pencher sur cette grosseur, et je crains que ce ne soit une tumeur du sinus. Ça n'a cependant pas l'air grave ; une infection d'une glande lacrymale, peut-être. Cependant, Ginny en fait toute une histoire et s'imagine qu'il s'agit là d'un cancer qui ronge son visage.

Elle est en tout cas de bonne humeur. Les choses se passent de mieux en mieux entre Karl et elle, même s'ils ont encore des bas. Je tente de lui faire comprendre de mon mieux que leur relation connaît aussi des hauts, maintenant qu'elle a changé les règles concernant ce dont ils peuvent parler ou non, et que cela devrait lui donner de la force. Quand ça va mal, elle a vraiment le droit de dire : « Ça ne va pas aussi bien entre nous qu'il y a deux jours – parlons-en. » Je veux savoir ce qui l'a empêchée de dire cela à Karl, hormis sa « pure terreur ». J'use ici de charme et de ruse avec Ginny, et j'aime la voir rire.

Nous parlons de Karl et de son éventuelle thérapie ; qu'en pense-t-elle, alors qu'elle est sur le point de valider la sienne ? Elle est un peu en colère que Karl ne se décide que maintenant, et inquiète de toutes les nouvelles exigences qu'il exprimera. Elle imagine même qu'il est juste derrière la porte, raison pour laquelle elle se met à murmurer. Que pourrait-il entendre ? « S'il m'entend dire que je suis statique et que je ne changerai pas, comme il y a quelques instants, je crois que ce sera la fin. » Une fois de plus, Ginny exprime son sentiment de précarité dans leur relation, comme s'il suffisait d'une phrase pour tout faire basculer. Quand je le formule, elle voit l'absurdité de son idée, qui reste pourtant très convaincante à ses yeux.

Nous discutons de ce qu'implique la décision de Karl de commencer une thérapie : le thérapeute l'aiderait à voir tous les mauvais côtés de Ginny, comme j'ai insisté lourdement sur tous les aspects critiquables de Karl avec Ginny. En y pensant, j'admets que Ginny a peut-être raison. Il est évident que nous nous sommes concentrés sur ses traits négatifs parce qu'ils étaient problématiques aux yeux de Ginny, et que jamais je ne lui ai demandé de parler des points positifs en sa faveur. Quand je le lui demande aujourd'hui, elle en mentionne quelques-uns. Elle va plus loin et souligne qu'elle a tout le temps eu le sentiment que je voulais qu'elle rompe avec Karl. En un sens, ça signifie que, depuis longtemps, des mois en réalité, elle a dû avoir le sentiment qu'elle me défiait en restant avec lui. Cela me semble important, et j'y réfléchis un bon moment. Je crois sincèrement, et je le lui dis, que je n'ai jamais à tout prix souhaité qu'elle rompe avec Karl, mais que j'ai espéré qu'elle serait en mesure de faire fonctionner cette relation à un meilleur niveau. (Je pourrais ajouter, incidemment – mais choisis de ne pas le lui dire –, que, s'ils continuent leur relation telle qu'elle est aujourd'hui, je ne serais pas trop contrarié qu'elle rompe avec lui, parce qu'elle a tant évolué qu'elle serait maintenant capable d'avoir d'autres relations, plus profondes.) Je veux qu'elle fasse la distinction entre le fait que je l'aurais poussée à le quitter et le fait que je l'aidais en réalité à comprendre qu'elle était en droit de le quitter. Quand elle comprendra que la décision de le quitter ou non dépend d'elle autant que de Karl, elle n'aura plus besoin de vivre, impuissante, sous la menace de Karl la blessant ou brisant à jamais les liens pour un mauvais mot qu'elle aurait dit ou une erreur qu'elle aurait faite.

Ce dernier thème revient encore et toujours, et je ne sais plus bien comment le traiter. Elle remarque à quel point elle a peu d'émotions. Elle aurait aimé être capable de m'annoncer avec entrain que Karl va commencer une thérapie : « Qui dit mieux ? » Elle ne cesse de s'en vouloir de montrer si peu d'émotions en ma présence. Que puis-je faire de ça ? Je crois que ses plaintes sont quelque peu justifiées puisqu'elle est étonnamment douce et docile avec moi. Jamais elle ne perd son sang-froid et agit souvent comme une enfant. En revanche, j'apprécie énormément Ginny et, si elle devait se comporter autrement, alors elle joue-rait un rôle. Beaucoup d'émotions passent entre elle et moi, et j'en viens à la conclusion qu'elle porte un jugement sévère et injuste sur elle-même. Je ne cesse de lui dire : « Et si vous aviez dit ça d'une manière différente, qu'est-ce que ça aurait signifié ? Pour moi, ça voudrait seulement dire que vous prétendez être quelqu'un que vous n'êtes pas. » Elle me dit sans arrêt qu'elle aimerait être différente, plus spontanée. Elle avance même des exemples de manque de spontanéité du passé, dans le groupe de parole, de telle façon que c'est punitif. Je tente de lui faire comprendre à quel point c'est insignifiant, comparé aux véritables chan-gements qu'elle a réussi à accomplir dans sa vie avec Karl, ces derniers mois, et avec moi. Nous tournons pourtant en rond sur ce sujet discuté mille fois. À un moment, elle évoque une visite chez une amie, qui a un enfant d'un an et demi. Elle a été frappée par le fait que l'enfant lui demandait de répéter certains gestes encore et encore. Elle a l'impression que c'est pareil dans la thérapie. Il y a des choses qu'elle aime dire et d'autres qu'elle aime me voir faire encore et encore. (Psychothérapie et cyclothérapie.)

Ces derniers temps, j'ai tenté de lui faire accepter que nous allions effectivement cesser la thérapie dans deux mois. Elle ne l'a jamais vraiment intégré. Son fantasme de m'écrire de longues lettres n'est qu'une façon de nier la fin de nos séances et de notre relation. Je crois que, pendant les semaines à venir, je devrai passer de plus en plus de temps sur ses sentiments à l'idée de cette conclusion, sur ses sentiments positifs envers moi et sur ceux qui se mêlent à sa relation avec Karl, dans laquelle elle m'utilise parfois pour éveiller sa jalousie. Elle me surprend en suggérant que je pourrais les recevoir ensemble pour une ou deux séances. Je crois que je vais le faire. Ça pourrait être une manière constructive de conclure cette thérapie en douceur.

11 *avril*
Ginny

Quand je vous ai parlé de Karl, qui aimerait aussi se faire aider, vous avez semblé surpris. J'aurais pu avoir des soupçons sur les raisons qui vous poussent à être si opposé à l'idée qu'il vienne voir Madeline. « C'est tellement loin... elle n'est pas la seule thérapeute... » Comme si je pouvais être la seule prima donna ! C'est une erreur car, dans l'immédiat, je suis stable et Karl souffre ; c'est lui qui a besoin d'aide. Je me sens coupable aussi parce que la seule personne en qui Karl ait confiance, Madeline, ne pourra jamais le suivre. Je souhaite vraiment que Karl bénéficie d'une thérapie, même si ça me fait un peu peur. Je crois que si nous suivons tous les deux une thérapie, nous cesserons de vivre dans l'ignorance. J'espère simplement que Karl choisira de me mettre au défi plutôt que de me condamner.

Nous avons souligné à quel point j'ai changé – je ne cesse pourtant d'évoquer qui j'étais, et ça doit vous décourager. Alors que vous parliez des changements en moi, j'ai pensé : pourquoi est-ce que je ne peux pas simplement être heureuse ? Pourquoi est-ce que je dois toujours revenir sur le passé, reparler du groupe de parole où j'étais au plus bas ? Vous défendez l'idée selon laquelle vous n'essayez pas de nous séparer, Karl et moi, mais de me faire comprendre que j'ai la liberté de partir si je le souhaite, que je peux faire un choix aussi, pas seulement subir les siens. Eh bien, j'ai aussi mon point de vue : je me sens confinée, je veux la liberté d'agir différemment, d'avoir mes secrets, d'être exubérante sans avoir d'écho, de ne pas toujours me parler et de ne pas toujours m'entendre.

Je vous ai lu mon journal pour vous impressionner, pour gagner vos faveurs, pour montrer ce dont je suis capable, et le fait que je peux le faire aussi dans la joie. Écrire ce texte ne m'a pris en réalité que cinq minutes.

19 avril
Dr Yalom

Une séance curieuse aux airs de vaudeville. Très bizarre et troublante. Ginny entre et m'annonce avec enthousiasme qu'elle aimerait me lire une satire de sa plume. C'est une parodie tout à fait hilarante de la séance précédente, qu'elle a écrite pendant la semaine. Je ris beaucoup en l'écoutant. Il y a pourtant de nombreuses références à son attirance sexuelle pour moi, à son besoin de me plaire, que j'apprenne d'elle. Je lui demande si elle me permet d'exploiter le contenu de sa satire pour nous aider pendant le reste de la séance. Sa réponse est aussi légère qu'évasive. Plusieurs fois, nous utilisons le mot « frivole », et la séance est en effet frivole et osée. À un moment, elle dit même avoir envie de faire un saut périlleux ou des claquettes sur mon bureau. Je ne l'ai jamais vue comme ça.

Beaucoup de bonnes choses lui sont arrivées : elle a obtenu un emploi en recherche, à temps partiel et bien payé, pour les quatre mois qui viennent, où elle travaillera avec des enfants ; elle s'est rendue à la clinique pour un check-up complet et elle a été déclarée en pleine forme (la bosse sur sa joue est bénigne) ; elle a même écrit, avec une certaine aisance, et, de manière générale, tout va bien pour elle.

Il y a pourtant un côté sombre : Karl est de plus en plus troublé. Elle sent qu'il s'éloigne d'elle, il a des crises de larmes et des sautes d'humeur pendant lesquelles il ne veut parler à personne. Il a commencé à se renseigner sur la possibilité d'être soigné. Enfin, ses parents sont là parce que sa sœur a rechuté d'une maladie grave.

Sa frivolité et son euphorie sont donc quelque peu impures. À mon avis, bien qu'elle admette des sentiments superficiels comme « Je devrais me sentir coupable », elle se réjouit du fait que d'autres souffrent pendant que tout va bien pour elle. À un moment, elle se compare à un insecte qui parcourt la surface de l'eau librement alors que d'autres, ses parents, sa sœur et Karl, par exemple, sont à moitié submergés, telles des boîtes de conserve qui flottent et rouillent, voire des poissons entre deux eaux, menacés par la pollution. C'est un des moments où, voyant clairement ce qui lui arrivait, j'ai choisi de ne pas proposer d'interprétation. J'ai le sentiment que je pourrais trop facilement déclencher sa culpabilité et une dépression dévastatrice. Ce n'est que trop humain de se sentir bien quand les autres vont mal. Je crois que Karl et elle sont sur une balançoire à contrepoids, et il leur est impossible de se trouver simultanément en hauteur. Karl continue à la contrer et à lui lancer des piques mais elle est désormais en mesure de prendre du recul sur ses critiques, car elle a obtenu ce qu'elle voulait depuis si longtemps : la dépression de Karl comme garantie qu'il ne la quittera pas. Elle déborde de joie, allume la radio en rentrant du travail, se sent pleine de vie, voit ses amis et écrit beaucoup de lettres humoristiques. Je crains qu'elle ne doive s'attendre à une retombée et qu'elle ne sorte déprimée de cette séance, mais à long terme je sens qu'elle est sur la bonne voie.

J'ai eu du mal à me positionner pendant la séance. Analyser son hilarité aurait conduit à sa dissolution. J'ai tenté d'explorer certains de ses désirs à mon égard, révélés dans sa satire. Sans succès. Elle a fait faux bond, déclarant que ce n'étaient là que des blagues, que lorsqu'elle se met à écrire, elle se laisse aller et que ça ne signifie pas nécessairement grand-chose. Elle n'a écrit ce pastiche que pour se rabaisser et rabaisser ses sentiments. Puis elle dit qu'elle a eu des fantasmes agréables à mon propos : si elle me rencontrait en société, elle aimerait se promener à mes côtés, son bras autour de ma taille, pour se sentir plus proche de moi.

Nous reparlons de Karl et de ce qu'elle pourrait faire pour le soutenir. J'essaie tout simplement de l'aider à comprendre que le moment est sans doute venu pour elle de l'aider, en étant plus ouverte, plus directe avec lui, même à propos de certains de ses sentiments négatifs, comme un moyen de lui montrer à quel point elle est attachée à lui. Je pense aux thérapies de groupe pour jeunes droguées, comme le Synanon Game, où des injures sont souvent qualifiées d'« amour vache ». Elle est en mesure de comprendre cela parce qu'une de ses amies y participe justement avec son mari.

Même sur le plan sexuel, les choses s'améliorent un peu depuis qu'elle a été capable, un matin, de dire à

Karl qu'elle était très proche de l'orgasme et qu'elle pourrait l'atteindre si seulement il la touchait. Il a répondu très logiquement qu'il ne pouvait pas lire dans ses pensées, et qu'elle ferait mieux de le lui dire. Je tente de souligner qu'elle a fait le premier pas, le plus difficile, et que ce devrait être moins dur à l'avenir de lui dire ce dont elle a besoin ou, mieux encore, de guider sa main. Elle refuse d'en discuter avec moi, sous prétexte que ça gâcherait tout. Je laisse donc tomber. Vers la fin de la séance, je suis mal à l'aise. Je ne sais pas dans quelle direction aller pour lui être utile. Je me sens partagé. Je suis d'un côté très content qu'elle ait l'air plus heureuse, qu'elle se sente bien, d'autant plus que je devine qu'une grande part de ce bonheur est solidement enracinée; de l'autre, j'ai l'impression désagréable que tout ça pourrait s'effondrer aussi vite car, pour Ginny, toute bonne sensation née des malheurs des autres ne peut durer. Nous verrons donc ce qu'il en est.

La satire de Ginny
La Désaxée

J'ai pensé à écrire une satire de la séance, où je serais ce moi imaginé dont je vous rebats les oreilles.

Une blonde pétillante fait son entrée, hors d'haleine et mourant d'envie de parler, ses mots se déversant partout, comme un café à emporter. Le docteur prend une profonde inspiration, prêt pour l'aventure, l'air malicieux. La fille montre au docteur une grosseur sur son visage. Comme elle est infinitésimale, le docteur s'approche pour la toucher – il touche le visage de la fille, puis son cou, puis sa toison. La fille se cabre, se cambre, et dans un cri impressionnant explique qu'elle est dans sa seconde jeunesse, et raconte ses nombreux fantasmes où le docteur et elle se tripotent dans des bars à cocktails. Le docteur voudrait l'interrompre par des questions et des interprétations, mais la fille est inarrêtable. Au fil de la séance, son visage passe d'un rosé féminin (une nuance Elizabeth Arden) à un blanc maladif, tandis que l'amour et la mort s'affrontent dans son esprit. Elle finit par s'effondrer en douces larmes après avoir raconté combien son petit ami devient tendre, combien il veut s'ouvrir à elle et aimerait même acheter un salon de massage avec elle (avec ce qu'il a payé en trop aux impôts), elle qui pourtant ne mérite rien de tout ça. Le docteur lui dit qu'elle est encore plus plantureuse que la semaine précédente. Elle lui remet son compte rendu – cinq pages à interligne simple – qui fait état de chacun de ses gestes, gémissements, pensées et rêves.

Quand elle part, la thérapie l'a rendue plus forte que mille soins du visage, et elle se sent détendue, jeune. Elle va pouvoir repousser les corvées d'un geste. Cette semaine, elle ne se laissera pas piéger dans la cuisine, et sa table ne sera pas encombrée comme celle de Saint-Vincent-de-Paul. Tous ses silences seront purs. Elle avancera dans le monde.

Le docteur la porte jusqu'à la sortie. Il aimerait rentrer chez lui pour le pot-au-feu, mais il n'ose pas. Il y a trop à écrire. Sa mémoire est en feu. Cette fille lui a tant appris, trop sans doute !

Elle passe devant la tombe de Stanford et le soleil printanier lui fait un clin d'œil entre chaque arbre. Elle se sent en communion avec les cactus et les palmiers. Une fois dans le bus, son visage fort se détourne du tiers-monde qui voyage avec elle. Montez à bord et laisse-nous prendre soin des minorités ! Elle prend deux sièges et s'endort. Ses rêves, comme un dictaphone, rejouent la voix et les caresses du docteur. Tandis que le bus s'éloigne, elle fait le vœu de dédier tous ses futurs livres « à son docteur ». Et pour que les gens ne pensent pas qu'il s'agit de son podologue ou de son gynécologue, elle chantonne : « Au Dr Y., qui m'a donné la liberté de pleurer, l'énergie de voler, et dix raisons de ne pas mourir. »

Écrit par Mme Des Axés

19 avril
Ginny

Hier, j'ai eu le sentiment de retrouver un ami. Sauf que j'étais la seule à parler de mes problèmes. Je me sentais heureuse, mais j'aurais été plus à l'aise s'il ne s'était pas agi d'une thérapie. J'adore la manière dont vous avez ri à mon pastiche. Puis, bien sûr, vous avez demandé s'il était juste de l'utiliser comme preuve, comme point de départ de la séance. Et je vous ai empêché de faire ce que vous vouliez. Il s'agissait d'une caricature disproportionnée, dans laquelle je m'exposais et je me projetais. Dans un ton terriblement sarcastique, qui m'est le plus évident. Ce n'est que plus tard, dans le bus qui me ramenait chez moi, que j'ai pensé que je vous avais sans doute déçu en vous offrant cette tentation, puis en coupant court à la discussion.

J'ai essayé d'insuffler de l'énergie à cette séance, en pensant à Karl et à ma culpabilité. Sans un soupçon d'émotion cependant. Peut-être parce que je ne me sens pas vraiment coupable. J'accueille même volontiers ce qui se passe afin de nous aider.

Une partie de moi considère que toute la séance a été superficielle. L'autre qui rit et se détend a passé un très bon moment.

Je ne me suis pas dit que j'étais pétillante, hier, jusqu'à ce que vous en fassiez la remarque. Vers la fin de la séance, pourtant, ça s'est tari. Je suis trop paresseuse pour lutter pour quoi que ce soit, pour trouver une voie et m'y tenir. Je succombe aux vieux réconforts et m'y blottis.

23 avril
Dr Yalom

Une des séances les plus ternes que j'aie jamais connues. Les minutes n'en finissent pas, comme si nous n'avions plus rien à nous dire. Ginny donne l'impression d'avoir fouillé dans toutes nos séances précédentes, d'en avoir extrait les moments les plus ennuyeux, puis modelé le tout en une grosse balle qu'elle fait rebondir pendant une heure dans mon cabinet. De mon côté, je ne me sens pas en grande forme, après avoir passé une mauvaise nuit, et je me demande si tout cela est ma faute, mais je ne le crois pas. J'ai eu beaucoup de travail aujourd'hui et m'en suis très bien sorti avec tout le reste. Elle n'évoque tout simplement aucun problème digne d'être approfondi, et je ne trouve pour ma part aucun moyen de l'aider à parler de quoi que ce soit.

En entrant, elle déclare qu'elle ne voit pas de quoi nous pourrions parler. Elle y a pourtant réfléchi, mais elle a finalement renoncé et décidé de ne rien prévoir. Je lui suggère qu'on regarde le calendrier et qu'on établisse notre emploi du temps. Nous découvrons alors qu'il nous reste huit séances. Elle souhaite savoir si elle pourra me revoir à l'automne, juste pour passer son été en revue, et si elle pourra m'écrire quand je serai en Europe. Elle demande sur le ton de la plaisanterie si elle peut échanger quelques comptes rendus de juin pour des séances en septembre. Je lui dis que je serais content de la revoir en septembre, mais seulement pour parler de son été, tentant de lui faire comprendre très clairement que juin marquera la fin de la thérapie.

Elle dit alors que Karl a commencé sa thérapie, qui semble devoir donner de bons résultats. Elle se demande si elle devrait être jalouse de toute l'attention que recevra Karl ; peut-être devrait-elle déjà commencer à rédiger ses doléances… Après cela, un grand rien superficiel. Chaque fois qu'elle mentionne un élément et que je tente de m'en saisir, il n'y a rien à en tirer. La joie qu'elle éprouvait la dernière fois a duré plusieurs jours. Elle sait qu'elle devrait consacrer le temps qu'il nous reste à quelque chose d'utile. Ses amis lui disent qu'elle devrait régler ses comptes avec sa mère et son père. D'accord. J'essaie donc de lui demander ce que « régler ses comptes » signifie. Elle n'en a aucune idée. Plus j'insiste, plus je me rends compte qu'il n'y a rien à y gagner. Un de ses amis fréquente plusieurs groupes de thérapie et découvre « qui il est » réellement. Je tente d'explorer ça avec elle, mais elle reconnaît que les « bénéfices » de ces groupes ne lui apportent plus rien. Elle parle de son incapacité à répondre à des insultes que Karl lui a lancées à la figure – tant d'informations stériles et creuses. Elle dit qu'elle devrait en faire plus dans sa vie, saisir les occasions qui se présentent, se tenir plus droite… Je ne sais plus de quoi elle parle et je tente d'analyser ce « devoir » qui l'accompagne à chaque instant. Ne serait-ce pas en fait la voix de sa mère ?

Pour me rassurer, je crois que j'aimerais l'entendre me dire que tout va vraiment bien. Pour autant que je puisse en juger, c'est le cas, si bien qu'il devient difficile pour elle de continuer à se présenter comme une patiente. Il n'y a que quelques zones mineures de mécontentement, comme son incapacité parfois à s'opposer à Karl, et quelques rêves troublants, dont un où elle est avec une autre femme. Mais je n'ai jamais beaucoup travaillé sur les rêves avec Ginny, parce qu'elle se cache derrière eux et que je tente de trouver Ginny, pas de la comprendre. À ce stade de la thérapie, je peux prendre le rêve qu'elle me présente pour ce qu'il est : une Lorelei qui veut m'entraîner dans une thérapie sans fin. Je me bouche les oreilles et lui dis qu'elle aura toujours de tels rêves, que ça fait partie de la nature humaine. Je ne suis pas sûr de savoir ce dont j'aurais voulu qu'elle parle. Peut-être avons-nous vraiment terminé et la thérapie traîne-t-elle en longueur. Quoi qu'il en soit, je suis certain qu'elle sera abattue après cette séance. J'ai moi-même comme un goût amer dans la bouche. J'ai le sentiment de n'avoir rien fait pour l'aider. Je n'ai rien tenté avec conviction, parce que j'avais le sentiment que tout était perdu d'avance.

23 avril
Ginny

Je me perds entre la séance et la nuit qui a suivi. Ou plutôt, la nuit a effacé tous les bons moments de la séance. Quand je me suis réveillée le lendemain, je vous haïssais. Mon attitude pendant la séance : désinvolte, gaie, pâteuse, incertaine, vous demandant de me rassurer, ne soulevant aucun thème nouveau, acquiesçant, disant oui je suis heureuse, oui je suis triste, m'attardant sur des anecdotes plutôt que des émotions – bref, une vraie marionnette.

Le soir, toutes mes pires craintes sont ressorties. Karl m'a demandé pourquoi j'étais tellement réservée, pourquoi je n'osais pas lui parler, et si j'avais peur à ce point, comment avais-je pu rester autant de temps avec lui ? Ce sont des remarques évidentes que j'ai toujours formulées en moi, mais vous m'avez dit que je m'en voulais pour un rien. Mon incapacité à avancer pendant les séances, ces derniers mois, n'est pas passée inaperçue. Comme pendant les séances, je ne peux rien lui dire avant de le répéter d'abord dans ma

tête, avec en fond toutes les voix et dérisions emmaga-
sinées. Pendant les séances, quand je m'éteins et que
vous demandez : « À quoi pensez-vous ? », je relève
la tête, je souris et je dis quelque chose. Est-ce ça, le
progrès ? Vous devriez me donner un coup de pied
dans la tête et me mettre à la porte. J'aurais préféré
souffrir par vous, tester ma douleur avec vous, puisque
je ne partage pas avec vous tous mes sentiments, mes
meubles et mes repas ; j'aurais préféré supporter ça,
comme test, plutôt que de m'être noyée, le soir. Au
moindre signe de silence, de critique, de besoin de la
part de Karl, mes pires peurs refont surface et j'ai l'impression d'être attachée à une ancre qui s'enfonce et
me retient dans les profondeurs, morte, pendant huit
heures. Incapable de dormir, j'imagine les pires destins,
je fantasme à l'envi, alors même qu'on attend quelque
chose de moi. Je déteste tout élément de rédemption
qui me fait survivre au jour. Je redeviens la Ginny de
veille d'examen, celle qui se noie dès qu'il s'agit de
faire ses preuves.

Quoi qu'il en soit, j'ai repoussé le moment d'écrire
parce que ça n'a rien à voir avec vous ou la séance
et que c'est dirigé, ou devrait être dirigé, contre moi.
Vous n'êtes qu'un accessoire avec qui j'ai partagé une
petite heure joyeuse.

J'ai oublié ce dont nous avons parlé pendant la
séance. Pour remplir le silence, je vous ai demandé
comment vous aimeriez me changer. Vous avez dit que
je pourrais être plus assurée. Ah, et vous avez dit qu'il
était trop difficile pour moi de penser à mal. Quelle
blague !

3 mai
Dr Yalom

Une bonne, une mauvaise. Ginny a raison : la qualité des séances alterne de manière frappante. Une heure curieuse pendant laquelle je me sens à la fois très occupé (c'est-à-dire que je fais ce que je suis censé faire, soit travailler parce que j'ai trouvé matière à le faire) et sincèrement désespéré par Ginny. Je ne peux m'empêcher de me dire que peut-être rien n'a au fond vraiment changé, et qu'elle est toujours aussi déjantée qu'avant, que les comportementalistes ont raison et que je devrais travailler sur son attitude, lui donner des instructions sur ce qu'elle doit changer et comment se comporter. Pendant les vingt premières minutes, j'ai le sentiment que tout ça me dépasse puis, peu à peu, les mots commencent à prendre sens.

L'événement crucial de la séance s'est produit la semaine dernière, juste après notre rencontre. Cette nuit-là, Ginny était au lit avec Karl, qui lui a demandé : « Ginny, pourquoi as-tu peur de moi ? » Apparemment, elle a très mal réagi. Elle n'a su lui répondre, il a

347

insisté, elle a finalement éprouvé un terrible sentiment
d'échec, et tout s'est dégradé. Comme j'ai plusieurs
idées à ce propos, je les partage presque toutes avec
elle. Pour commencer, je suggère qu'il s'agit de l'invitation qu'elle attendait depuis longtemps. Elle se plaint
toujours qu'il est impossible pour Karl et elle de parler,
qu'elle doit garder ses peurs et ses sentiments pour elle,
parce que c'est le souhait de Karl ; et voilà qu'il entame
sans équivoque une discussion verbale. Je tente un jeu
de rôle, lui suggérant ce qu'elle aurait pu répondre,
afin de l'aider à verbaliser ses craintes. Quelle est
cette terreur qui la paralyse et la rend muette ? Elle
répond qu'elle a peur qu'il la quitte, car il la critique à
la moindre occasion. Elle a aussi peur de sa présence.
Dans le jeu de rôle, je renforce presque chacune de ses
déclarations. N'importe quelle expression verbale vaut
mieux qu'aucune, mieux qu'être cette masse informe
ou cette ombre qu'elle doit si souvent être, j'imagine, à
ses yeux. Je suis peut-être trop dur, mais je rêve qu'elle
voie qu'elle a en elle beaucoup de choses que Karl
aimerait entendre. Je crains malgré tout de ne pas lui
transmettre ce sentiment de la manière la plus encourageante. Je lui demande si elle veut continuer le jeu
de rôle ou parler de la peur qu'elle a vis-à-vis de moi,
cette dernière option étant plus proche de la vie réelle.
Elle dit qu'elle préférerait ça. Je lui demande quelles
sont ses craintes. Est-ce parce que je dois parfois en
avoir assez d'elle, qui ne change pas, ou à cause de son
attitude de la semaine dernière ? Est-ce qu'elle a senti,
cette fois-là, que quelque chose de mauvais allait se
produire, que j'allais la punir parce qu'elle ne prend
jamais rien au sérieux ? Je lui confie que si, parfois,

comme la semaine dernière, je suis dégoûté, ce n'est pourtant pas mon sentiment général.

Puis je lui donne une interprétation que je crois juste : en continuant à échouer avec Karl, elle tente à tout prix de me garder à ses côtés. Elle refuse de mûrir, refuse de changer – une réaction que j'attribue à la fin imminente de la thérapie. Elle sourit et déclare : « Je savais que vous diriez ça. » Mais nous n'allons pas beaucoup plus loin. Je me demande aussi si elle n'essaie pas de faire fuir Karl, et lui donne des instructions précises sur la manière de lui répondre quand il la critique. Pourquoi s'arroge-t-il le droit de la critiquer autant ? Pourquoi ne peut-elle jamais être critique envers lui ? Qu'aimerait-elle lui répondre quand il se plaint qu'elle a mal fait la vaisselle ? Elle admet que, parfois, elle a envie de lui crier : « Va te faire foutre ! » Je lui confie qu'à la place de Karl, je préférerais de loin entendre ça que rien du tout. Une fois de plus, dans ce cycle perpétuel que nous suivons, je motive Ginny et je la renvoie dans le ring, d'énormes gants à ses poings pour amortir les chocs. Elle me semble tellement impuissante.

Je lui suggère de réfléchir sérieusement à ma suggestion de venir avec Karl la semaine prochaine. Elle annonce qu'elle pourrait bien le faire, s'il accepte. Une heure passionnante en perspective !

3 mai
Ginny

La séance m'a aidée. Vous y avez pris une part plus active. Je vous ai parlé du fiasco avec Karl, qui m'a demandé pourquoi j'ai peur, et nous avons fait un jeu de rôle. Quand Karl m'a posé la question, je me suis figée, incapable d'exprimer tout ce qui me venait à l'esprit. J'étais en pilotage automatique, trop occupée à me détruire pour faire quoi que ce soit d'utile.

Cette fois, comme par magie, quand vous m'avez demandé pourquoi j'ai peur, j'ai laissé cette question m'atteindre. Je le sais parce qu'à cet instant les voix dans ma tête se sont tues, et il y a eu un instant de répit ; c'est le signe que quelque chose de mieux prend le dessus. Vous m'avez fait prendre conscience que toute réponse que je pourrais donner à Karl est légitime, tant que je la prononce et que je ne l'enfouis pas en moi.

Je ne pensais pas que vous pourriez imaginer que j'avais inventé ce fiasco pour vous prouver que j'ai besoin de vous et de la thérapie, mais en y réfléchissant, je me dis que c'est exactement le genre de chose que vous pouvez penser. Pour une fois, je crois que vous avez tort. J'ai une fâcheuse tendance à ne pas exprimer les choses clairement. À me perdre. Tout ce temps consacré à la thérapie a été un détour joyeux, pendant lequel j'étais la seule à ne pas vouloir trouver le bon chemin. Je n'ai pas pu répondre à Karl. En temps normal, je ne vous réponds pas. Je me sens mieux. Je ne veux pas qu'on m'agresse. Si j'y étais parvenue avec vous, j'aurais pu aussi y arriver avec Karl, et vice versa. Ce n'est pas parce que je veux rester dans l'impasse où nous sommes que j'échoue si souvent.

Quand vous m'avez dit que vous aviez trouvé la séance précédente « dégoûtante », ça a eu un gros impact sur moi. Pas sur le coup (à ce moment-là, j'ai trouvé ça plutôt mignon), mais quand j'y ai réfléchi plus tard (alors, le mot « dégoûtant » m'a mise mal à l'aise). Je ne pense qu'à moi. Ce que j'imagine que quelqu'un d'autre pourrait penser. Si seulement je pouvais connaître vos réactions au lieu de les imaginer ! Mais je sais déjà ce que vous me direz : « Posez-moi la question ! »

Pour atténuer la culpabilité que j'éprouve face à mes sautes d'humeur que vous avez dû subir, j'ai imaginé écrire un journal à votre intention, cet été. Ce serait mieux que les comptes rendus. Et ça impliquerait que je vous revoie au moins une fois, à l'automne, pour vous le donner. Le fantasme se délite. Je prends conscience maintenant qu'écrire ce journal impliquerait une fois de plus de mettre mes proches en boîte, et je suis contente de ne pas avoir à le faire.

Je ne me souviens plus qui de vous ou moi a eu l'idée d'amener Karl. Je suppose que c'est vous. Une offre très généreuse. Je me suis dit sur le coup que ça pourrait être merveilleux. Quand je pense à quel point j'aurais eu peur avant, vous voyez combien vous m'avez inspirée, hier ! Puis vous avez évoqué, en plaisantant, une de mes pires craintes : une séance improvisée où vous demanderiez à Karl quand il a l'intention de m'épouser. C'est drôle, quand V. (ma thérapeute précédente) a organisé une séance avec mes parents, je n'ai pas dit un mot. Je me sentais comme une petite divinité et son portrait accroché au mur. L'une consciente de ma présence, rayonnante, encourageante, et l'autre au milieu.

En rentrant chez moi, j'ai pensé aux quatre séances qu'il nous reste. Je ne supporte pas l'idée d'en gâcher une, d'en partager une, de jouer, de nouveau, l'ingénue sans défauts, après tout le chemin que j'ai parcouru. Si Karl vient, je veux que cela vaille le coup.

Je me sens comme une martyre qui sacrifie une séance parce que c'est ce qu'il faut faire. En réalité, je rêve que nous puissions, tous les trois, passer une bonne séance ensemble.

VI

CHAQUE JOUR EST UN PEU PLUS PROCHE

10 mai-21 juin

10 mai
Dr Yalom

Le monde fait son entrée. Tout a été différent, aujourd'hui : Ginny est venue avec Karl. J'étais déjà très fatigué le matin, après une nuit pour le moins agitée, et je suis encore un peu endormi quand je vais chercher Ginny dans la salle d'attente pour la conduire dans mon cabinet. J'aperçois alors un homme assis à côté d'elle et je me rends compte que ce doit être Karl. À la fin de la séance précédente, j'avais très sérieusement suggéré qu'elle vienne avec lui, mais, comme elle n'avait jamais accepté les propositions que j'avais déjà faites par le passé, je ne pensais pas qu'elle puisse avoir le courage de transmettre l'invitation – ni que Karl l'accepte. Chaque fois que nous avons évoqué ce genre de démarche, Ginny n'a pas cru Karl prêt à envisager de venir. Cette fois, il est là. Ma fatigue et ma somnolence disparaissent instantanément, et je parviens à rester concentré pendant toute la séance. Il s'agit d'ailleurs d'une des séances les plus intéressantes que j'aie connues depuis très, très longtemps.

Karl est si différent de ce que je pensais ! Je l'imaginais brun, bourru, barbu, fermé, provocateur, voire hostile envers moi. Il est tout le contraire : charmant, ouvert, libre, courtois, un jeune homme extrêmement beau aux longs cheveux blonds. Ginny est bien habillée et bien coiffée, et j'éprouve un grand plaisir à me trouver en présence de ces deux personnes très séduisantes qui, en dépit de tout ce qu'ils disent, éprouvent à l'évidence des sentiments chaleureux et tendres l'un envers l'autre. Parfois, pendant la séance, je ressens de petits pincements de jalousie, car je considérais que Ginny était mienne et je vois soudain combien cette vision était erronée. Elle a toujours été plus à Karl qu'à moi. Il vit avec elle toute la journée, il dort avec elle la nuit, alors que je ne l'ai qu'une heure par semaine. Mais ce ne sont que des pensées éphémères. Karl m'intéresse beaucoup, et c'est lui qui parle, presque tout le temps. Dès le début, comme je sirote une tasse de café, il me demande avec assurance s'il peut en avoir une aussi. Je me rends compte que j'ai eu la négligence de ne pas lui en offrir et je l'accompagne dans la pièce d'à côté où, avec un bel aplomb, il se sert.

Je commence par suggérer que nous envisagions les problèmes qui existent entre eux deux et, bien vite, nous utilisons notre temps de manière très constructive. Avec une franchise rafraîchissante, Karl parle de sa frustration face aux échecs de Ginny – la vaisselle mal lavée, les dîners ratés, etc. Il aimerait qu'elle soit plus compétente et plus efficace. Ginny réplique que la cuisine était immaculée, aujourd'hui. Karl passe alors au niveau supérieur : il voudrait qu'elle soit capable d'affronter les problèmes dans le monde extérieur.

Une chose que Ginny m'a exposée et à laquelle je n'avais pas prêté l'attention nécessaire m'apparaît alors très clairement. Je vois que Karl lui demande réellement : « Deviens autre que ce que tu es ! Sois différente ! Sois comme moi ! » Je prends mon temps et je finis par en faire la remarque à Karl. Je tente de l'exprimer avec gentillesse, pour qu'il ne se sente pas agressé, car j'imagine qu'il doit être un peu gêné, en terrain inconnu, quand Ginny et moi avons passé tant de séances ensemble. Pourtant, il accepte très facilement mon interprétation. Plus tard, nous sommes en mesure de conclure que non seulement il a des idéaux clairs pour Ginny, qu'il élabore de façon explicite, mais qu'il a également ces mêmes idéaux, très clairement définis, pour lui-même. Il réagit d'autant plus lorsqu'il repère chez elle certains traits qu'il n'aime pas en lui. Il ne supporte pas sa docilité et sa passivité, car, justement, il abhorre ces traits de caractère chez lui.

Je suis fier de Ginny, aujourd'hui. Elle ne cesse de s'exprimer, de s'affirmer face à Karl ; elle aborde même l'idée qu'il la quitte, mais si vite que ça passe presque inaperçu. J'hésite à le relever et à lancer une conversation à ce propos, parce que nous sommes trop près de la fin de la séance pour aborder un sujet aussi lourd. Elle révèle cependant à quel point elle a peur de lui et il confesse que, peut-être, il lui fait peur intentionnellement. Il est vif, et comprend sans peine le prix à payer s'il continue à imposer ses propres normes à Ginny : elle va réprimer certaines choses qu'il aimerait connaître. Je crois qu'il s'agit là d'une découverte importante pour Karl. Il l'a, je pense, entendue et enregistrée.

Karl n'est ni fermé ni sur la défensive, et j'imagine qu'il accomplirait un travail de qualité, en thérapie. Il a, apparemment, de gros problèmes d'identité et le désir incessant d'être la personne que ses parents voudraient, selon lui, qu'il soit. Un gros travail thérapeutique l'attend, mais il dispose d'ores et déjà d'un ego très fort.

Je suis curieux de lire le compte rendu de Ginny, car je me demande ce que cette réunion a signifié pour elle, en termes de transfert vis-à-vis de moi et de sentiments vis-à-vis de Karl. J'avais sous-estimé Karl ; jamais je ne l'avais apprécié à sa juste valeur et je n'avais pas imaginé tout ce qu'il pouvait apporter de positif à Ginny. Parallèlement, je comprends mieux l'attirance qu'il éprouve pour elle.

À la fin de la séance, je tente de confirmer mon sentiment que celle-ci s'est avérée très constructive en leur demandant s'ils ont déjà été capables, dans le passé, de se parler aussi librement. (Cesserai-je un jour ma quête d'éloges ?) Ils m'affirment que non, qu'ils ont en effet parlé bien plus librement aujourd'hui. J'essaie de prolonger ce thème dans l'avenir en demandant à Ginny si elle pourra désormais s'opposer à Karl, quand elle sent oppressée. Elle pense en être capable.

C'était trop drôle de vous voir à la porte, prêt à m'accueillir, et votre surprise en découvrant Karl.

Bien sûr, je n'avais pas réfléchi à ce qui allait se passer, préférant ignorer l'inévitable. J'ai été fière de vous deux. Comme mes silences semblaient m'accuser, j'ai bavassé.

J'ai beaucoup appris. À un moment, j'ai cru comprendre mon attitude envers Karl. Je n'avais jamais imaginé que Karl puisse être aussi insatisfait. Cette idée m'a hantée même après la thérapie, m'a rendue folle. J'ai vu combien je m'étais enfermée dans les courses, la cuisine, le ménage – ou d'autres récriminations du même genre – et que je ne recevais aucune reconnaissance pour ces tâches qui occupaient pourtant tout mon temps. Je sais qu'en thérapie j'ai tendance à exagérer les choses, et peut-être que Karl, jouissant d'un auditoire, en a fait de même.

Vous n'avez cessé de souligner combien c'était Karl qui me critiquait et jamais le contraire. Tous mes sentiments sont des réactions à quelque chose qu'il a, un jour, pensé de moi. Tous ses buts n'appartiennent qu'à lui alors que tous les miens sont en réalité les nôtres.

Jamais je n'ai cru que Karl pourrait m'inhiber, mais c'est peut-être vrai. Je crois que vous avez eu tort en disant que je laisse délibérément traîner un verre sale pour appuyer où ça fait mal. J'agace toujours les gens en abandonnant à mi-chemin, en n'allant jamais au bout des choses. Je m'estompe. Ce n'est pas intentionnel. Je prends des demi-inspirations, je n'expire jamais à fond.

Après la séance, nous étions animés par tout ce qui avait été évoqué. En revenant sur cette heure, ma joie a été touchée de plein fouet. Karl m'a expliqué qu'il se sentait piégé par ma peur qu'il me quitte ; il craint que je ne m'effondre. Il aimerait que je sois indépendante, et cette faiblesse est ce qu'il déteste le plus chez moi. Il veut que j'aie ma propre vie – et je devine la fin de sa phrase – pour qu'il n'ait pas peur de me quitter.

Les rôles se sont inversés. J'avais toujours cru vous protéger de Karl, mais il vous a trouvé merveilleux, intelligent. J'ai failli exploser quand il a exprimé le souhait de revenir. Le fait que j'aie envisagé de ne pas l'amener est à ses yeux un signe de faiblesse de ma part.

J'ai vraiment apprécié ce moment et vous en suis reconnaissante. Vous avez agi comme un véritable ami.

10 mai
Karl

Je ne savais pas tellement à quoi m'attendre, mais une partie de ma nervosité s'était sans doute dissipée du fait que je venais de commencer une thérapie de groupe. J'ai eu l'impression de pénétrer en territoire inconnu, sans savoir ce que j'allais y découvrir, ni si ce territoire existait réellement ou non. En entrant dans votre cabinet, j'ai vu que vous buviez un café et je vous en ai demandé un. Je crois que j'avais en réalité plus besoin de trouver mes marques que d'un café.

Nous avons fini par nous installer en triangle, vous au sommet, puisque vous étiez dos au mur le plus étroit. Je me suis demandé si je ne devrais pas m'asseoir près de Ginny, ou elle près de moi, mais j'ai vite compris qu'il était préférable que nous soyons chacun à un bout de la pièce. Ça m'a permis de parler plus librement, et je me suis senti très à l'aise loin de vous et loin d'elle. J'avais la place de bouger et, quoi que je dise, même s'il s'agissait d'une affirmation nouvelle, elle ne semblait pas viser directement Ginny ou vous, mais plutôt être poussée à travers l'espace, ce qui donnait à Ginny le temps de se préparer à la recevoir.

J'ai craint que nous ne nous égarions en tentant de ranger nos plus fortes émotions dans les boîtes de nos plus petits différends, ce qui s'était passé dans la thérapie de groupe et m'avait donné le sentiment de ne pas être connecté aux autres patients, d'être fébrile, et parfois un peu hystérique. Mais dès que je me suis mis à parler, j'ai eu l'impression que ça venait du fin fond de moi et que je disais exactement ce que j'éprouvais. Par moments, je me suis demandé pourquoi je n'avais pas été, jusqu'à présent, capable d'exprimer tout ça. Vos quelques commentaires nous ont aidés à nous risquer dans des recoins inexplorés. Je crois qu'une part de mon aisance est venue du fait que j'ai compris que ce ne serait pas moi contre Ginny et vous – qui en savez plus sur moi grâce à Ginny que j'en sais sur vous à cause de Ginny. J'avais décidé que je ne lutterais pas, si c'était le cas, dans la mesure où une grande partie de ma confiance en moi avait récemment volé en éclats et que cela s'était avéré positif. Malgré tout, l'idée d'une heure de choc et de perplexité, et des jours qui suivraient – le temps de s'en remettre –, n'était guère séduisante. Quand j'ai compris que ça ne se passerait pas comme ça, j'ai eu envie de partager.

J'ai, par moments, eu peur de trop parler, je m'inquiétais également de ne pas avoir d'autres occasions de dire toutes ces choses importantes. Je reste soucieux de ne plus être aussi attentif aux paroles des autres qu'autrefois. J'ai toujours considéré que, si je me retirais et me fermais aux autres, ils viendraient frapper à ma porte ; à l'inverse, je crois que ce sont eux qui me font taire. Pendant la séance, j'étais certain d'être entendu, et ça m'a presque enivré.

Je m'aperçois, en écrivant, que je suis plus intéressé par mes propres réactions et motivations que par ce que Ginny éprouve ou a éprouvé pendant la séance, et je suppose qu'un jour, je devrai me poser la question de savoir si c'est ainsi que je traite les gens, si c'est ainsi que je traiterais toute amante ou si c'est seulement ma façon de traiter Ginny. S'il s'avérait que la dernière proposition est la bonne et si cela signifiait que je devrais la quitter, ce serait très difficile pour deux raisons paradoxales : d'un côté, j'éprouverais une sorte d'horreur à devoir de nouveau affronter la vie seul ; d'un autre côté, je me sens piégé, parce que je crois que, si je la quittais, Ginny serait terrassée. Après tout ce temps ensemble, et pendant lequel je l'ai laissée organiser sa vie autour de moi, ce serait abominablement cruel de ma part de l'abandonner. J'aurais peur pour elle si je devais la quitter en ne pensant qu'à moi. Je fais les cent pas dans une pièce où je n'ai pas de répit. Je suis partagé entre la peur de ce que je découvrirais de l'autre côté de la porte, si justement je quittais cette pièce familière et souvent rassurante, et la crainte de ce qu'il pourrait s'y passer quand je l'aurai quittée. Nous avons évoqué certains de ces sujets avec Ginny, après la séance, mais je ne sais pas bien que faire. Souvent, lorsqu'elle m'agace, je me dis que je la juge sur des valeurs superficielles, que j'aurais dû dépasser depuis longtemps. Je me dis que je ressens ce que je ressens parce qu'elle ne correspond pas au schéma de la fille cool que je m'étais forgé à l'adolescence et que je n'ai visiblement pas évacué, même si ça ne paraît digne ni d'elle ni de moi. Enfin, je n'en sais pas assez sur moi ou sur la vie pour savoir si ce que je vois en elle est un diamant brut ou seulement quelques reflets de soleil sur un morceau de verre.

24 mai
Dr Yalom

Après la dernière séance, je ne savais pas si je devais m'attendre, cette fois, à voir Ginny seule ou accompagnée de Karl, mais ils sont apparus tous les deux à nouveau et, à ma grande surprise, Karl m'a tendu un long compte rendu, que je ne lui avais pas demandé. Ginny s'est excusée, elle n'avait pas eu le temps de mettre le sien au propre ni de le taper. Elle m'a semblé assez mal à l'aise, ne sachant pas si elle devait ou non me le remettre. Cette introduction s'est révélée à l'image de son comportement pour le reste de la séance.

Ginny commence par dire qu'elle est très satisfaite de la séance précédente, qui s'est très bien déroulée et leur a permis de discuter longuement après. Elle n'est pas sûre des répercussions qu'a eues cette rencontre, mais elle sait qu'ils ont davantage parlé et se sont aussi davantage disputés. Dès que je l'interroge sur le contenu de ces interactions, nous arrivons très vite à des sujets importants. Les échanges se font surtout entre Karl et moi ; Ginny reste le plus souvent en marge. Elle explique sur la fin qu'elle est fatiguée et se sent un peu déconnectée, parce qu'on lui a dilaté les pupilles, le matin, et aussi parce qu'elle vient de commencer un nouveau travail. Je vois bien qu'il y a autre chose.

Immédiatement, Karl évoque sa crainte de quitter Ginny de peur qu'elle ne s'effondre. Nous voilà donc au cœur du problème. Ginny et moi avons eu tant d'occasions de débattre des raisons qui l'empêchaient de parler avec Karl de l'avenir de leur relation ! C'est une expérience fascinante d'être là et de les écouter discuter de quelque chose d'aussi évident, et que Ginny avait pourtant redouté d'évoquer depuis des mois et des mois. Karl craint qu'elle ne soit déprimée et anéantie s'il la quitte, et qu'il ne soit en conséquence submergé de culpabilité en prenant conscience de ce qu'il lui a fait. Je lui demande quels seraient les effets d'une telle rupture sur lui, et il admet craindre la même chose pour lui-même. Il n'a jamais supporté de vivre seul et il n'est pas certain de le vouloir. Il est cependant tenté par ce défi, car il considère son manque d'auto-nomie comme un échec en soi. De mon point de vue, vivre ensemble parce qu'ils ont peur de vivre séparés est en effet une base bien faible pour une relation, et je le leur dis. J'ai du mal à imaginer quoi que ce soit de durable bâti sur un fondement aussi peu substantiel.

Pendant toute la séance, je ne cesse d'encourager Ginny à s'exprimer, pour que Karl sache ce qu'elle pense sans avoir à lire dans son esprit. Nous évoquons une discussion houleuse qu'ils ont eue récemment, pendant laquelle, sans entrer dans les trop nombreux détails, Ginny a dit vouloir sortir avec des amis ; Karl a d'abord refusé, pour finalement accepter en voyant à quel point Ginny était contrariée. Au bout du compte, ils ont tous deux mal vécu cette soirée. N'était-il pas possible pour chacun d'apprendre explicitement l'un de l'autre combien l'occasion était importante, pour des raisons différentes, puis de prendre une décision commune qui tiendrait compte de leurs besoins respectifs ? (Plus facile à dire qu'à faire, me suis-je avoué, en songeant à des débâcles semblables que j'ai pu vivre avec ma femme.)

Je suggère que Ginny pourrait trouver un intérêt à paraître fragile, puisque c'est une manière de lier Karl à elle. À l'évidence, elle n'est pas contente de mon interprétation, qui rappelle celle que j'ai souvent donnée de sa relation avec moi : elle reste malade afin de me garder. Elle se montre à un moment sous un autre jour, moins fragile, presque courageuse, lorsqu'elle réfute avec véhémence une des déclarations de Karl. Alors qu'il dit qu'elle ne comprend pas l'importance d'un article qu'il écrit, elle rétorque, quasi féroce : « Qu'est-ce que tu en sais ? » Avec mon aide, elle lui prouve qu'elle est tout à fait consciente de ses sentiments et qu'elle a tenté, bien qu'en vain, de lui faire entendre combien elle se sent concernée par cet article. Moi qui ai si souvent poussé Ginny à entrer sur scène, je trouve profondément satisfaisant de la voir se défendre ainsi.

Karl revient sur l'incompétence de Ginny. Il cite l'exemple d'une fête, récemment, où Ginny a eu l'air bête parce qu'elle n'a pas saisi une blague que tous les autres avaient comprise. Devant moi, Ginny est très mal à l'aise ; elle ne sait pas pourquoi elle a mal interprété la plaisanterie. Karl, lui aussi, semble gêné. Nous nous retrouvons tous les trois bien embarrassés. Je ne vois pas comment transformer cette scène en quelque chose de constructif, sauf en faisant remarquer que toutes les exigences en matière de changement sont à sens unique. Karl demande beaucoup à Ginny de changer, sans que jamais elle formule de pareilles exigences à son égard. Ce que Ginny aimerait vraiment changer chez Karl, dit-elle, est le fait qu'il la critique constamment, ce qui aboutit à un nœud gordien très complexe. Karl semble gêné, et je tente de comprendre pourquoi. Je crois qu'il commence juste à sentir que ses exigences vis-à-vis de Ginny sont aussi irréalistes qu'injustes, mais nous ne creusons pas plus.

Je m'interroge sur l'incapacité de Ginny à critiquer Karl, et ils tombent tous les deux d'accord sur le fait que, jusqu'à il y a deux ou trois mois, Karl était pratiquement inattaquable. En réalité, si elle l'avait critiqué, il se serait mis dans une colère irrationnelle. Seule une Ginny obséquieuse et effacée aurait donc pu rester avec lui. Je demande à Ginny si sa prétendue incompétence n'est pas liée à son incapacité à le critiquer ouvertement, si la seule forme de représailles à sa disposition ne se trouve pas dans une action passive-agressive, comme continuer à faire, délibérément, toutes ces petites choses qui l'agacent. Karl admet cette interprétation, qui corrobore ce qu'il a toujours cru : Ginny pourrait, si elle le voulait, très bien s'acquitter des corvées ménagères. Ginny accueille cette analyse avec un petit sourire triste. Dans l'ensemble, je crois que cette séance l'agace. J'essaie de confirmer cette théorie à la fin de la séance en lui demandant si elle se sent attaquée par ces deux hommes qui paraissent s'entendre si bien. Peut-être se sent-elle un peu exclue du triangle ? Elle évite ma question, m'évite, et j'ai le sentiment qu'elle fuit presque au moment de partir. Karl, en revanche, me remercie chaleureusement et me serre la main.

Même si cette séance ne m'a pas fait une très bonne impression (je l'ai pourtant prolongée de dix minutes dans l'espoir de retrouver un peu de l'énergie de la semaine dernière, en vain), il est clair que ces réunions ont changé quelque chose entre eux deux, et pour le mieux. Ils ne pourront plus rester aussi distants et fermés, cherchant inlassablement à deviner ce que pense l'autre. Certaines règles de leur relation sont modifiées à jamais. Nous nous mettons d'accord pour nous retrouver tous les trois lors des deux prochaines séances encore, puis Ginny aura les deux dernières pour elle seule. Je regrette de ne pas les avoir vus ensemble plus tôt. Tout avance bien plus vite, désormais.

24 mai
Ginny

Je crois avoir laissé Karl mener presque toute la séance. J'étais fatiguée, prémigraineuse, et la migraine s'est déclenchée le soir. Certaines de mes phrases semblaient sortir de nulle part (comme lorsque je vous ai annoncé que j'avais commencé un nouveau travail), mais j'étais troublée ; il est difficile pour moi de partager ces séances.

Vous m'avez paru tellement plus directif que d'ordinaire ! Vous proposiez des sujets, donnant vos conclusions... Bien sûr, Karl vous a fourni bien plus d'informations que moi.

J'ai trouvé drôle qu'un de mes plus grands fantasmes (être seule, vivre seule) soit aussi celui de Karl. C'est un enjeu assez irréaliste de vouloir mettre en regard ces fantasmes et nos existences si intimement partagées, tout en critiquant nos faiblesses, notre besoin de partager notre vie avec quelqu'un d'autre. En écoutant Karl, je pouvais m'identifier à lui et voir comme il est agréable de laisser son imagination galoper.

Karl ne pense pas que je pourrais le quitter, et c'est aussi ce que je pense. Chaque fois que ce sujet revenait pendant nos séances, vous me demandiez : « Mais pourquoi ne seriez-vous pas celle qui partirait ? »

Il me semble que presque tout le temps où j'étais en thérapie avec vous, ma vie privée était en pause, statique, Karl et moi tous deux tacitement dans le flou, un peu blessés, cherchant à guérir.

Karl semble traverser les mêmes phases que moi en thérapie, doutant même de notre relation, au point que le verdict évident paraît être d'en sortir ; pourtant, nous tentons tous deux d'éviter de suivre cette voie, parce qu'au fond nous nous aimons. J'ai été touchée par son dilemme du diamant/bouteille en verre. Lequel suis-je ? Au milieu de tout un tas de briques en carton, j'imagine qu'une vraie bouteille en verre a de la valeur.

La séance n'a fait qu'effleurer des questions importantes, cruciales, mais c'était comme si nous étions prédisposés à nous montrer gentils l'un envers l'autre, à nous contenter de regarder les vieilles plaies béantes, tout en essayant d'éviter l'infection.

J'aurais aimé avoir dix minutes seule avec vous, parce que Karl et moi avons parlé de sexe, au cours des deux dernières semaines, et il y a eu des changements, mais je n'ai pas voulu aborder le sujet dans ces circonstances. J'étais une charnière grinçante sur la porte de la conspiration. Vous avez été très utile quand vous nous avez demandé d'explorer la manière dont chacun de nous fait part de ses sentiments à l'autre. Je crois que nous avons tous fait preuve d'humour et j'ai été surprise d'apprendre que Karl pensait que ses écrits ne m'intéressaient pas. Je croyais pourtant avoir fait preuve d'un grand intérêt constructif. Il est vrai qu'à un moment, Karl a changé de manière d'écrire, délaissant son ton personnel et évocateur pour une approche plus abstraite et professionnelle (visant un marché plus commercial – *Playboy*, rien que ça), et que je préférais ses premiers textes, parce que j'adore y découvrir sa famille et des bribes de souvenirs. Je crois aussi que ses écrits plus personnels, sur son enfance et son adolescence, l'aidaient à appréhender son imagination et ce qu'il en a négligé. Ce soir-là, des amis ont téléphoné, interrompant Karl qui écrivait en silence. Je n'avais pas conscience que ma popularité agaçait à ce point Karl et qu'il était furieux, qu'il considérait que je ne m'intéressais pas à son travail simplement parce que je n'avais pas dit à mes amis de ne pas appeler à ce moment-là. J'aurais pu répliquer, si seulement j'avais su que j'étais attaquée en silence.

Depuis ces deux dernières séances, je suis plus en mesure de me défendre parce que je comprends que Karl prend en réalité les choses au sérieux et qu'il me juge en permanence ; mes distractions et mes silences ne sont pas que des taches blanches, mais de grosses marques au feutre rouge à mon encontre. Le simple fait de venir ensemble nous rapproche. Nous sommes plus attentifs à l'autre en toute circonstance : bagarres, discussions, etc.

Je regrette juste que nous n'ayons pas commencé plus tôt, parce que j'aurais pu avoir le beurre et l'argent du beurre. Et être proche de chacun de vous deux.

24 mai
Karl

Pour cette deuxième séance, je crois que j'étais trop confiant. J'espérais qu'elle serait à l'image de la semaine précédente, où tout avait été accompli. J'étais moins conscient de votre présence, avec l'impression d'être au centre de la scène, où je me positionne en général quand je commence à me sentir sûr de moi dans une situation. J'ai pourtant eu du mal à me concentrer sur mes sentiments et trouvé que la discussion ne cessait de dévier et les problèmes d'être fabriqués, parce que nous étions en présence d'un thérapeute. La discussion ressemblait beaucoup à celles que nous pouvons avoir avec certains amis que Ginny adore et que je n'apprécie pas. D'un autre côté, le meilleur de ce qui est sorti de la séance m'a paru très profond ; je pense en particulier à votre idée que Ginny continue à négliger la cuisine, etc., en signe de protestation contre les valeurs par lesquelles je la juge, mais dans lesquelles elle ne se reconnaît pas, et par peur de m'affronter directement. Je sais que ma phrase est confuse, mais j'ai compris ce que vous vouliez dire.

Je ne crois pas avoir appris quoi attendre des autres. Hier soir, je suis rentré vers vingt-trois heures après avoir joué aux cartes. Je m'en voulais d'être sorti alors que j'avais du travail et que j'aurais aussi pu passer la soirée avec Ginny. J'ai eu peur d'un retour en arrière. Nous avons parlé pendant plusieurs heures et je me suis senti plus à l'aise, plus confiant, plus libre. Sans Ginny, j'aurais broyé du noir toute la nuit, m'auto-persuadant d'être un raté sans but dans la vie. Je le lui ai dit, et ça a été la cerise sur le gâteau. Je me suis demandé ce que j'avais fait toutes ces années. Pourquoi n'avais-je jamais compris l'importance du confort et du partage, qui n'existeraient pas sans elle ? Comme je commence juste à mesurer ce que Ginny représente pour moi, j'entrevois aussi ce que je peux faire pour elle.

Je crois que je n'ai rien d'autre à dire, parce que ce dont j'ai parlé jusqu'ici a été un grand moment. Je ne vois pas ce que je pourrais ajouter. Vous ne me reverrez qu'une dernière fois, et Ginny deux fois de plus seulement, et j'imagine que notre relation entre deux séances vous intéresse, ce qui se passe entre Ginny et moi. Je ne peux pas être certain de ce qui se passe, car c'est encore trop proche et j'aimerais que ça reste ainsi pour un temps. Je crois avoir eu de la chance de vous rencontrer à ce moment précis, car c'était à la fois une période cruciale pour nous, mais aussi un moment où j'étais prêt à écouter ce que j'aurais eu peur d'entendre avant. Je crois de plus que ce qui s'est passé pendant la première séance m'a permis de comprendre que les problèmes étaient solubles, et que la deuxième a mis le doigt sur certains de ces problèmes. Une dernière chose : pendant cette séance, j'ai craint de vous ennuyer quand nous avons évoqué ce que je trouve agaçant. J'ai été très surpris de constater que vous choisissiez précisément ces épisodes – la vaisselle sale, par exemple – pour qu'on les approfondisse. Plus tard, j'ai constaté que j'utilise peut-être cet agacement comme un mécanisme de défense. Il y a des choses qui m'agacent, vraiment, mais il est possible que ma réaction soit un mécanisme commode que j'utilise pour fermer les yeux sur ce que je devrais ou pourrais voir.

Est-ce que les progrès réalisés seraient intervenus de toute façon sans nos rencontres ? Je n'en sais rien. Je ne crois en tout cas pas qu'ils seraient arrivés aussi rapidement, car vous avez été un catalyseur capable de me détendre suffisamment pour que je me confie à Ginny.

Je crois avoir tout dit pour l'instant.

J'exerce cette profession depuis longtemps, mais la séance d'aujourd'hui représente une de mes plus grandes expériences en tant que thérapeute. J'étais si heureux que je me suis trouvé, à deux ou trois reprises, au bord des larmes. Cela fait tellement plaisir, lorsque cela arrive, de récolter les fruits d'un travail long et ardu ! Peut-être que j'exagère, dans une volonté d'auto-glorification. Je ne crois pas. Je ne peux que me souvenir du temps passé et des efforts déployés avec Ginny, de tout le difficile labeur qu'elle a accompli au fil des mois. On dirait que tout tendait à notre aboutissement d'aujourd'hui, quand tout s'est mis en place. Tous les problèmes dont Ginny a parlé avec moi, toutes ses craintes si irrationnelles, tout ce qu'elle avait peur de dire, peur de soulever, peur d'affronter, elle a tout déballé ici, après l'avoir déjà fait cette semaine, seule, avec Karl. Quand je pense à tout ce que nous avons traversé et combien nous avançons vite, je recommence à croire en mon travail. C'est un processus lent, infiniment long, mais qui pose des bases solides et durables.

Ils arrivent très, très contents l'un de l'autre, annonçant qu'ils ont passé beaucoup de temps ce week-end à parler ensemble, comme jamais ils ne l'avaient fait auparavant. Ils ont mis sur la table leurs sentiments respectifs à l'idée du départ de Karl, la peur qu'éprouve Ginny vis-à-vis de Karl, et tant d'autres sujets cruciaux et jusqu'alors tus, ce qui les a beaucoup rapprochés. Karl dit que soudain la maison lui semble différente, que rarement dans sa vie il a autant eu envie d'être proche de quelqu'un. La première partie de la séance est donc une sorte de témoignage festif. Je jubile. Je demande donc si nous devons nous reposer sur nos lauriers ou enchaîner sur de nouvelles problématiques. Ni l'un ni l'autre ne trouve quoi que ce soit d'autre dont ils veulent discuter. En secret, j'aimerais que Ginny soulève une question qu'elle n'a jamais osé mentionner à Karl : ses crises de panique nocturnes, quand la terreur s'empare d'elle et qu'elle craint d'exprimer ses besoins sexuels. Délicatement, je l'invite à s'aventurer sur ce domaine intime en lui faisant remarquer qu'il est difficile pour moi d'évoquer certains problèmes parce que je crains de trahir la confidentialité de nos propos. Elle joue l'ingénue, m'assurant que je peux parler de ce que je veux. Je lui dis que je ne sais pas de quoi. Karl rit et demande si je préférerais qu'il attende dehors. Ginny est maligne, pleine d'humour et ravissante, aujourd'hui. Quand je dis : « Eh bien, je vais donc prendre un risque et choisir au hasard ! », Ginny, impassible, me répond que, si je pose la bonne question, j'aurai même droit à un réfrigérateur gratuit.

Même si je souhaite qu'ils parlent de sexe, je préfère commencer par un sujet moins risqué. Je demande à Ginny quels sont ses sentiments vis-à-vis de la famille de Karl ; croit-elle toujours qu'il a honte d'elle et redoute de la présenter ? Ils échangent quelques phrases, et je me demande, rétrospectivement, s'ils n'éludent pas délibérément le sujet. Ils évoquent ensuite les sentiments de Ginny concernant les fiançailles de la sœur de Karl, puis la relation compliquée qu'il a avec Steve, un de leurs amis. Quand Karl m'explique leur dispute, je confesse être au courant ; ce doit être une expérience curieuse pour Karl de ne m'avoir vu que deux fois et de constater que j'en sais beaucoup sur lui. Je me sens proche de Karl et je l'apprécie. Je dois m'éperonner pour me sortir du rôle de conciliateur impartial. Mon travail avec Ginny ne concerne pas leur éventuel mariage. Ce qui compte, c'est la qualité de leur relation. Une fois qu'ils en auront fait l'expérience, une intimité profonde et honnête restera en chacun d'eux pour toujours, même s'ils ne devaient plus jamais se revoir. Je crois, avec la foi du converti, que cette rencontre peut enrichir des amours futures et encore inconnues.

Quand Ginny dit en passant, comme si c'était banal, qu'elle a parlé de sexe avec Karl la nuit précédente, je suis stupéfait mais je fais de mon mieux pour ne pas le montrer. Elle lui a avoué, en particulier, qu'elle a « besoin d'aide » pour être satisfaite. Elle est ensuite restée éveillée et tremblante pendant plusieurs heures, redoutant d'avoir vraiment agacé Karl, à la suite de quoi elle a eu le courage de lui demander ce qu'il éprouvait (il ne dormait pas non plus, ruminant d'autres choses de son côté). Il a répondu que ça ne l'a pas ennuyé du tout. Ginny craignait, après que tous deux s'étaient sentis si proches toute la journée, d'avoir « gâté » les choses en abordant le problème, sali leur journée parfaite, en quelque sorte. Je veux que Karl lui fasse savoir que c'est tout l'opposé : quand elle soulève un « problème », elle ne le repousse pas loin d'elle, au contraire, elle le rapproche d'elle. Karl approuve et je lui dis que j'aimerais qu'il le répète. Peu à peu, je lui révèle assez explicitement ce que Ginny a déjà suggéré, et qui est presque leur dernier secret : que le pire moment, pour Ginny, c'est le soir, à cause de sa crainte de ce qui se passe une fois la lumière éteinte. Cette idée la terrorise toute la journée. Dès que cette crainte est clairement exprimée, dès que Karl en prend conscience, je sens que c'est un des actes thérapeutiques les plus puissants que j'aie jamais réalisés. Je me répète deux fois pour qu'il comprenne bien. Je rappelle à Ginny qu'elle peut désormais partager ses angoisses avec Karl et que ses terreurs nocturnes n'ont plus de raison de se reproduire.

Je demande ensuite à Karl si l'inverse a jamais été vrai, s'il a déjà été inquiet à l'idée que Ginny le critique ou le juge. Non, jamais, dit-il. J'insiste pour savoir à quel point le fait qu'elle l'aime est important à ses yeux, et il admet que cela compte énormément pour lui. Nous passons aux choses sérieuses quand il avoue délibérément ne pas s'autoriser à penser à ça, parce qu'il n'a pas à s'inquiéter de perdre quelque chose, ou de perdre Ginny. Je lui dis qu'il paie très cher son indifférence feinte et son manque d'inquiétude ostensible – le prix de la distance, celle qu'il maintient à la fois avec les autres et vis-à-vis de son amour pour les autres. Il l'admet et ajoute que la veille a été une expérience nouvelle pour lui. Aujourd'hui, il est impatient de rentrer à la maison et heureux de se sentir aussi bien à l'idée de parler à Ginny. J'imagine à voix haute que tout cela doit être lié à des choses bien plus ancrées en lui encore. Je dis cela, je crois, pour le pousser à réfléchir à son passé, en vue de sa propre thérapie. Nous terminons en planifiant nos trois dernières séances. Ginny veut que Karl vienne la semaine prochaine, et peut-être même la suivante. Elle avait pourtant demandé au moins deux séances pour elle, mais voilà qu'elle se contenterait de la dernière ! Elle voit bien, comme moi, à quel point ces séances partagées sont extrêmement importantes.

31 mai
Ginny

La dernière séance a été la plus traumatisante des trois. J'évoquais certaines choses dans le seul but de vous faire plaisir – le fait que Karl et moi avons parlé plus ouvertement ces temps-ci. Mais vous avez réagi comme si nous étions deux menteurs prétentieux (le terme est un peu trop fort). Comme j'étais assise sur un baril de poudre, quand vous êtes allé à la pêche aux informations, en demandant quels sujets importants n'avaient pas été encore soulevés, j'ai su que la fin de mon silence était proche. La veille, dans un élan de confiance et de vérité envers Karl, j'avais engagé la conversation sur mes difficultés sexuelles. Dès que je l'ai fait, j'ai su que c'était une gaffe. Nous commencions juste à être proches et, avant que nous puissions en profiter, j'ai soulevé un problème aussi énorme que crucial, le genre de problème, comme vous le dites souvent, qu'il vaut mieux attendre avant d'évoquer. « Commencez par de petites choses, comme le paiement de l'essence », vous m'auriez dit. Mais nous étions trop proches pour évoquer les péages et ce genre de choses. Donc, nous avons parlé de sexe pendant un moment hier soir puis, au moment de dormir, j'ai connu ma phase de torture habituelle. Comme je n'avais aucune envie de me tourner et de me retourner dans le lit et de me faire un ulcère avant l'aube, j'ai demandé à Karl ce qu'il pensait de ce que j'avais dit. Il m'a répondu qu'il était content que nous en ayons discuté et que nous pourrions en rediscuter.

Le lendemain, quand vous avez voulu connaître les dernières nouvelles, j'étais stressée, à deux doigts de m'évanouir. Ne rien vous dire était une erreur. Vous avez parlé des réticences de Karl à me présenter ses parents. Ce n'est pas essentiel. Il m'importait peu que vous en parliez ou non, parce que si Karl me tient à l'écart de ses parents, il se tient avant tout lui-même loin d'eux. Je crois qu'il devrait retourner d'abord chez ses parents avant de pouvoir m'y conduire, mais je pense que vous cherchiez juste à savoir jusqu'où vous pouviez aller dans les sujets sacrés.

C'est moi qui ai finalement parlé de notre vie sexuelle. Je me suis sentie ridicule, mémère, une quinqua lançant un sujet, sa tasse de thé à la main. Je ne voulais surtout pas gâcher la séance par mes sarcasmes. Je n'arrive pas bien à me souvenir de ce qu'on a dit, sauf que j'ai beaucoup parlé et que j'attendais l'amnistie, en espérant que rien ne puisse être retenu contre moi.

En abordant ce sujet, je me suis rendue vulnérable aux plus grands espoirs, mais aussi aux pires châtiments. Chaque jour est désormais une sorte de thérapie. Avec pour but le changement. Je ne crois pas que ça ait jamais été mon but auparavant. Je n'ai plus besoin que vous jouiez le rôle de Karl, il le fait désormais très bien lui-même. Et j'essaie maintenant de lui dire des choses. Nos secrets et nos intrigues sortent tous au grand jour et je ne sais pas ce qui se passe. Je me familiarise avec mon instinct. Maintenant que Karl joue son propre rôle, tout est plus fort. Il y a des conséquences.

J'ai tenté de rassurer Karl, après la séance : je n'agonise pas chaque soir au bord de l'anéantissement. J'aurais aimé que nous puissions parler de tout ça bien avant. Au point où nous en sommes, il y a des courants si forts et si profonds !

Me voilà donc face à ma propre résistance.

31 mai
Karl

Je n'ai aucun commentaire à faire sur la séance en elle-même. Toute la semaine, et la précédente, j'ai été préoccupé par mon article et, comme j'ai bien avancé, je n'avais pas particulièrement envie d'évoquer des traumatismes psychologiques qui pourraient m'empêcher de continuer. J'ai pourtant tenté de valoriser Ginny et d'être à son écoute. Nous avons mis certaines choses à plat, mais tout a été un peu biaisé, puisque je tente toujours de garder le contrôle de mes sentiments avant de lui confier quoi que ce soit. J'évite les sujets essentiels. Je ne lui révèle pas mes peurs et mes compulsions les plus profondes, les plus horribles, peut-être parce que je suis bien incapable de leur faire face moi-même, mais aussi parce que ces confessions me laisseraient sans défense face à elle, ce que je ne suis pas sûr de vouloir. Ne dois-je pas réserver ce sentiment à quelqu'un d'autre ? En revanche, comme Ginny, j'ai du mal à ressentir, en particulier des sensations physiques, sans faire preuve d'ironie vis-à-vis de la situation et de moi-même, si bien que je ne sais pas si le problème vient de moi ou si Ginny n'est tout simplement pas la bonne. Je me demande si, avec une autre femme, ce problème serait également présent.

C'est sans doute la dernière fois que j'ai vu Karl, puisque les deux séances suivantes devraient être consacrées à Ginny seule. Cette heure a été plate, comparée à la semaine dernière, et j'ai été quelque peu déçu par les atermoiements, la prudence, la tension et la distance qui se sont imposés.

Ginny est visiblement angoissée, ses jambes croisées et son tic du pied la trahissent. Karl donne l'image d'un calme extrême. Il fait quelque chose que je n'ai jamais vu auparavant dans mon cabinet : il retire ses lourdes bottes et s'installe, en chaussettes. Ginny, surprise, lui demande ce qu'il fait, soulignant qu'il aurait au moins pu mettre des chaussettes neuves, celles-là étant trouées. Je songe que ce doit être une façon pour Karl de souligner notre égalité, d'affirmer sa place dans cette relation à trois. Je ne dis donc rien.

Laborieusement, nous trouvons un problème sur lequel nous pencher. La veille, en regardant les résultats des élections, Ginny s'est endormie et Karl a crié qu'elle ne changerait jamais (c'est du moins la version de Ginny). Karl explique qu'il a voulu dire qu'ils avaient prévu de faire l'amour ce soir-là. Il s'attendait à ce que Ginny soit plus joyeuse et affirmée ; au lieu de ça, elle s'était endormie. Je suis troublé en m'apercevant que Ginny a négligé de mentionner la composante sexuelle de l'histoire. Je comprends que ses récits ne sont pas toujours très fiables, et que nous avons peut-être passé des mois à parler de problèmes sans la moindre substance.

Il est en tout cas clair que Ginny s'est sentie censurée et jugée par Karl. L'incident de la soirée des élections représente en microcosme ce qui se passe entre eux deux. Je dis à Ginny qu'il existe un nombre infini de preuves montrant combien elle a changé, ne serait-ce que ces dernières semaines. Comment peut-elle donc accepter la définition que Karl donne d'elle : une personne incapable de changer ? Cette superbe tentative de ma part n'a pas le moindre impact.

J'essaie aussi d'opposer leurs conceptions différentes du changement. Karl attend une évolution dans le comportement, alors que Ginny a opéré de nombreux changements dans ce qu'elle éprouve pour lui, même s'ils ne sont pas nécessairement traduits dans son comportement. Je suggère à Karl qu'il tente, peut-être, d'entrer dans le monde expérimental de Ginny, afin de percevoir son sens du changement. Cette fine suggestion passe presque inaperçue.

Ensuite, je fais une chose qui, en général, donne de bons résultats, quand l'atmosphère est vraiment néfaste : je commente les tensions que je ressens aujourd'hui. Karl dit qu'il se sent bizarre et que c'est lié à sa thérapie de groupe. De là, il ne tarde pas à admettre qu'il ressent toujours le besoin d'être dominant face aux autres, et de discuter avec d'autres de la question de la dominance. S'il ne peut dominer les gens, il ne s'intéresse plus à eux et les écarte ; mais ceux dont les opinions lui importent, peut-être même trop, présentent pour lui un défi. Je tente de lui faire voir combien les choses sont différentes pour Ginny, qui aborde les individus à l'inverse. En réalité, Ginny recherche, dit-elle, les personnes qui peuvent la dominer. Elle aime idolâtrer et idéaliser les gens.

J'essaie ensuite de renforcer certains éléments que nous avons évoqués la semaine dernière pour consolider nos progrès. Je leur rappelle que les vieux tabous sont morts, qu'ils ont désormais de nouvelles règles, éclairées, qui les encouragent à continuer à prendre de petits risques l'un avec l'autre. Apparemment, ils ont passé un très bon dimanche, et sont allés dîner en ville, parce que Ginny a été capable de dire clairement à Karl qu'elle avait envie de sortir. Ils ont pu parler et elle s'est sentie plus proche de lui que jamais.

Dans l'ensemble, pourtant, je n'ai pas été vraiment satisfait de Ginny. Je voulais qu'elle se surpasse, et je me suis retrouvé dans le rôle du parent qui fronce les sourcils devant la timidité de son enfant. Elle vaut mieux que ça, elle peut mieux faire. « Lève-toi et fais-toi entendre ! »

Autre anecdote, Karl a commencé la séance, comme la première, en me demandant s'il pouvait avoir une tasse de café, ce que j'ai considéré comme le fait de retirer ses bottes. Alors qu'il allait se servir, Ginny m'a confié qu'elle aurait aimé organiser ces séances à trois plus tôt, car les choses semblent avancer beaucoup plus vite, désormais. Elle a raison, bien sûr, mais elle oublie qu'ils n'étaient pas prêts pour ça quand je l'ai invitée à amener Karl, voici des mois. Je me demande parfois pourquoi je vois mes patients individuellement sans, à aucun moment, rencontrer la personne qui leur est la plus proche. Je ne suis pourtant pas certain de la qualité du travail que nous ferions à long terme. L'idéal serait peut-être de prévoir chaque fois quelques séances comme ça, avant de revenir à une thérapie individuelle.

7 juin
Ginny

J'ai eu du mal à m'exprimer. Je voulais garder « CE QU'IL S'EST PASSÉ CE SOIR-LÀ » privé. Nous n'étions guère explicites et j'étais gênée, parce que tout ce qui arrive maintenant a des répercussions immédiates. Est-ce moi qui ai finalement abordé le sujet ? Concernant l'incident du soir où je me suis endormie, vous avez pu avoir la version de Karl en plus de la mienne, et nous avons chacun pu entendre l'autre. J'ai été troublée. Vous avez pensé que je parlais des élections alors que je parlais de sexe. Ça m'a semblé si évident que je ne pensais pas avoir besoin de traduire. Je suppose que je ne donne pas assez de force à ma voix et à mes mots, que je les laisse s'envoler comme de la fumée.

Karl est un noctambule, capable de passer des heures devant la télévision et d'enchaîner sur un moment de grand éveil vers minuit et demi ; pour ma part, l'herbe et la télévision finissent toujours par m'endormir, après une courte période d'animation. Au petit matin, cependant, je vais bien, je suis détendue, et Karl a des airs de fœtus de sept mois, jamais prêt à affronter le monde, grognant au lieu de parler. Pour lui, mon rythme de sommeil est un vrai défaut de caractère ; le sien, il ne le remarque pas.

Votre conclusion était que Karl trouvait que je n'évoluais pas. Je pense que vous avez été déçu de voir que j'étais d'accord avec lui, confirmant par là son verdict. Je crois que je suis inchangée dans le sens où, contrairement à lui, je n'ai jamais couru après quoi que ce soit juste pour réussir ; parfois, ça arrive naturellement ou miraculeusement. Pourtant, de nouveaux bourgeons apparaissent. Et des espoirs, qui sont ma version innocente et légère d'un ego. Pendant les séances, j'ai changé, et à la maison avec Karl, l'éventail de mes émotions et de mes audaces s'est élargi, mais je me suis encore laissé mener à la baguette en votre présence, et je n'ai pris l'initiative qu'avec précaution.

Karl a expliqué comment il limite ses amitiés parce que la domination a toujours été cruciale pour lui. Et vous avez insinué que, peut-être, je n'étais à ses yeux pas un assez grand défi, ce qui expliquerait qu'il m'en veuille et me rabroue fréquemment. J'imagine que vous faisiez ça pour pointer du doigt ses faiblesses autant que les miennes. Chacune de vos phrases vibrait comme une main tendue vers moi, une perche vers un nouveau sujet. Vous attendiez de moi que je la saisisse dès que vous sonniez la charge.

J'aurais voulu dire bien des choses lors de cette dernière séance à trois. Je me suis sentie contrainte et gênée. Il me semble que Karl me fait passer deux messages : une porte qui s'ouvre, patience, liberté et compréhension ; mais, en retour, il imagine certains progrès, une clarté dans l'expression, des avancées saines, calquées sur ses propres espoirs. Il attend tout cela de moi, instantanément, comme si ça pouvait être livré avec le journal du matin ! En particulier en ce qui concerne le sexe. Il veut que je me débarrasse de toutes les couches négatives de peurs, de tous les « Je ne peux pas ». Une solution immédiate. Il dit : « Je veux ta liberté et je la veux tout de suite ! » Il est moins patient que vous, moins prêt à étudier au microscope mes toutes petites réussites.

Je suis stupéfaite de voir combien Karl a évolué. Jusqu'à ses faiblesses qui semblent le grandir. Il a tant de ressources en lui ! C'est comme s'il avait la possibilité de devenir une multitude de personnes différentes, sans jamais rester retranché dans sa propre personnalité.

7 juin
Karl

Je viens de relire mon compte rendu de la semaine dernière et on dirait qu'il a été rédigé par quelqu'un d'autre. Je ne sais pas ce qui m'a traversé la tête. Maintenant, je dois trouver quoi écrire, mais rien ne me vient à l'esprit. C'était facile pour moi, au tout début, quand je ne me sentais pas concerné personnellement, de me détendre ensuite et de réfléchir à ce qui s'était passé, mais ces deux dernières séances, après lesquelles je me suis retrouvé vidé, il a fallu que je m'en remette. Pendant les séances, je n'observais pas, ce que je fais pourtant d'ordinaire, et maintenant, j'ai beau me souvenir de ce dont nous avons parlé et me souvenir aussi que ma vie et mes problèmes devenaient très clairs, cette sensation a disparu. Je ne peux répéter ici de manière succincte ce que j'ai dit alors, et la sensation d'intimité avec vous et Ginny est bien moins intense. Ginny et moi avons discuté, et j'ai tenté de lui donner quelque chose, de lui dire que mon estomac se serre dans un ultime effort pour rester caché. Tout ça a été

393

très bouleversant pour moi. Depuis mardi dernier, j'ai été incapable de me pencher sur la rédaction de mon article, parce que, lorsque je m'assois pour y travailler, je m'aperçois que j'ai perdu ma confiance en ce que je produis, et ça me fait douter de moi plus encore, ce qui rend plus difficile d'écrire quoi que ce soit. Je m'arrache du bureau et essaie au mieux de me calmer. Une fois le calme retrouvé, ce qui n'arrive en général que le soir, je me sens vide, aussi, car je ne pense pas avoir accompli quoi que ce soit de valeur. Une autre journée de ma vie s'est écoulée, et je n'ai rien fait qu'épuiser mes nerfs. Ginny ne m'est, dans ces moments-là, d'aucune aide, et je ne vois d'ailleurs pas vraiment qui pourrait m'aider. Mes anciennes valeurs, si mauvaises et limitées soient-elles, se désagrègent, et je ne vois pas bien par quoi les remplacer. Quand j'écris, ça se traduit par mon incapacité à trouver un point de vue approprié, et j'aimerais que ce que j'écris reflète plus que de la confusion. Je comprends pourquoi les patients peuvent devenir dépendants de leur thérapeute, et je ne veux pas de ça ; je pense que ça explique ma réticence vis-à-vis des séances. Je crois, au fond de moi, que j'ai peur que rien de tout ça ne marche. C'est mon problème, pas le vôtre, mais pour l'instant, je sens un jour d'inactivité de plus qui s'annonce et je suis de nouveau pris de peur.

14 juin
Dr Yalom

L'avant-dernière séance. Ça a mal commencé. Ginny a frappé à la porte, et je l'ai invitée à entrer. Cela faisait déjà quinze minutes que nous aurions dû commencer. J'ai eu l'air stupéfait, parce que j'avais totalement oublié notre rendez-vous, préoccupé par quelques écrits urgents. Je ne crois pas que c'était lié à Ginny, car la même chose s'était déjà produite avec deux autres patients cette semaine. Je subis en ce moment de fortes pressions du fait de mon absence cet été. Je dois notamment terminer un chapitre d'un livre et préparer une conférence pour une convention annuelle ce samedi. Il m'a donc fallu quelques minutes pour reprendre mes esprits. J'ai bredouillé que ma secrétaire n'était pas là aujourd'hui, ce qui était vrai, et que j'avais oublié de regarder mon agenda.

Cinq minutes suffisent pour me précipiter dans le désespoir. Mon Dieu, je retrouve la même Ginny du début de thérapie ! L'atmosphère est tendue, elle me confie qu'elle aimerait que Karl soit là pour faire avancer les choses, parle de son sentiment d'inertie, des moments où elle est comme assiégée par ses fantasmes. Elle a préparé ce qu'elle allait dire ici, comme cela a si souvent été le cas. Elle s'attarde longuement sur le fait qu'elle ne peut avoir d'orgasme avec Karl et qu'elle sent que ce sera un facteur décisif et fatal pour leur couple.

Je m'enfonce dans un puits de désespoir. Pourquoi est-ce que tout doit toujours être si compliqué ? Ne peut-il jamais y avoir de fin heureuse ? Pourquoi ne peut-elle prendre ce que je lui ai donné, le garder, se l'approprier, l'intégrer ? Je suis si sonné que je me transforme en automate, dont le comportement aurait été programmé pour une séance six mois plus tôt. Je l'interroge à propos de cette fixation qu'elle fait sur le sexe. Ce n'est pourtant pas le seul sujet important entre Karl et elle. Il me semble curieux qu'elle considère que leur relation ne tourne qu'autour de son orgasme. Va-t-elle continuer à mesurer sa valeur en termes d'unités orgasmiques ? Je lui dis que, si le sexe était vraiment le problème, nous pourrions y remédier : elle pourrait aller voir un sexologue, consulter des spécialistes de la technique Masters et Johnson. Je profère nombre de commentaires aussi profitables que surannés, tandis que je sens en elle comme une volonté de plonger dans la régression.

Je parviens enfin à reprendre mes esprits, à réfléchir, et tout devient clair. Je comprends qu'elle agit en vue de la fin de la thérapie, qui approche à grands pas. Je lui rappelle que bien que nous ayons prévu une rencontre à l'automne, ce ne sera qu'une heure, et que nous devons donc réellement considérer cette séance comme l'avant-dernière. Je suis absolument convaincu qu'elle est apathique uniquement dans un effort pour éviter d'éprouver des émotions fortes concernant notre séparation imminente. Je m'accroche à cette interprétation et ne la lâche pas jusqu'à la fin de la séance, persuadé qu'il s'agit là de la bonne approche. Je tente très astucieusement toute une série de pirouettes pour l'aider à prendre un peu de recul tout en étant en mesure d'exprimer ses sentiments à mon égard et à propos de la fin de la thérapie. Quand elle me dit qu'elle préfère économiser ses émotions pour la semaine prochaine, je lui demande de partager avec moi aujourd'hui ce qu'elle a prévu de dire alors. Je veux savoir si elle sait déjà ce qu'elle mettra dans la lettre qu'elle va m'écrire cet été. Pourrait-elle me dire ce qu'elle éprouverait à ce moment précis, si elle n'était pas aussi engluée dans son apathie, aujourd'hui ? Peu à peu, des éléments sortent ; elle me confie que je vais lui manquer. Elle a été très jalouse, la première séance, quand j'ai prêté beaucoup d'attention à Karl, et elle a été furieuse, quand il a demandé s'il pouvait revenir la semaine suivante, à l'idée qu'elle devrait de nouveau me partager avec lui, même si elle admet que ça s'est avéré bénéfique. Elle trouve que j'ai formidablement bien géré la situation avec Karl. Elle m'admire et me fait pleinement confiance. Je vais lui manquer. Il y aura un grand vide dans sa vie, après presque deux ans de séances, et encore un an et demi de thérapie de groupe avec moi avant ça. Si elle n'était pas aussi léthargique et si elle parlait de ses sentiments, elle pleurerait beaucoup et devrait affronter des émotions très profondes – et que ferions-nous la semaine prochaine ? Je lui répète à de très nombreuses reprises que je suis convaincu que sa torpeur d'aujourd'hui vise à lui éviter de faire l'expérience de ses sentiments et de les exprimer. Je lui demande si elle serait gênée de me communiquer certaines de ses pensées positives à mon propos. Elle dit qu'elle me regrettera et je lui dis que moi aussi. Elle a vu des gens, en thérapie de groupe, qui attendaient juste la bonne question, comme elle en ce moment. Peut-elle me dire quelle est cette question qu'elle attend de moi ? « Quels sont vos sentiments pour le Dr Yalom ? » Je répète ses mots. Elle se met à pleurer et admet qu'elle fait effectivement l'expérience de très puissants sentiments qu'elle ne s'autorise pas, en général ; ce sont de bons sentiments, et elle ne comprend pas pourquoi elle est incapable de les laisser sortir. Par pur masochisme, dit-elle, parce qu'elle sait que ça la soulagerait de partager ces émotions avec moi. Mon sens de l'humour, si différent de celui de Karl, lui manquera.

Je me demande si le fait de l'avoir fait attendre au début de la séance n'a pas contribué à son apathie. Elle le nie, mais je n'en suis pas totalement convaincu. Elle dit qu'elle se moque que j'aie été en retard, parce que, comme ça, elle a pu passer un peu plus de temps ici. Au début de la séance, quand je lui ai demandé ce qu'elle ressentait à l'idée d'arrêter, elle a pourtant murmuré : « Combien de temps encore auriez-vous pu continuer avec moi ? » Comme si elle était quelqu'un de si répugnant que la voir était insupportable. Elle refuse d'élaborer cette remarque dévalorisante, mais je suis certain qu'elle est mêlée à toutes les sensations positives, et négatives aussi, comme sa colère à l'idée de me voir partir ; son apathie est en partie une puni-tion. Je tente d'en parler avec elle en suggérant que, bien qu'elle n'ait éprouvé aucun agacement conscient à mon encontre du fait que j'ai décidé d'arrêter la thérapie, ses actions s'expriment à sa place. Elle pense, par exemple, qu'elle n'écrit pas de très bons comptes rendus et qu'en règle générale, elle régresse, ce qui me déçoit, bien sûr, puisque je serais tellement content de tout signe de progrès, autant pour elle qu'avec Karl.

Elle rappelle un certain nombre de points sur lesquels les séances avec Karl ont été utiles, en particu-lier parce qu'elles ont facilité la communication entre eux au point que ça aurait été impensable avant ces deux séances. Elle va jusqu'à affirmer que ces séances ne seraient pas totalement perdues, même si Karl venait à la quitter : ce sont des expériences qu'elle s'est appropriées et qu'elle peut transposer dans d'autres situations.

C'est presque avec joie qu'elle anticipe les moments où elle m'écrira de longues lettres, mais je crois que c'est un moyen d'éviter de penser à la fin de la théra-pie : exprimer son amour de loin lui semble sans doute plus facile. Je ne m'attarde pas sur mes sentiments vis-à-vis d'elle aujourd'hui, sauf pour dire qu'elle me manquera. Je fais une réflexion sur la cruauté de la psychothérapie qui valorise l'attachement pour ensuite imposer une coupure mécanique. Elle a l'air très émue à la fin de l'entretien, et je crois que sa torpeur s'est dissipée. Elle fait alors une chose qu'elle n'a jamais faite auparavant : elle me tend la main, bien qu'avec réticence. Je la serre et je lui touche l'épaule lorsqu'elle quitte le cabinet. Comment diable ai-je pu oublier sa venue, aujourd'hui ! Quand je suis en sa présence, elle nourrit tellement ma vie ! J'ai du mal à croire qu'il m'arrive, par moments, de ne pas penser du tout à elle. Je crois que ce genre de compartimentage est nécessaire pour survivre, dans ce travail de dingue, où l'amour est mesuré.

14 juin
Ginny

Dans le bus qui me ramenait chez moi, j'ai eu tout le temps de mijoter dans mon jus et dans mes pensées. Vous avez peut-être raison quand vous dites que ce spectacle d'apathie que je vous ai offert est un bouclier contre ce que j'éprouve à l'idée de terminer ma thérapie avec vous. L'idée m'est insupportable. C'est sans doute pourquoi, cette semaine, je vous ai présenté tous ces problèmes, toutes ces solutions inachevées. Pour vous montrer que je ne suis pas prête à valider ces deux années de thérapie avec vous.

Vous pensez que si je laisse mes sentiments s'exprimer, la thérapie sera vraiment terminée. Je le sais. Je ne supporte pas l'idée de ne plus vous voir. Vous ne cessez de me demander si je suis en colère contre les règles de la thérapie, cette relation de dépendance qu'il faut ensuite arrêter brutalement. Bien sûr que je suis en colère ! Comment est-ce que je le montre ? En recourant toujours aux mêmes mécanismes : je me fais mal, m'oublie, m'efface, pour que vous sachiez que je souffre et pour que ça vous affecte.

Pendant le court instant où vous avez failli obtenir quelque chose de ma part, sous forme de sentiments, de larmes, je frémissais ; et pourtant je ne pouvais pas aller jusqu'au bout, car ç'aurait été aller au-delà de la chanson qui se joue en moi, prendre un risque et dire spontanément ce qui blesse, ce que je ressens, et vous l'offrir. À travers le mur, dans une autre pièce, j'entendais un autre patient pleurer.

Ce que j'ai fait aujourd'hui, je l'ai fait pour me protéger. Vous vouliez que je vous avoue ce que m'inspirait la fin de la thérapie et je n'y suis pas vraiment parvenue. J'ai dit que je vous aimais bien. (Pathétique.) Mais c'est tout autre chose que d'envisager la fin. Vous m'avez toujours crue fragile. C'est parce que je suis bien emballée, bien protégée. J'espère plus que tout réussir à être proche de vous la semaine prochaine, sinon, je me sentirais redevable, car j'aurais échoué.

Je vous ai toujours fait confiance. Vous avez été là pour moi. Peut-être en voulais-je davantage, peut-être est-ce pour ça que je vous ai tant combattu, cette année. (Passivement, en refusant de reconnaître d'éventuels progrès.) J'ai l'impression que je vous poussais à faire une chose que vous vous refusiez à faire : vous débarrasser de celle qui s'accrochait, qui vous décevait.

Si toutefois vous décidiez de m'accorder quelques mois de thérapie en plus, malgré mes lamentations, je ne crois pas que je m'en réjouirais. Une partie de ma torpeur, je crois, est une réaction face au piège de la thérapie, au fait de venir ici chaque semaine et d'admettre à quel point je tiens à vous, à moi-même, à Karl. Et devoir m'animer juste pour pouvoir souffrir.

La semaine dernière, vous avez insisté pour que je vous dise ce que je pense de vous ; pas pour vous, mais pour moi, avez-vous dit, mais je crois qu'en réalité, c'était pour vous. Pour que vous puissiez vous dire que nous avions accompli quelque chose. Un jour, plus tard cet été, peut-être, quand tout sera plus clair pour moi, je pourrai vous dire ce qu'il en est, ou alors vous l'écrire. Et sur cette promesse facile, je m'éclipse. Je continue à souhaiter au fond de moi d'être capable d'un acte héroïque pour vous, pas aujourd'hui, mais demain, demain.

21 juin
Dr Yalom

La dernière séance. J'étais à la fois affreusement nerveux, triste et ému. Mes sentiments pour Ginny comptent parmi les meilleurs que j'aie jamais éprouvés ; profonds, chaleureux, désintéressés et très tendres. Je crois la connaître profondément, et je ne lui souhaite que de bonnes choses.

La séance a été bien difficile, mais elle était à l'image de toute la semaine passée. Je pars pour dix semaines dans deux jours, et il a fallu que je fasse mes adieux à tant de patients, tant de gens, que ça a terni mon au revoir à Ginny. Aujourd'hui, par exemple, j'ai dit au revoir à deux groupes. L'un est un groupe d'internes en psychiatrie que je retrouverai dans environ trois mois, mais au sein duquel deux femmes ne continueront pas, car elles ont terminé leur formation. Il a fallu que je leur dise adieu, et elles étaient toutes deux aussi émues que moi, mais j'étais plus ému encore avec Ginny. Cette semaine a donc été une longue succession d'au revoir et l'occasion d'affronter le spectre du terme de la thérapie, dont on parle si souvent dans les livres, et que mes internes ont toujours du mal à aborder. Mais comment « aborder » quelque chose qui nous dépasse ?

Que suis-je censé faire avec Ginny, aujourd'hui ? Lui demander de me redire combien tout a été merveilleux, combien je l'ai aidée à trouver quels sont ses sentiments pour Karl ? Tenter de lui donner quelques directives pour l'avenir ? Ou passer ses progrès en revue, ou… quoi ? Nous sommes tous deux torturés. Moi autant qu'elle. Nous ne cessons de regarder l'horloge, et je mets fin à la séance avec quelques minutes d'avance, parce que je sens que nous ne pourrions en supporter davantage. Je ne veux pas rejouer le rituel d'une séance de cinquante minutes. Je lui demande à quoi elle pense ; elle me demande à quoi je pense. Chaque pensée qu'elle produit lui demande un effort monstre. Elle commence par me dire qu'elle a été malade après la dernière séance, une grippe, comme ça lui arrive parfois après une heure particulièrement mauvaise. Je suis surpris, contraint de repasser la séance dans ma tête. Elle s'est trouvée égoïste, effacée, incapable de s'ouvrir. Je lui fais part de ma surprise, car j'ai pensé au contraire qu'elle avait beaucoup progressé. Parler de la semaine précédente est une bonne chose, un solide petit socle de « travail thérapeutique », sur lequel nous pouvons nous reposer pendant la séance d'aujourd'hui.

Je lui demande ce qu'elle voudrait faire d'ici cinq à dix ans. Nous parlons de maternité. Elle me demande à quel âge je suis devenu père. Vingt-quatre ans. Je tente faiblement de comprendre si le fait que Karl ne veuille pas d'enfants risque de la pousser à faire un choix quant à leur avenir ensemble – un problème rebattu pour savoir si Karl est toujours le seul, dans leur relation, à pouvoir opérer des choix ; un thème si vieux et si encroûté que j'ai presque honte de l'exhumer. Ces discussions n'ont jamais le moindre impact sur Ginny, et je sais qu'en reparler ne l'aidera en rien aujourd'hui. Jamais elle ne sera le genre de personne qui choisit activement. Pourtant, elle est si charmante qu'elle sera toujours choisie, et j'imagine que c'est tout aussi important.

À l'évidence, je me sens très désorganisé. Mon cabinet est en désordre, un vrai bazar fait de papiers, de livres et de bagages qui jonchent le sol. Je pars dans quelques jours et il me reste encore des articles à terminer. Ginny me demande de quoi ils parlent, puis propose en plaisantant de m'aider à ranger, suggérant par ailleurs que nous ne sommes pas obligés de faire durer la séance toute l'heure. Je tente de corriger tout sentiment qui laisserait entendre que je suis trop occupé pour la voir, et elle sait que je suis sincère. J'envisage presque d'accepter son offre de m'aider à ranger. Mais l'idée me dépasse. Je me demande pourquoi. J'imagine que ça aurait pu être un bon moyen de lui permettre de me faire un don. Un moyen aussi de dépasser ensemble la psychothérapie de routine, puisque c'est ainsi que nous qualifions les moments que nous passons ensemble.

Comme à son habitude, elle se plaint de se laisser porter par la vie. Je suggère qu'il serait sans doute bénéfique pour elle de se passer d'un thérapeute pour l'instant, de fonctionner d'elle-même, sans la propulsion d'une heure hebdomadaire qui lui permet de se laisser glisser le reste de la semaine. Quand je lui demande si elle prévoit de reprendre une thérapie, elle parle de bioénergie. Je fais une grimace. « Et voilà que vous allez encore dire du mal de vos collègues ! » proteste-t-elle. Me pardonne-t-elle d'avoir décidé de fixer une limite à notre thérapie ? Ou bien pense-t-elle que, si je m'intéressais vraiment à elle, je continuerais à la voir toute sa vie ? Ginny ne répond pas directement, mais elle se rend compte que d'autres gens ont plus besoin de moi qu'elle, malgré le fait qu'elle tente parfois de me cacher ses progrès, sans doute pour me punir et se venger du fait que je mette fin à sa thérapie. Elle parle beaucoup de l'automne prochain, des lettres qu'elle m'écrira. Elle vérifie que j'ai son adresse, et me demande où je serai. Elle aimerait me connaître personnellement. Je lui dis qu'elle peut m'écrire en France, que j'aimerais continuer à la suivre, mais que je veux aussi qu'elle comprenne bien que nous mettons réellement fin à sa thérapie, et que ses lettres et notre unique séance prévue à l'automne ne remettent pas ça en cause. Elle m'assure qu'elle a bien compris.

Quand je clos en disant : « Eh bien, je suppose que le moment est venu de nous dire au revoir », nous restons figés quelques secondes. Elle fond en larmes. « Merci pour tout ce que vous avez fait pour moi. » Je ne sais pas bien que répondre, mais les mots sortent de ma bouche : « Vous m'avez aussi apporté beaucoup, Ginny. » Je le pense sincèrement. Je m'approche d'elle alors qu'elle est encore assise pour prendre sa main, et elle me prend dans ses bras, me serrant contre elle une minute tandis que je lui caresse les cheveux. C'est la première fois, je crois, que je prends ainsi une patiente dans mes bras. Les larmes me montent aux yeux. Quand elle quitte le cabinet, je ne vois en elle ni un cas *borderline*, ni une personnalité inadaptée souffrant d'une psychonévrose obsessionnelle, ni une schizophrène latente, ni aucune des atrocités que nous pouvons commettre chaque jour. C'est Ginny qui part, tout simplement, et elle me manquera.

21 juin
Ginny

Vous accueillez mes difficultés face à la fin de la thérapie, et dédramatisez tous les détours que j'emprunte pour y parvenir. Je reconnais que je suis désormais capable de mener une vie normale. Dans votre cabinet, on pourrait croire que je contourne les problèmes. Il faut dire que ma vie me semble souvent très limitée, sans racines pour puiser mes forces. Je suis comme une plante d'appartement dans un pot. Si on ne m'arrose pas, qu'on ne me déplace pas pour me mettre au soleil ou m'en écarter, je ne tiendrai pas longtemps. Pourtant, même avec quelques racines à découvert, hors du pot, et malgré mon pot trop petit, je me débrouille. Peut-être même que je pourrais continuer comme ça sans qu'il soit nécessaire de me rempoter.

Peut-être que si je continue de vivre comme je le fais maintenant, en me consacrant à de petits problèmes, comme les repas et la maison, j'y trouverai une forme d'encouragement. Avec Karl aussi, tout a changé.

J'imagine la psychiatrie comme un pont entre le moi réel et le moi rêvé, hibernant. J'assiège calmement mon moi intérieur, désormais, et je me sens bien.

Je me demande quel degré de banalité je dois encore atteindre pour être totalement guérie à vos yeux. Je ne veux pas faire voler en éclats mon moi blotti bien au chaud. Je préfère me leurrer en souvenirs excitants. Dirait-on.

Notre problème, ensemble, reste de définir ce qui est réel. Rétrospectivement, je fronce les sourcils en pensant à beaucoup de ce que vous faites ou dites pendant les séances. Je suppose que j'avais l'illusion, cette dernière séance, de me répandre en émotions et en larmes. J'ai peut-être passé trop de temps au théâtre. Peut-être suis-je déçue de ne pas être devenue folle, en suivant vos conseils, ou de ne pas avoir lutté avec plus de force.

Parfois, je me demande : « À quoi bon ? » J'ai l'impression d'être un pissenlit soufflé par la brise, incapable de se poser. Je suis ravie, survoltée, en dépit de ce vieux refrain : « Qu'est-ce qui peut bien te réjouir à ce point ? » Je sais désormais que vous êtes mon ami, et j'attends le jour où je pourrai frapper à votre porte.

Postface du Dr Yalom

Notre dernière séance n'a pas été ma dernière rencontre avec Ginny. Quatre mois plus tard, peu avant qu'elle quitte définitivement la Californie, nous nous sommes reparlé. Une entrevue tendue et mélancolique pour moi, comme des retrouvailles avec une ancienne petite amie, pendant lesquelles on lutte pour retrouver l'humeur tendre de jadis désormais fanée. Nous n'avons pas « fait de la thérapie »; nous avons bavardé de manière informelle, évoquant ces quelques mois et son déménagement imminent.

Elle avait adoré son travail cet été, où elle enseignait à des gamins au sein d'un projet d'aide à l'enfance. Au lieu de rédiger des comptes rendus de recherche sous forme d'observations ennuyeuses, elle avait apparemment submergé l'équipe de rapports pittoresques et émouvants. J'ai ri en imaginant leur tête à la lecture de ses notes.

La calamité tant redoutée s'est produite : Karl a décidé d'accepter un emploi dans une ville à trois mille kilomètres. Il a cependant veillé à lui dire de maintes façons qu'il aimerait qu'elle soit à ses côtés. Ginny a senti clairement qu'elle avait deux options :

elle pouvait suivre Karl, vivre avec lui, l'épouser, mais, si ça n'arrivait pas, elle était assez à l'aise avec l'idée de faire sa vie sans lui. Elle paraissait moins désespérée, plus confiante. Je n'avais plus l'impression qu'elle baignait dans l'angoisse.

Ginny a déménagé avec Karl et je n'ai plus songé à elle pendant des mois, jusqu'au jour où j'ai glissé nos comptes rendus dans une serviette et où je les ai rapportés à la maison pour que ma femme les lise. Sa réaction m'a convaincu d'envisager de les publier et, dix mois après notre dernier rendez-vous, j'ai appelé Ginny pour en discuter avec elle. Malgré quelques réserves, elle était disposée à tenter l'aventure à condition que je protège son anonymat. Nous sommes convenus de chacun réviser notre partie, de rédiger un avant-propos et une postface et de partager les droits d'auteur. Au téléphone, je n'ai décelé aucune trace de la vieille stagnation désespérée qui caractérisait pourtant Ginny au début de son traitement. Elle avait l'air active et optimiste (comme, bien sûr, je l'espérais). Elle s'était fait de nouveaux amis et écrivait beaucoup. Elle avait vendu un premier texte trois cents dollars, événement troublant puisqu'il accomplissait précisément un fantasme qu'elle m'avait décrit très tôt dans sa thérapie. Avec Karl, la situation semblait toujours instable, mais il était clair que les normes régissant leur relation avaient changé : Ginny paraissait plus puissante et pleine de ressources.

Quelques jours plus tard, j'ai reçu une longue lettre d'elle, que je cite en partie :

Cher docteur Yalom,

[…] Je ne sais pas ce que j'éprouve. J'oscille entre bouffées de chaleur pendant lesquelles j'essaie de ne pas y penser et l'aspect financier, non négligeable, vu ma situation. J'aimerais que mes textes soient meilleurs. Rétrospectivement, je prends conscience que je ne consacrais parfois que quelques minutes aux comptes rendus. Je me reconnais bien là. Je tente en ce moment même de terminer mon roman ; j'écris cinq pages par jour, ce qui a l'air formidable, sauf que ça ne me prend qu'un quart d'heure. J'ai toujours écrit vite. J'écris selon la méthode du rythme : des sons et des rimes, pas de pensées intellectuelles, pas de réflexion. Cette accumulation spontanée de mots retenus trop longtemps semble pourtant ordonnée. Mes comptes rendus eux sont si négligés que vous devez croire qu'inconsciemment je voulais vous décourager de les publier. J'aimerais que ma vie soit différente aujourd'hui, j'aimerais pouvoir me dire que ces comptes rendus ne sont que de lointains souvenirs, que je suis passée à des tâches et à des émotions plus importantes. Je me suis si souvent sentie coincée, en thérapie, et les seules fois où je parvenais à me lancer, c'était quand je pleurais. J'ai eu l'impression de faire mon premier pas de géant le jour où nous nous sommes rencontrés la première fois, et qu'ensuite je n'ai fait que de petits pas, comme une Japonaise entravée par son kimono, sauf à quelques moments de psychodrames mélodramatiques, quand je parvenais à devenir ce personnage émotif que j'ai toujours voulu être. C'est une exagération, bien sûr. Je sais que j'ai connu des moments merveilleux, et que le meilleur, dans tout ça, c'est notre amitié. Si vous pensez que ces comptes rendus ont quelque valeur, je vous fais confiance.

Permettez-moi de vous en dire un peu plus sur ma vie ici.

[...] X ressemble à Palo Alto, sans la luxuriance et l'argent. L'université n'a pas encore connu les années soixante. Les étudiants sont si calmes que, si vous leur donniez un pavé, contrairement à ceux de Berkeley, ils commenceraient à construire un barbecue sans jamais songer à fracasser une fenêtre. Nous habitons une vieille maison avec un petit jardin qui ressemble à un cimetière de cannes à pêche (il est plein de bambous, vivants et morts).

[...] Je gagne ma vie comme auteur à plein temps, et je viens de vendre une nouvelle pour 300 dollars. J'ai aussi écrit des articles pour un magazine.

[...] Récemment, j'ai participé à un groupe de prise de conscience destiné aux femmes, et j'ai rédigé des observations personnelles qui seront publiées. Je vous les enverrai quand elles sortiront. Heureusement qu'ils n'ont pas demandé à chacune d'entre nous de venir raconter son histoire ! J'aurais dû appeler la mienne « Ginny et l'argent de l'essence ».

[...] Ni Karl ni ma relation avec lui n'ont vraiment changé. Nous sommes toujours bien ensemble et parfois aimants. Nous avons eu notre quota de drames du soir, quand j'ai de nouveau sombré dans ma terrible peur. J'erre encore dans ce labyrinthe nocturne. Nous sommes juste nous-mêmes, c'est-à-dire assez peu démonstratifs, mais amicaux. Mais je m'exprime, désormais. Il y a peu, Karl m'a lancé que je n'avais ni but ni détermination. Je nous ai donné trois mois pour en faire l'expérience et évaluer notre relation... Plus je reste ici, plus nous devenons proches, mais je ne sais pas où je vais, et notre

avenir ressemble à une phrase qui ne peut être ni conser-
vée ni remaniée.

[…] Je me sens bien. Je suis heureuse, presque tout le
temps, bien que mon esprit puisse passer d'un extrême
à l'autre. Quand je m'efforce d'écrire, même pour un
court moment, je suis heureuse. J'ai attendu longtemps
de vous adresser une lettre parce que je me suis toujours
vue sur le fil du rasoir et que je voulais vous envoyer
l'histoire que vous avez envie d'entendre.

[…] Karl, à l'occasion d'une de nos disputes et pour
rompre le silence mortel qui en découlait, a dit : « Je
pensais au Dr Yalom… Quel dommage qu'il ne soit
pas là. » Nous vous adressons tous les deux nos tendres
pensées. Votre amie,

Ginny

Puis, silence. J'ai assumé mon rôle auprès des
autres « Ginny » de ma vie, participé aux drames qui
se déroulent sur la scène révoltante de mon cabinet.
Non ! Comme c'est prétentieux ! Et comme c'est faux !
Je sais combien je donne de moi à chacun de mes
patients mais, en vérité, je donnais davantage à Ginny.
Davantage de quoi ? Qu'est-ce que je lui donnais de
plus ? Des interprétations ? Des clarifications ? Du
soutien ? Je la guidais mieux ? Non, c'était au-delà de
la technique. Je lui donnais mon cœur. Elle m'émou-
vait. Sa vie était précieuse à mes yeux. J'attendais avec
impatience nos séances. Elle était affamée, mais très
riche. Elle m'a beaucoup donné.

Un peu plus d'un an après la « dernière séance »,
elle est venue en Californie et nous nous sommes vus

deux fois. La première pour une réunion sociale et de travail avec mon épouse. Ginny est venue avec sa meilleure amie, car elle voulait que nous la rencontrions, mais elle m'avait demandé de ne rien dire qui pourrait trahir nos projets de publication d'un livre en commun. Ce fut un peu délicat. Son amie, une charmeuse aux cheveux noirs, n'est restée que quelques minutes, nous laissant seuls, Ginny, mon épouse et moi. Nous avons parlé du manuscrit en sirotant du sherry ou du thé et en grignotant des biscuits, hélas, faits maison. Si je ne savais pas ce que je voulais, je savais ce que je ne voulais pas : un bavardage futile et l'intrusion de tierces personnes.

Je déteste le marécage qui mêle le professionnel et le social. Nous faisons mine d'être à l'aise, mais nous ne le sommes pas. Ginny se montre polie et agréable. Elle joue un rôle, essaie d'amuser ma femme ; nous savons tous deux qu'elle lutte juste contre une vague de fond de timidité. Nous sommes des conspirateurs qui participent à la parodie sociale tout en prétendant le contraire. Ma femme m'appelle Irv, Ginny n'arrive pas à prononcer ce surnom et je continue à être, dans sa bouche, le Dr Yalom. Je ne lui donne pas l'instruction explicite de m'appeler par mon prénom, paralysé par quelque rationalisation vaseuse selon laquelle elle doit me garder dans l'orbite professionnelle, au cas où elle y reviendrait à l'avenir. Ma réaction de gêne devant la familiarité de ma femme en présence de Ginny est plus bizarre encore. J'oublie... Qu'est-ce que je prévoyais pour Ginny ? Ah, oui, « la confronter à l'épreuve de la réalité pour qu'elle dépasse son travail de transfert positif ».

Quelques jours plus tard, Ginny et moi nous retrouvons dans le confort douillet et sans ambiguïté de mon cabinet. Là, enfin, chacun de nous « connaît sa place ». Nous analysons nos sentiments lors de notre précédente rencontre informelle. L'amie de Ginny a loué ma chaleur et mon aisance (ce qui en dit long sur son intuition…). Ginny s'en veut de ne pas avoir plus profité de ce temps avec moi. Un incident intéressant s'est produit avant que nous commencions. Ginny s'est présentée à ma nouvelle secrétaire, qui lui a demandé si elle était ma patiente, ce à quoi Ginny a répondu : « Non, je suis une amie. » Ça nous a beaucoup plu à tous les deux.

Ma femme veut parler à Ginny de quelques passages du manuscrit et, deux fois pendant notre conversation, elle frappe à la porte. La première, je lui dis qu'on en a encore pour cinq minutes. Mais nous parlons bien plus longtemps, et ma femme, impatiente parce qu'elle a un autre rendez-vous, frappe de nouveau. Cette fois, Ginny me devance et, à ma grande stupéfaction, elle dit, d'un ton presque désagréable : « Encore quelques minutes ! » La porte se referme à peine qu'elle fond en larmes, de vraies larmes, tandis que le présent la submerge : « Je viens de me rendre compte qu'il ne me reste que quelques minutes. Ce n'est pas tant que votre femme vous ait tout le temps qui me peine, mais ces minutes sont vraiment précieuses, pour moi. » Elle pleure pour nous deux, pour le temps que nous n'aurons plus jamais ensemble, pour la joie de s'être enfin « exprimée » et (hélas) pour la tristesse de ne pas l'avoir fait davantage dans sa vie. (Nous sommes tous deux attristés par le retour de cet empêcheur de plaisir qui l'admoneste, même en plein succès, pour ne pas avoir encore mieux réussi.)

Peu après son retour chez elle, Ginny m'a envoyé une lettre porteuse de nouvelles dramatiques :

[…] Quand je suis rentrée, Karl et moi étions de nouveau comme des étrangers. […] Il m'a ignorée, et je me suis sentie comme une enfant ignorée par son père. Karl réussissait à me priver de piscine, de sorties, de toutes sortes d'activités. S'il ne voulait pas faire quelque chose, on n'y allait pas. J'ai fini par le prendre entre quatre yeux et lui dire que nous ne nous entendions plus du tout. Il m'a répondu : « Je sais. Je veux qu'on arrête tout. » Je n'ai pas protesté, cette fois, et, le lendemain (il y a deux jours), Karl avait déménagé. […]

Aucun de nous ne rejette la faute sur l'autre. Peut-être n'avions-nous aucun avenir. C'est le deuxième jour, et j'ai un creux au ventre, mais mon esprit se porte mieux. Je n'ai pas l'intention de m'effondrer. Je me sens juste terriblement triste et incrédule. Au début, j'ai pensé retourner tout de suite en Californie, mais je préfère garder les pieds sur terre et tenter de vivre ma vie seule, indépendante, pour savoir que j'en suis capable et ne plus jamais en avoir peur. Je vais rester ici aussi long-temps que je le peux. Karl dit que je l'ai épuisé. Je le crois. Je le sens. […] Je veux être saine et forte, je veux me battre pour m'en sortir. Je deviens plus perspicace. Quand arrivent mes pires moments, quand je désespère, j'ai la conviction que ça finira bien par passer et qu'on ne meurt pas de douleur. (Quelle phrase pathétique !) Je pleure. Même si ça ne mène nulle part, du moins c'est quelque chose et, comme vous le savez, je suis partiale, concernant les larmes. Si la situation devient insupportable, j'irai voir un médecin qui me prescrira du Valium, mais je suis une intégriste dès qu'il s'agit de tranquillisants. La nuit dernière, j'ai bien dormi et je me suis réveillée triste, mais pas vraiment effrayée.

Je sais que j'arriverai à m'en sortir, ici, et je vais chercher du travail. Je ne me voile pas la face, je sais que les quelques prochaines semaines seront lentes et douloureuses. Je ne cesse d'oublier puis de me souvenir, incapable de croire que Karl ne sera plus là. Nous ne nous sommes pas séparés avec colère, juste avec tristesse.

Elle a beau ne pas me l'avoir demandé, j'ai néanmoins fourré quelques éléments psychothérapeutiques dans une enveloppe que je lui ai envoyée par retour de courrier.

Chère Ginny,

Quel choc ! Bien que non sans prémonition de ma part aussi. Je me suis senti mal en pensant combien vous deviez souffrir en ce moment – qui durera les mois qui viennent. Je ne me sens pourtant pas tout à fait mal, car je soupçonne, grâce à votre lettre, que vous ne l'êtes pas vraiment vous-même. Je crois que, si Karl a été capable de mettre fin à votre relation, et apparemment si vite, ça signifie qu'il le faisait dans sa tête depuis longtemps, et je ne pense pas que de telles décisions puissent se prendre sans que l'autre personne s'en doute au préalable, ce qui a conduit pour vous à une sorte d'engourdissement global, réduisant votre capacité à évoluer au fil de ces mois. Tout ce que je peux faire pour vous aider (ce que vous ne me demandez pas, je le sais) est de vous rappeler

*que ce dans quoi vous êtes plongée finira par passer.
Après le choc et le sentiment de panique, je soupçonne
qu'il y aura une période de deuil et un sentiment de
vide, de néant. Peut-être même (Dieu vous en garde !)
éprouverez-vous de la colère. Mais ce processus ne prend
en général pas plus de trois ou quatre mois ; après quoi,
je pense que vous en ressortirez plus forte que jamais.*

*Je suis très impressionné par la force que vous semblez
mobiliser en ce moment. S'il y a quoi que ce soit que
je puisse faire pour vous aider pendant cette période,
dites-le-moi.*

Avec la vision étroite du chirurgien convaincu que
son opération a réussi, quel que soit le sort du patient,
j'étais certain que sa lettre était pleine de force. La
rupture avec Karl n'était pas synonyme d'échec : le
succès thérapeutique était distinct de la réussite de son
couple avec Karl (même si j'avais moi-même nourri
cette illusion erronée pendant nos premières séances
conjointes). De plus, Ginny avait joué un rôle dans la
rupture finale, même s'il n'était pas aussi actif qu'elle
l'aurait aimé. Il est assez fréquent que, lorsqu'un
membre d'un couple change et l'autre non, l'équilibre
de leur relation soit modifié au point de devenir impossible ; il est possible que Ginny ait dépassé Karl, ou
du moins qu'elle ait pris conscience qu'à cause des
jugements que Karl portait sur elle, leur relation lui
nuisait ; il est possible qu'envisageant maintenant la
possibilité de vivre sans Karl, elle lui ait donné implicitement la permission de la quitter. Ne lui avait-il pas
souvent laissé entendre qu'il voulait partir ? S'il ne le
faisait pas, c'était qu'il craignait de culpabiliser, certain

qu'elle allait s'effondrer, ce qui était le ciment le moins satisfaisant de leur union. Peut-être Karl l'avait-il sentie de plus en plus forte. Peut-être s'étaient-ils désormais tous deux libérés et pouvaient-ils agir sans contrainte dans leur propre intérêt.

Mon optimisme a été confirmé. J'ai appris, grâce à des conversations téléphoniques dans les quatre mois qui ont suivi, qu'elle réagissait merveilleusement bien. Elle a pleuré cette perte, elle a pansé ses blessures, puis elle a ouvert sa porte et elle est sortie affronter le monde. Elle a trouvé de nouveaux amis et un travail à temps plein comme écrivain pour une fondation littéraire, elle continue à écrire pour elle, elle a eu des rendez-vous galants – ce qui a conduit assez vite à trouver quelqu'un avec qui elle développe peu à peu une relation profonde et tendre. Elle est satisfaite et très à l'aise avec lui, en partie grâce à son caractère – il ne porte pas de jugements, il est gentil et attentionné – et, j'imagine, en partie grâce à sa propre force et à sa capacité accrue à communiquer, à faire confiance et à aimer.

Le moment où ce livre a le plus risqué de ne pas être publié est arrivé lorsque j'ai demandé à un collègue, un psychanalyste freudien pour lequel j'ai un profond respect, de lire le manuscrit. Au bout d'une trentaine de pages, il a déclaré : « C'est ce que Wilhelm Reich appelait une "situation chaotique", où le thérapeute dit au patient tout ce qui lui passe par la tête. » Heureusement, d'autres collègues ont fait une lecture plus favorable et m'ont suffisamment rassuré pour que je m'autorise à publier ce livre sans en modifier le texte. Pourtant, en relisant le manuscrit, je comprends que certaines de mes actions peuvent sembler capricieuses, alors qu'elles dissimulent le fait que toute la thérapie s'est déroulée dans le cadre d'un système conceptuel généreux mais rigoureux, que je vais décrire dans les pages qui suivent. Je vais également expliquer les principes thérapeutiques qui ont guidé mon comportement.

Qu'on se souvienne tout d'abord de la situation avant le début de notre travail en tête à tête. Ginny est arrivée en psychothérapie individuelle en traînant derrière elle un chapelet de thérapeutes découragés et défaits. J'avais des leçons à en tirer, des erreurs à éviter. Elle avait frustré deux psychiatres très compétents à orientation psychanalytique, qui avaient entrepris de l'inciter à l'introspection, de clarifier le passé, de modifier la relation avec ses parents qui l'empêchait de grandir, d'interpréter ses rêves, de comprendre et de réduire l'influence de son inconscient sur sa vie éveillée. Un bioénergéticien avait tenté sans succès de l'atteindre et de la changer par le biais de sa musculature corporelle ; il avait suggéré une relaxation musculaire, de nouvelles méthodes de respiration et de soulagement des tensions par le vomissement. Elle avait fréquenté et dupé certains des meilleurs spécialistes des thérapies de groupe, qui n'avaient pas hésité à utiliser les dernières méthodes de confrontation : marathons sans interruption pendant vingt-quatre, voire quarante-huit heures, destinés à éroder la résistance par pur épuisement physique ; expériences nudistes pour encourager une révélation totale de soi ; psychodrames accompagnés de musique d'ambiance et mises en scène spectaculaires pour lui permettre de faire dans le groupe ce que jamais elle n'oserait envisager dans la vie réelle ; « karaté psychologique » pour la pousser à éprouver et à exprimer de la colère par toute une gamme de techniques visant à provoquer la rage, y compris des agressions physiques ; utilisation de vibromasseur dans le but de surmonter sa gêne sexuelle et d'aboutir à un orgasme vaginal.

Elle avait fermement résisté à tous nos efforts, ceux de mes collègues de la thérapie de groupe et les miens, pendant un an et demi, nous conduisant à décider que, hélas, continuer n'avait guère de sens. Pendant tout ce temps, ses sentiments positifs à mon égard n'avaient pas faibli, ni sa foi en ma capacité à l'aider. Il faut avouer que, jusque-là, ce transfert positif avait plutôt été un frein qu'un atout dans la thérapie de Ginny.

Afin d'expliquer ce dernier point, je dois établir une distinction entre les bénéfices primaires et les gratifications secondaires en psychothérapie. Le patient entre en psychothérapie pour soulager ses souffrances. Ce soulagement – ainsi que le nécessaire changement de personnalité qui l'accompagne – constitue le bénéfice primaire, la raison d'être de la psychothérapie. Il est fréquent pourtant que le patient tire une forte gratification du fait même d'être en thérapie ; il peut aimer la sollicitude incessante, l'attention qu'on prête à chacune de ses pensées, la présence rassurante du thérapeute omniscient et protecteur, le caractère suspendu, à part, de la thérapie, durant laquelle aucune décision importante ne doit se faire. Il est assez fréquent que les gratifications secondaires soient si précieuses que le souhait de rester en thérapie devient plus puissant que le souhait d'être guéri.

Tel était le cas de Ginny. Elle venait dans le groupe non pas pour évoluer, mais pour être avec moi ; si elle parlait, ce n'était pas pour travailler à ses problèmes ; c'était pour obtenir mon approbation. Comme nous l'avons appris dans ses comptes rendus, elle ne faisait pas partie du groupe, mais du public, et elle m'applaudissait tandis que je tentais de sauver les autres patients. Les cothérapeutes ainsi que les autres patients ont souvent eu le sentiment que Ginny demeurerait malade pour moi, puisque aller mieux signifiait dire au revoir. Elle est donc restée suspendue dans un grand désert, refusant de guérir par peur de me perdre, mais refusant aussi d'aller trop mal, par peur que, déçu, je ne la repousse.

Comment transformer ce transfert en quelque chose de positif ? Il devait certainement y avoir un moyen d'exploiter, au service de sa propre évolution, la foi inébranlable et parfois irrationnelle que Ginny avait en moi. Puisque Ginny avait déménagé dans une autre ville, comment s'y prendre avec les limites structurelles qui rendaient impossible l'organisation de séances plus d'une fois par semaine ?

Pour résumer, j'envisageais d'axer la thérapie presque entièrement autour de notre relation. J'espérais nous orienter, autant que c'était humainement possible, sur ce qui se passait entre Ginny et moi dans le moment présent. Notre territoire spatio-temporel devait être l'ici et maintenant, et j'avais prévu de décourager toute excursion qui s'en écarterait. Nous allions donc interagir intensivement, analyser notre interaction et répéter la séquence aussi longtemps que nous serions ensemble. Assez simple, mais comment cela pourrait-il conduire à un changement thérapeutique ? Je justifie cette approche par l'application de la « théorie interpersonnelle ».

En résumé, cette théorie institue que tous les désordres psychologiques (à condition qu'ils ne soient pas causés par quelque blessure physique du cerveau) proviennent de troubles dans les relations interpersonnelles. Les gens font appel à un psychothérapeute pour diverses raisons (dépression, phobie, anxiété, timidité, impuissance, etc.), mais derrière ces raisons, et dans tous les cas, on trouve une incapacité à établir des relations satisfaisantes et durables. Ces difficultés ont leur origine très loin dans le passé, dans les premières relations avec les parents. Lorsque de nouvelles manières de construire une relation sont mises en place, celles-ci viennent colorer les relations ultérieures avec les frères et sœurs, les camarades, les enseignants, les copains, les amants, les époux, les enfants. La psychiatrie devient alors l'étude des relations interpersonnelles ; la psychothérapie, leur correction ; la guérison thérapeutique, la capacité à avoir une relation appropriée aux autres plutôt que de la fonder sur quelque besoin personnel pressant, inconscient. Si les origines des schémas de comportement inadaptés remontent au passé, la correction de ces distorsions ne peut se produire que dans le présent, et nulle part mieux que dans la relation présente la plus immédiate : celle qui se noue entre le patient et le thérapeute.

Il faut ajouter un autre présupposé de base pour aider à comprendre comment la relation thérapeute-patient peut modifier des schémas interpersonnels mal adaptés. Le thérapeute compte sur le fait que le patient, à condition qu'il soit placé dans une atmosphère de confiance libre, montrera bientôt dans sa relation avec le thérapeute ses principales difficultés interpersonnelles. Si le patient est arrogant, vaniteux, effacé, profondément soupçonneux, séducteur, exploiteur, aliéné, effrayé par l'enfermement, méprisant ou n'importe quel autre des innombrables schémas caractériels de relation à l'autre, il sera ainsi dans sa relation au thérapeute. La séance et la scène thérapeutique deviennent un microcosme social. Inutile de connaître l'histoire, inutile de demander de décrire un comportement interpersonnel. Tôt ou tard, tout le registre du comportement émotionnel est mis à nu dans le cabinet, tant sous les yeux du thérapeute que de ceux du patient.

Dès le comportement interpersonnel du patient dévoilé sur la scène du cabinet, le thérapeute entreprend par divers moyens d'aider le patient à s'observer. La concentration sur l'instant présent dans la relation thérapeute-patient présente donc deux aspects : tout d'abord, il y a une expérience vécue, car le patient et son thérapeute sont mêlés dans une étreinte paradoxale, à la fois artificielle et très profondément authentique. Puis le thérapeute, avec autant de tact que possible, déplace le cadre de sorte que le patient et lui deviennent les observateurs de la pièce qu'ils jouent. Il y a donc un enchaînement permanent entre représentation émotionnelle et réflexion sur celle-ci. Ces deux étapes sont aussi essentielles l'une que l'autre. Cette mise en œuvre sans la réflexion n'est qu'une expérience émotionnelle de plus, et ces expériences, nous les vivons quotidiennement sans qu'en résulte un changement. D'un autre côté, la réflexion sans l'émotion devient un exercice intellectuel vide. Nous avons tous en tête des patients, momies iatrogènes, tellement attachés à l'introspection et à la conscience de soi que toute activité spontanée est devenue impossible.

Une fois cette boucle de réflexion sur soi mise en place, et dès lors que le patient est capable d'être témoin de son propre comportement, le thérapeute l'aide à prendre conscience des conséquences de ses actions, à la fois sur lui et sur les autres. Alors commence le processus crucial de la thérapie ; le patient doit, tôt ou tard, se demander : « Est-ce que je suis satisfait de mon comportement ? Est-ce que je souhaite continuer à être cette personne ? » Tout cheminement, peu importe la thérapie, finit par conduire à ce point de prise de décision, et le patient et le thérapeute doivent s'y attarder jusqu'à ce qu'arrive l'énergie fondamentale qui va changer le processus : la *volonté*. Toutes les piètres tentatives que nous mettons en œuvre visent à hâter le développement de cette *volonté*. En général, nous luttons face aux forces de la contre-volonté, en tentant de démontrer que les dangers anticipés d'un comportement différent sont pures chimères. La plupart du temps, nos efforts sont pourtant stériles et indirects ; nous recourons le plus souvent à des rituels, saluons les progrès ou grinçons des dents dans l'attente de cette *volonté* qui émergera de la vaste obscurité dans laquelle elle se complaît.

L'édifice thérapeutique que j'ai décrit possède une poutre de soutien supplémentaire sans laquelle toute la structure s'effondrerait. Les changements qui se produisent dans le sanctuaire intérieur de la thérapie doivent se généraliser. La thérapie est une répétition ; le patient doit être capable de transférer ses nouveaux comportements acquis avec le thérapeute dans le monde extérieur, avec les gens qui comptent vraiment dans sa vie. Sinon, s'il ne parvient pas à changer en dehors du cabinet, il n'aura fait qu'apprendre comment exister agréablement en tant que patient et restera en analyse pour une période indéterminée.

Le programme que je viens de présenter sent le laboratoire expérimental à plein nez. Jamais la psychothérapie ne démontre une efficacité aussi rigoureuse. Ce doit être une expérience profondément humaine, et rien de vital ne peut sortir d'une procédure mécanique dénuée d'humanité. Rien donc d'aussi net. Il se trouve que la thérapie est en fait moins guindée, moins simpliste, plus spontanée que le programme ne le laisse entendre. Le thérapeute ne sait pas toujours ce qu'il fait ; il arrive que règnent confusion et chaos ; les étapes ne sont pas toujours clairement démarquées et sont rarement séquentielles. La psychothérapie est une cyclothérapie, le thérapeute et le patient gravissant ensemble un escalier en colimaçon raide, aux marches branlantes.

Après avoir passé brièvement en revue ces éléments de base de la psychothérapie interpersonnelle, il serait sans doute bon de décrire mon impression initiale concernant la pathologie interpersonnelle de Ginny et la manière dont j'espérais l'aider. Le comportement interpersonnel de Ginny était fondé sur l'effacement. Il y a, après tout, bien des manières d'approcher les autres : certaines personnes aspirent à la domination, d'autres aux acclamations ou au respect, d'autres à la liberté et à la fuite. Ginny était en quête d'un élément qui l'emportait sur tout le reste : l'amour, à n'importe quel prix.

Sa position interpersonnelle fondamentale avait des conséquences à la fois sur sa vie intérieure et sur son comportement extérieur. Cette posture dictait ce qu'elle cultivait en elle et ce qu'elle étouffait, ce qu'elle craignait et ce qu'elle aimait, ce qui l'emplissait de fierté et ce qui l'écrasait de honte : en réalité, elle cultivait tout ce qui, à son avis, la rendait, aux yeux des autres, plus aimable. Elle privilégiait donc ses qualités d'hôtesse, son humour distrayant, sa générosité, son altruisme. Elle étouffait les traits qui allaient à l'encontre de cette image idéalisée de bonté : ses droits étaient rarement reconnus, et moins encore respectés – ils étaient sacrifiés sur l'autel de l'effacement de soi. La rage, l'avidité, l'affirmation de soi, l'indépendance et ses propres désirs étaient considérés comme des saboteurs du régime de l'amour – et donc tous exilés dans les régions les plus reculées de son esprit. Ces traits ne refaisaient surface que dans des flashs impulsifs, inopinés ou, déguisés, dans des fantasmes et des rêves.

Plus que tout, elle redoutait la perte de l'amour et vivait dans la terreur de déplaire ; elle réagissait par la panique face à la menace de perdre l'amour de Karl, une panique non sans rapport avec celle d'un jeune enfant privé des soins des personnes nécessaires à sa survie biologique. Et la dose d'amour qu'elle recevait n'était jamais suffisante. Jamais elle ne cessait de s'efforcer de faire mieux, d'être plus altruiste, plus agréable. Elle ne s'autorisait aucun plaisir personnel ; si elle écrivait bien, prenait du plaisir dans les relations sexuelles, ou simplement jouissait du luxe d'un rare bien-être, son autre moi pénitent intervenait sous forme antagoniste, par la culpabilité (prolongée par une paralysie) pour avoir écrit de manière frivole ou trop brève, le sentiment de ridicule ou la timidité qui l'empêchait d'atteindre l'orgasme, ou d'autres accusations de paresse pour gâcher son bien-être.

La pathologie interpersonnelle de Ginny était loin d'être subtile. Quand j'ai commencé à travailler avec elle, j'étais parfaitement conscient de ces schémas et de leurs conséquences sur son développement. Au début de la thérapie, j'ai tenté de lui communiquer mes observations. Je souhaitais dire deux choses : 1. Votre quête frénétique d'amour est irrationnelle ; c'est une séquelle figée d'un comportement ancien transporté dans le présent et mal adapté à votre vie d'adulte. Votre panique à l'idée d'être privée d'amour appartient sans aucun doute à votre petite enfance, et elle est tout aussi irrationnelle ; vous êtes capable de survivre sans étouffer ce qui vous nourrit. 2. Non seulement votre demande est irrationnelle, mais elle est tragiquement porteuse de défaite. Vous ne pouvez en aucun cas vous assurer un amour adulte par l'intermédiaire d'une terreur et d'un effacement enfantins. Afin de s'assurer que leurs filles trouveraient un mari, les parents chinois les rendaient infirmes en leur bandant les pieds dès l'enfance. Vous vous infligez une violence encore pire : vous étouffez la personne que vous pourriez devenir, vous condamnez presque toute votre personne à une mort prématurée. Vous souffrez de vos efforts quotidiens et de vos petits échecs et, sous tout cela, il y a une souffrance plus grande encore, parce que vous savez ce que vous vous infligez.

Mais les mots ne suffisent pas à exprimer tout cela. Il faudrait que je le répète de nombreuses fois et de bien des manières, à travers le lien de la thérapie.

J'avais prévu de nouer un lien très étroit avec Ginny, de l'encourager à refaire, dans sa relation avec moi, l'expérience de ces besoins anciens et irrationnels : son sentiment d'impuissance et de nécessité qu'on prenne soin d'elle, sa peur que je ne lui retire mon amour, sa certitude qu'elle pourrait me garder en se sacrifiant et en s'immolant, sa conviction que je l'abandonnerais si elle entrait dans l'âge adulte. J'espérais que nous pourrions périodiquement prendre du recul pour que Ginny non seulement comprenne ses modes relationnels vis-à-vis de moi, mais également mesure à quel point ils la limitent et l'handicapent.

Une fois que notre relation serait puissamment installée, et que le processus de réflexion aurait été entamé, je comptais démontrer qu'elle était capable d'établir une relation plus riche et plus adulte avec moi. Je nourrissais l'espoir que Ginny serait, à mesure que la thérapie avancerait, de plus en plus insatisfaite de la hiérarchie actuelle de ses besoins, et qu'elle ne montrerait donc pas seulement un vague désir de changement, mais qu'elle envisagerait le changement comme une véritable possibilité. Je prévoyais nombre de tactiques, mais ma stratégie de base serait de m'opposer, de toutes les manières concevables, à ces forces qui étouffaient sa volonté. Il était rare, par exemple, que Ginny s'autorise à laisser s'exprimer sa volonté, car elle craignait un accès de rage, une perte de contrôle, des représailles massives et finalement un rejet. Je soutenais et j'encourageais donc tout semblant d'expression d'une affirmation de soi, dans l'espoir de lui démontrer à quel point ses craintes étaient le fruit de son imagination, et de l'aider à transformer davantage de ses souhaits en actions, par sa propre volonté.

L'idée d'écrire et d'échanger des comptes rendus me plaisait pour diverses raisons. Tout d'abord, très simplement, cela forçait Ginny à écrire, ce qu'elle n'arrivait plus à faire depuis des mois. Je savais que j'entrais en terrain miné et qu'il faudrait avancer avec prudence et accompagner la Ginny qui s'accomplissait profondément dans l'écriture. Je devais éviter de considérer Ginny comme un précieux réceptacle, indispensable mais inerte, recelant un don aussi prodigieux que convoité.

Cette formule avait d'autres implications, plus subtiles. La plus importante : elle renforçait la boucle de réflexion sur soi dans l'objectif de l'ici et maintenant. Il n'y avait pas pénurie d'émotions entre Ginny et moi ; trop souvent, je me retrouvais même à tenter de me libérer du tourbillon d'émotions qui nous encerclait. Le fait d'écrire et de lire les comptes rendus permettait à Ginny (et à moi-même) de prendre du recul, de la sortir de l'œil du cyclone, d'observer et de comprendre son comportement vis-à-vis de moi.

Ces notes nous servaient aussi à tous les deux d'exercice de révélation de soi. J'espérais que Ginny, dans le calme et la solitude, exprimerait certains éléments étouffés en elle. De mon côté, j'avais l'intention de me révéler dans les notes plus que ma vanité personnelle et ma réserve professionnelle ne me le permettaient pendant les séances. J'espérais sincèrement qu'en voyant mes travers, mes doutes, mes étonnements et mes découragements, Ginny ajusterait la surévaluation irréaliste qu'elle avait faite de moi. Sa manière enfantine de lever les yeux vers moi avec émerveillement me laissait souvent seul et dépassé. Je voulais qu'elle en prenne conscience. Je voulais qu'elle s'extraie de ce ravin antédiluvien et me regarde, me touche, me parle face à face. Si elle y parvenait et si je réussissais à lui montrer que j'étais en mesure d'accepter et même d'accueillir volontiers ces traits qu'elle étouffait, alors que, l'un après l'autre, ils pointaient leur tête timide entre les mailles de son effacement, je savais que je pourrais l'aider à évoluer.

Lire les textes que Ginny et moi avons écrits est une expérience enrichissante pour moi. Peu de psychothérapeutes ont l'occasion de revenir, à la lumière d'une double perspective, sur le cours d'une thérapie, et en autant de détails si précieux. Je suis frappé par plusieurs choses. Commençons par l'évident écart de perspective entre Ginny et moi. Il arrive souvent qu'elle mette en lumière une partie de la séance et moi une autre. J'insiste sur une interprétation avec détermination et fierté ; pour me faire plaisir et pour hâter notre passage à des zones plus importantes, elle « accepte » l'interprétation. Afin de nous autoriser à passer à des « zones de travail », je lui fais plaisir à mon tour en cédant à sa demande silencieuse de conseils, de suggestions, d'exhortations et d'admonestations. J'ai beau me féliciter de mes clarifications réfléchies, de mes phrases magistrales qui donnent sens à nombre de faits disparates et d'apparence sans lien, elle le reconnaît rarement. Elle n'apprécie pas mes efforts et semble profiter plutôt d'actions simples, humaines : que je rie à sa satire, que je remarque ses vêtements, que je remarque ses formes, que je la taquine pendant nos jeux de rôle.

L'analogie avec Rosencrantz et Guildenstern est importante pour moi. Le secret ultime, terrible, du thérapeute, c'est qu'il est un protagoniste dans nombre de drames variés et simultanés. De plus, bien qu'il prétende se livrer totalement, ce secret, il ne peut totalement le partager. Cela démontre très clairement certains des paradoxes de la psychothérapie. Notre relation est profonde et authentique, mais emballée dans un sac stérile. Nous nous retrouvons pour les cinquante minutes qui nous sont allouées, et Ginny reçoit des notes venant du service administratif de la clinique. Même pièce, mêmes fauteuils, même position. Nous avons une grande importance l'un pour l'autre, et pourtant nous sommes des personnages en répéti-tion générale. Nous avons des sentiments profonds l'un pour l'autre, et pourtant nous disparaissons quand la séance se termine et, dès lors que notre « travail » sera achevé, nous sommes voués à ne jamais nous revoir.

J'ai beau vouloir faire sentir à Ginny que nous tendons vers l'égalité, les comptes rendus trahissent notre apartheid fondamental : je parle de Ginny à la troisième personne, alors qu'elle s'adresse à moi à la deuxième personne. Même dans les coins les plus sûrs des notes, jamais je ne révèle à Ginny ce que j'attends qu'elle me révèle. Sa visite à mon cabinet est souvent le moment central de sa semaine ; de mon côté, elle n'est que l'un des multiples patients que je vois ce jour-là.

En général, je lui consacre beaucoup de ma personne, mais il m'arrive aussi parfois de ne pouvoir tirer le rideau sur les drames qui se sont déroulés plus tôt avec d'autres. J'attends qu'elle m'intègre à elle, qu'elle me permette de tout signifier pour elle, alors que, la plupart du temps, je la cantonne à un compartiment de mon esprit. Comment peut-il en être autrement ? Tout donner à chacun, chaque fois, c'est ne rien laisser pour soi.

Les comptes rendus ont beau refléter un grand nombre et une grande variété de techniques, je n'ai pas l'impression que ma thérapie avec Ginny eût une orientation technique. Je dirais plutôt que ces techniques étaient tout à fait mouvantes et employées au service du projet conceptuel que j'ai présenté. Alors que je renâcle à l'idée d'une dissection, je vais tenter de le démontrer en passant en revue certains de ces moyens et parler des raisons qui m'ont amené à les utiliser.

La principale technique employée se divise en trois parties : interprétative, existentielle et enfin activante (ce qui signifie exhortation, conseil, confession et absolution, jeux de rôle, modification comportementale et entraînement à l'affirmation de soi).

L'interprétation est un moyen d'illumination. Nos comportements sont souvent régis par des forces qui ne sont pas de l'ordre du conscient. On pourrait d'ailleurs proposer comme définition de la maladie mentale que nous sommes malades pour autant que nous sommes guidés par des forces inconscientes. La psychothérapie telle que je l'ai pratiquée avec Ginny tentait de mettre en lumière l'ombre, de reprendre le dessus psychologiquement sur l'inconscient grâce aux projecteurs de l'intellect. Le processus d'interprétation était une étape de l'effort visant à aider Ginny à assumer un contrôle actif de sa vie.

Quel genre d'interprétation ai-je fait ? Quel éclairage est-ce que j'espérais ? On pense en général que l'interprétation, le discernement et l'inconscient ne s'appliquent qu'à un passé lointain. De fait, jusqu'à la fin de ses jours, Freud a soutenu qu'une thérapie réussie visait à la reconstruction complète de tous les événements de la vie ayant formé l'appareil mental et résidant désormais dans l'inconscient. Pourtant, dans mon travail avec Ginny, je n'ai pas tenté de déterrer le passé. Au contraire, je l'ai évité obstinément, allant même jusqu'à accuser Ginny de « résistance », quand elle essayait de regarder en arrière.

Je souhaitais aider Ginny à explorer son inconscient (pour autant qu'il la bridait) plutôt que d'explorer le passé. Y a-t-il là une contradiction ? Le meilleur moyen d'expliquer ma position est de vous demander de considérer l'inconscient comme une abstraction consistant en deux coordonnées : une verticale, temporelle, et l'autre horizontale, anhistorique, qui la croise. La coordonnée temporelle verticale remonte dans le passé et se prolonge dans l'avenir. Cette coordonnée temporelle, historique, est un concept familier. Rares sont ceux qui réfuteront que les événements du passé lointain, oubliés ou réprimés depuis longtemps, ont contribué à formater notre personnalité et contrôlent nombre de nos comportements. Il est moins évident de considérer que nous sommes aussi contrôlés par le « pas encore », soit notre capacité d'anticipation. Les buts que nous nous sommes fixés, la manière dont nous voulons que les autres nous considèrent, la perspective de la mort, l'aspiration à laisser une marque, les formes diverses et symboliques que prend notre désir d'immortalité, tout cela peut échapper à la conscience et influencer profondément notre vie intérieure et notre comportement au-dehors. Nous sommes autant attirés par l'aimant de l'avenir que nous sommes bousculés par la poussée déterminante du passé.

C'était la coordonnée anhistorique de l'inconscient qui constituait la cible particulière de mes efforts d'interprétation. À tout moment dans le temps, nous trouvons différentes forces qui opèrent hors de notre conscience et qui influencent nos actions et nos sentiments. Ginny, par exemple, était influencée par les diktats de son image idéalisée, par une fierté qui déterminait quels traits elle allait mettre en valeur et quels étaient ceux qu'elle étoufferait, par son besoin irrationnel d'amour et sa conviction que l'affirmation de soi était à la fois mauvaise et dangereuse. On pourrait bien sûr objecter que ces forces anhistoriques inconscientes sont modelées par des expériences passées, mais ce n'est pas le sujet ici ; la causalité temporelle est un cadre de référence non essentiel dans l'entreprise thérapeutique. Les fouilles archéologiques, la quête des origines et de la cause primordiale sont des problèmes qui intriguent, sans pour autant être synonymes de processus thérapeutique. Ces thématiques ne sont pas pour autant hors de propos. La soif intellectuelle sert souvent à soutenir l'intérêt et l'enthousiasme du thérapeute et se combine à la dépendance du patient pour nouer un lien thérapeutique retenant patient et thérapeute ensemble assez longtemps pour que le principal instigateur du changement – la relation thérapeutique – se mette en marche. J'aime aussi fouiller dans le passé mais, dès que je le pouvais, je tentais de brider ma curiosité et de me concentrer sur les forces multicouches, conscientes et inconscientes, du présent immédiat qui régissaient les pensées, les sentiments et le comportement de Ginny.

Une grande partie de mon travail d'interprétation évoluait autour du « transfert » – la relation irréaliste de Ginny avec moi. Au lieu donc de discuter dans l'abstrait de ses réticences à défendre ses droits ou de son incapacité à exprimer de la colère, j'ai essayé d'examiner ces difficultés telles qu'elles se manifestaient dans ses rapports avec moi. J'ai donc harcelé Ginny en lui demandant d'exprimer tous ses sentiments à mon égard.

Ma première tâche a été de l'aider à reconnaître ses sentiments, puis à les exprimer. Au début, je devais me fier à des indices indirects et en déduire ce qu'elle ressentait. Elle niait tout sentiment fort pour moi, alors qu'elle ne dormait pas ou qu'elle était envahie par la panique la nuit qui précédait nos séances, qu'elle était prise de migraines immédiatement avant ou après celles-ci, ou qu'elle vomissait en venant à mon cabinet. Quand j'annulais une séance, elle n'avait aucune réaction. Pourtant, elle ratait la suivante ou arrivait en retard, quand elle ne sombrait pas dans la déprime afin de me punir pour mon manque d'égards (en provoquant en moi un sentiment de culpabilité). Cependant, la veine la plus riche à creuser se trouvait dans sa vie fantasmée : Karl la quittait, je l'emmenais dans une cabane au fond des bois, je prenais soin d'elle, je la nourrissais, je lui envoyais mon assistant pour un interlude sexuel. Elle avait beau désavouer ces fantasmes, ils étaient bien les siens ; ils reflétaient donc ses souhaits. Je les creusais autant que je pouvais. Je l'interrogeais continuellement sur ses sentiments à mon égard et l'encourageais à prendre des risques. Pourquoi ne pouvait-elle pas être en désaccord avec moi ? me poser n'importe quelle question ? s'habiller joliment pour moi ? exprimer la déception que je lui inspirais ? se mettre en colère ? me dire qu'elle m'aimait bien ? Je reviendrai plus tard sur la valeur du changement de comportement en tant que technique primaire ; dans ce cas précis, j'utilisais le comportement au service de l'approche interprétative. En l'encourageant à oser faire les choses qu'elle redoutait, j'espérais lui faire prendre conscience des forces inconscientes effrayantes et antagonistes en elle.

J'ai donc interprété, d'abord pour l'aider à retrouver des sentiments qui avaient été relégués dans le non-conscient, puis pour lui suggérer des schémas généraux habituels qu'on retrouvait dans son comportement, enfin pour l'aider à comprendre les présupposés inconscients qui dictaient ces schémas.

Le discernement, même l'illumination parfaite, ne suffit pourtant pas. Le changement nécessite un acte volontaire. J'ai décrit plus tôt la nature fuyante de la volonté et suggéré que, d'une manière ou d'une autre, toutes les techniques visent en fin de compte à éveiller et à renforcer la volonté – la volonté de changer, d'évoluer et, plus important encore pour Ginny, la volonté de *vouloir*. Les techniques interprétatives sont souvent le premier pas vers la ressuscitation de la volonté. On commence par simplement aider le patient à prendre conscience du courant qui le pousse dans la vie. Un objet inerte – un arbre, une maison, un silo, un thérapeute – est nécessaire pour aider le pèlerin à savoir qu'il avance, et ce, sans qu'il le veuille. Une fois que le patient a pris conscience de l'existence de ce courant, on l'aide à jauger, par la raison, la force et la nature de celui-ci. Il mesure alors à la fois l'absence de volonté et la forme des forces qui l'ont remplacée. La connaissance permet le premier pas vers la maîtrise.

Les techniques existentielles et d'activation fournissent d'autres moyens de développement et de maturation de la volonté : les techniques existentielles posent les bases du processus de germination, tandis que les techniques d'activation forcent le bourgeon à monter dès qu'il a percé la terre.

Considérons d'abord les techniques « existentielles ». Je place le terme entre guillemets et le choisis avec réticence, parce qu'il est devenu abscons et vulgarisé. Comme un vieux maillet ou une toge trop portée, il est utilisé pour conférer de la dignité à n'importe quelle occasion. En conséquence, je serai aussi précis que possible. Par « existentiel », je fais référence à une approche qui est vitaliste, non déterministe et non réductionniste, une approche qui se concentre sur ce qui est « donné » dans l'existence, sur la contingence, sur la signification et le but dans la vie, sur la volonté, sur la décision et le choix, sur l'engagement, sur le changement dans l'attitude et les perspectives de la vie. Ce n'est pas là un ensemble standard de techniques existentielles, bien au contraire ; cette approche est, par définition, d'orientation non technique. Pour servir cette argumentation, je considère que toute méthode utilisée pour guider Ginny vers ces questions est une « technique existentielle ».

Quel est le rapport entre cette approche et le développement de la « volonté » ? Il est peu clair et peu systématique, je l'admets. Par mes efforts d'interprétation, j'ai essayé de retirer les obstacles à la volonté et d'affaiblir la cohorte des contre-volontés. Je ne peux décrire ces efforts d'une manière nette et méthodique. Il suffira de dire que j'ai fertilisé le terrain, que j'étais un accoucheur de la volonté.

J'ai tenté diverses méthodes pour inciter, pousser, forcer Ginny à reconnaître les coups de pied intra-utérins de sa volonté à naître. Je n'ai cessé de lui rappeler qu'elle avait à la fois son mot à dire et un choix à faire quant à son avenir, qu'elle était responsable d'elle-même. Elle accordait aux autres le droit de la définir, mais même cet acte était de nouveau un choix ; elle n'était pas aussi impuissante qu'elle le croyait. Je l'ai défiée de mille façons sur ses perspectives de vie. Ne pouvait-elle pas envisager ses dilemmes actuels d'un autre point de vue, considérer en perspective le long écheveau de sa vie ? Quelle était son essence et qu'est-ce qui était périphérique – ces choses très extrinsèques, qui allaient passer, qu'à la fin de sa vie elle ne verrait plus que comme des miettes sans importance ? Qu'en était-il de l'avenir ? Voulait-elle, dans dix ans, vivre encore une relation sans amour, vide, simplement parce qu'elle n'osait pas parler, n'osait pas agir ? Et qu'en était-il de la mort ? Est-ce que reconnaître la mort ne pouvait pas la libérer des courants causés par des événements fondamentalement sans importance ? Je la réprimandais ou je tentais de la choquer. « Qu'aimeriez-vous qu'on écrive sur votre pierre tombale ? "Ci-gît Ginny, recalée par M. Flood à son cours d'anglais langue étrangère ?" Est-ce un fait suffisamment important dans votre vie ? Dans le cas contraire, élevez-vous au-dessus de ça, faites quelque chose pour que ça change ! »... « Les événements quotidiens consument votre énergie, submergent votre volonté seulement quand vous perdez la vision de votre vie dans son ensemble, seulement quand vous croyez que ces événements sont centraux pour votre être »... « Vous pouvez les vaincre grâce à vos propres ressources : vous saurez, si vous vous écoutez et si vous regardez assez profondément en vous, que les événements et les réactions qu'ils provoquent sont vos vassaux – vous avez élaboré le monde, l'événement, la réaction, qui ne peuvent exister qu'à travers vous »... « Rien ne se produit, rien n'existe avant que vous ne le créiez. Comment un événement ou une personne peuvent-ils donc vous contrôler ? »... « Vous les avez fait naître par votre volonté, vous leur avez donné du pouvoir sur vous et vous pouvez leur retirer ce pouvoir, parce qu'il vous appartient. Tout émane de votre volonté. »

Parfois, je me faisais l'effet de la pluie tombant sur le toit de tôle de Ginny. Je voulais couler à flots, l'asperger de tous côtés. Je voulais la tremper jusqu'aux os, mais je devais me retenir, car le seul résultat serait sans doute une anastomose neutre dans laquelle le corps de Ginny obéirait à tous mes souhaits. Un cercle vicieux psychothérapeutique. Faites ce que je suggère, mais faites-le pour vous !

En plus des techniques « interprétative » et « existentielle », il y a une troisième facette majeure de ma thérapie avec Ginny. Je l'appelle « activation », mais je pourrais lui donner d'autres noms : modification comportementale, manipulation comportementale, désensibilisation, déconditionnement, etc. Cela ne me plaît guère de décrire cette partie de mon travail. Je n'en suis pas très fier, car elle est avilissante pour moi et pour Ginny, qui perd sa dignité et devient une chose, un objet dont je dois modifier le comportement. Pourtant, certains prétendront que tout changement qui s'est produit en Ginny est intervenu principalement et précisément grâce à ces techniques, et les arguments qu'ils avancent sont puissants.

Je me dois donc de continuer ces explications. La thérapie comportementale est une approche du changement par l'apprentissage théorique. Plus mécaniste encore qu'une psychanalyse fondée sur l'instinct et les réflexes, celle-ci met de côté le discernement, la connaissance de soi, la conscience, la signification – bref, tout ce qui constitue l'essence même de notre humanité. Ce qui ne veut pas dire que ce soit une conspiration explicite visant à déshumaniser l'être ; c'est seulement que ces facteurs, selon les comportementalistes, sont en grande partie sans lien avec le processus de changement. L'apprentissage prend place dans l'être humain, comme dans les ordres inférieurs de vie, selon des processus explicites et quantifiables

– par le conditionnement opérant (récompense, extinction, punition de certains comportements), par l'émulation (imitation de personnes de valeur), par les principes du conditionnement classique (approximation temporelle ou spatiale d'un stimulus critique et d'un stimulus indifférent), par une séquence active d'essais et d'erreurs qui contrastent avec une attitude passive ou réceptive. La psychopathologie, processus de désapprentissage des anciens comportements et d'apprentissage de nouveaux, utilise les doctrines rigoureuses de la théorie de l'apprentissage.

Pour clarifier les choses, penchons-nous brièvement sur l'application de ces techniques. Imaginons un patient qui souffre d'un problème unique et bien circonscrit : une peur irrationnelle des serpents. Imaginons aussi que, depuis qu'il est jardinier, ce symptôme est handicapant, ce qui motive fortement le patient à se soigner. Un thérapeute comportemental exposera peu à peu le patient au stimulus redouté, dans des situations où il n'éprouvera qu'une anxiété minimale, une profonde détente musculaire bloquant le développement d'une angoisse intense. Donc, en état de profonde relaxation musculaire, induit par exemple par l'hypnose, le patient s'imaginera en train de regarder la photo d'un serpent, puis peut-être de voir un serpent à trente mètres de lui, puis plus près. Il pourra réellement regarder une photo de serpent et finalement, au bout de plusieurs heures, sera à même de voir un vrai serpent, voire d'en prendre un entre ses mains. Le principe est simple : exposer le patient à des stimuli qu'il trouvait dangereux dans des situations à tel point sans danger que la réaction de peur est inhibée. Répété plusieurs fois, l'enchaînement stimulus-peur est mis à mal, et le nouvel apprentissage est transféré du laboratoire ou du cabinet du thérapeute au cadre familier. L'imitation est aussi encouragée : le thérapeute pourra par exemple se promener avec le patient dans une prairie de hautes herbes, ou manipuler un serpent en sa présence.

J'ai simplifié la procédure à dessein en utilisant un paradigme élémentaire qui, dans le but poursuivi ici, est suffisant. Voyons maintenant comment les techniques de la théorie d'apprentissage se sont insinuées dans mon travail avec Ginny. Elle avait une peur irrationnelle (une phobie, dirons-nous) de l'affirmation de soi. Elle agissait comme si une calamité suivrait toute demande de respect de ses droits ou toute expression de colère, voire l'humble énonciation d'une opinion contraire.

Notre laboratoire d'essai allait être notre relation, mon but étant d'établir un environnement où régnaient une telle confiance, une telle acceptation de l'autre sans jugement et un tel respect mutuel que la crainte de la réaction de l'autre serait inhibée. Puis j'ai peu à peu exposé Ginny au stimulus redouté et je l'ai encouragée, pas à pas, à s'affirmer avec moi. L'encouragement a pris bien des formes – réprimande, conseil, persuasion, imitation, exigence et ultimatum. Parfois c'était ludique, je jouais l'oncle bienveillant ou la mouche du coche socratique, un directeur sévère et rigoureux ou un entraîneur de boxe qui encourageait Ginny au coin du ring. Je voulais qu'elle émerge, qu'elle me pose des questions, qu'elle réclame que je sois à l'heure, qu'elle m'impose un rendez-vous qui lui conviendrait mieux, qu'elle me contredise, qu'elle se mette en colère contre moi, qu'elle exprime sa déception. Je lui soufflais les mots à dire : « Si j'étais vous, j'éprouverais… » Quand elle s'affirmait – ce qui n'est venu que lentement et faiblement –, je m'en réjouissais (je « renforçais » pour ainsi dire son attitude).

Le transfert de savoir, c'est-à-dire la généralisation de ce nouveau comportement, était la tâche suivante. Je l'ai incitée à faire de petits pas avec Karl. J'ai joué le rôle de Karl avec elle, nous avons répété des mini-confrontations imaginaires, allant de problèmes comme l'argent de l'essence à leur vie sexuelle en passant par les tâches ménagères. Chacune de ces avancées dans l'affirmation de soi était renforcée non seulement par mon acceptation, mais également par le fait que l'holocauste imaginé ne se produisait pas. Chaque acte dangereux était dès lors rendu moins redoutable dans la sécurité conférée par mon cabinet. Arriva le grand pas vers l'extérieur : nos réunions avec Karl. Potentiellement dangereux, bien sûr, mais moins risqué que la même confrontation hors de ma présence.

Il y eut, naturellement, bien plus de modifications de comportement chez Ginny que la seule désensibilisation à la peur de s'affirmer. Elle n'était pas « elle-même » dans bien d'autres domaines. Elle ne pouvait être acceptée ou aimée qu'en jouant la comédie, elle ne pouvait exprimer son désespoir, sa peur de la désintégration, son profond sentiment de vide, son amour. Je l'ai encouragée à tout me montrer. « Faites l'essai sur moi, lui disais-je, écoutez-vous, acceptez-vous dans votre totalité ! »

Vue sous cet angle, la thérapie était une répétition générale soigneusement préparée, un exercice de « déterrorisation », une entreprise qui visait à me rendre superflu, à m'éteindre. Ce fut pourtant plus encore. La thérapie a dépassé ses limites. Le cadre s'est dissous, les acteurs se sont mis à exister dans leur rôle, le metteur en scène refusant d'être cantonné au rôle d'ingénieur comportemental.

J'en ai assez dit sur la théorie étayant ma thérapie avec Ginny, sur les techniques et leurs justifications. J'ai repoussé ce moment autant que j'ai pu : qu'en était-il du thérapeute, moi, l'autre acteur de ce drame ? Dans mon cabinet, je me cache derrière mon titre, mes interprétations, ma barbe freudienne, mon regard pénétrant et mon obligeance ; dans ce livre, je me réfugie derrière mes explications, mon vocabulaire, mes efforts de restitution et de style. Cette fois, je suis allé trop loin. Si je ne sors pas volontairement de mon sanctuaire, il est presque certain que mes collègues analystes qui me liront m'en rejetteront.

Le problème, bien sûr, est celui du contre-transfert. Pendant tout le temps que nous avons passé ensemble, Ginny avait souvent avec moi une relation irrationnelle, fondée sur une appréciation irréaliste de ma personne, mais qu'en était-il de ma relation avec elle ? Jusqu'à quel point mes besoins inconscients ou à peine conscients ont-ils dicté ma façon de voir Ginny et mon comportement vis-à-vis d'elle ?

Il ne serait pas tout à fait juste de dire qu'elle était la patiente et moi le thérapeute. J'ai découvert cette situation à l'occasion d'une année sabbatique passée à Londres. Ayant tout mon temps, j'avais prévu de travailler sur un livre à propos de la thérapie de groupe. De toute évidence, cela ne me suffisait pas. Je déprimais, je m'agitais et, finalement, je me suis arrangé pour traiter deux patients – plus pour mon bien que pour le leur. Qui était le patient et qui était le thérapeute ? J'étais plus bouleversé qu'eux, et je crois avoir davantage qu'eux bénéficié de notre travail ensemble.

Pendant plus de quinze ans, j'ai été le soignant ; la thérapie est devenue le cœur de l'image que j'ai de moi-même, elle me donne un sens, une occupation, de la fierté et une maîtrise. Ginny m'a donc aidé en me permettant de l'aider, mais je devais beaucoup, beaucoup l'aider. J'étais Pygmalion, elle était ma Galatée. Je devais la transformer, réussir où d'autres avaient échoué, et y parvenir en un temps étonnamment bref. (Même si ce livre peut sembler long, soixante heures, c'est finalement assez court, pour une thérapie.) Le faiseur de miracles. Oui, je détiens ce pouvoir et mon besoin de l'utiliser n'est pas resté silencieux pendant la thérapie : je n'ai cessé de la pousser, j'ai exprimé ma frustration quand elle se reposait sur ses acquis ou les consolidait, ne serait-ce que quelques heures. J'improvisais constamment. « Guérissez ! lui criais-je. Guérissez pour vous, pas pour votre mère ou pour Karl – pour vous-même ! » À demi-mot, j'ajoutais : « Guérissez pour moi, aidez-moi à être le guérisseur, le sauveur, le faiseur de miracles ! » M'entendait-elle ? Je m'entendais rarement moi-même.

La thérapie agissait pour moi d'une manière plus évidente encore : je suis devenu Ginny et je me suis traité. Elle était l'écrivain que j'avais toujours voulu être. Le plaisir que je tirais de la lecture de ses phrases transcendait la pure appréciation esthétique. Je luttais pour la débloquer, pour me débloquer. Combien de fois, pendant la thérapie, suis-je revenu vingt-cinq ans en arrière, en cours d'anglais au lycée, quand la vieille Miss Davis lisait mes dissertations à haute voix, vers mes cahiers de poésies, vers mon roman à la Thomas Wolfe jamais achevé ! Ginny me ramenait à une patte d'oie, à ce chemin que je n'avais jamais osé emprunter seul, et dans lequel je tentais de m'engager, à travers elle. « Si seulement Ginny était plus profonde ! me disais-je. Pourquoi se contente-t-elle de satires et de parodies ? Qu'est-ce que je n'aurais pas fait, avec un tel talent ! » M'entendait-elle ?

Le guérisseur-patient, le sauveur, le Pygmalion, le faiseur de miracles, le grand écrivain virtuel… Oui, j'étais tout ça. Et plus encore. Ginny a développé un fort transfert positif vis-à-vis de moi. Elle surévaluait ma sagesse, ma puissance. Elle est tombée amoureuse de moi. J'ai tenté de travailler sur ce transfert, de travailler « avec » lui, de le résoudre de façon bénéfique pour la thérapie, mais j'ai pour cela aussi dû travailler contre moi. Je *veux* paraître sage et tout-puissant. Il est important que les belles femmes tombent amoureuses de moi. Dans mon cabinet, nous étions donc plusieurs patients assis dans plusieurs fauteuils. Je luttais contre certains de mes côtés, et j'essayais de me lier avec des côtés de Ginny dans notre conflit contre d'autres côtés. Je devais en permanence me surveiller. Combien de fois me suis-je demandé en silence : « Était-ce pour moi ou pour Ginny ? » Je me suis souvent surpris en train de m'engager, ou sur le point de m'engager, dans une entreprise de séduction qui ne pouvait qu'encourager l'exaltation de Ginny à mon égard. Combien de fois ai-je oublié d'ouvrir mon troisième œil, le vigilant ?

Notre relation est devenue bien plus importante pour Ginny que pour moi. C'est le cas avec tous mes patients. Comment pourrait-il en être autrement ? Un patient n'a qu'un thérapeute, tandis que le thérapeute a plusieurs patients. Ginny rêvait donc de moi, tenait des dialogues imaginaires avec moi pendant la semaine (comme j'ai pu, par le passé, converser avec mon analyste, Olive Smith – rendons hommage à sa loyauté !), ou se figurait ma présence à côté d'elle, à l'observer. Malgré tout, il y a plus que ça. Il est vrai que Ginny ne s'insinuait que rarement dans mes fantasmes. Je ne pensais pas à elle entre les séances. Jamais je n'ai rêvé d'elle. Je savais pourtant qu'elle m'était très chère. Je crois que je ne m'autorisais pas à reconnaître mes sentiments, si bien que je dois les déduire maladroitement. Les indices ne manquaient pourtant pas : ma jalousie envers Karl, ma déception quand Ginny ratait une séance, ma sensation de confort et d'intimité quand nous étions ensemble (ces deux mots me semblent particulièrement justes – pas vraiment sexuels, mais pas éthérés non plus). Ces indices étaient évidents. Je m'attendais à ces réactions et je les reconnaissais, mais je ne m'attendais pas à l'éruption de mes sentiments, quand mon épouse s'est invitée dans ma relation avec Ginny. J'ai décrit plus tôt notre réunion en Californie après la fin de la thérapie. Quand Ginny est partie, j'étais morose, vaguement irrité, et j'ai refusé en grommelant l'invitation de ma femme à parler de cette rencontre. Bien que mes conversations téléphoniques avec Ginny aient été le plus souvent brèves et d'un professionnalisme parfait, la présence de ma femme quand je lui parlais me mettait invariablement mal à l'aise. Il est bien possible que, de façon ambivalente, j'aie intégré ma femme à notre relation pour m'aider à lutter contre ce contre-transfert. (Je n'en suis pourtant pas certain ; ma femme m'assiste le plus souvent dans la révision de mes écrits.) Toutes ces réactions deviennent explicables si l'on conclut que j'étais plongé dans une aventure lourdement sublimée avec Ginny.

Le transfert positif de Ginny a compliqué la thérapie de bien des façons. J'ai déjà dit qu'elle avait entrepris une thérapie en grande partie pour être avec moi. Et puisque aller mieux signifiait faire ses adieux, elle est restée suspendue dans un grand désert, pas assez bien pour me perdre, pas assez mal pour que, dépité, je la repousse. Et moi ? Qu'ai-je fait pour éviter que Ginny ne me quitte ? Ce livre m'a assuré que jamais Ginny ne deviendra un nom à demi oublié dans un vieux registre de rendez-vous, ou une voix perdue sur une bande magnétique. Dans un sens à la fois réel et symbolique, nous avons vaincu l'achèvement de la thérapie. Serait-ce aller trop loin que de dire que notre aventure a été consommée par l'intermédiaire de ce travail commun ?

Ajoutons donc Lothario, l'amant, à la liste guérisseur-patient, Pygmalion, écrivain à naître ; et il resterait bien d'autres noms que je ne peux ou ne veux pas trouver. Le contre-transfert a toujours été présent, comme un voile à travers lequel je tentais de voir Ginny. J'ai fait de mon mieux pour le retirer, j'ai scruté à travers lui, j'ai refusé, autant que possible, de l'autoriser à obscurcir notre travail. Je sais que je n'ai pas toujours réussi, sans être pour autant convaincu que, si j'avais assujetti mes besoins, mes souhaits et mon côté irrationnel, cela aurait aidé à la thérapie. D'une manière stupéfiante, le contre-transfert a fourni beaucoup de l'énergie et de l'humanité qui ont fait le succès de notre entreprise.

Cette thérapie a-t-elle d'ailleurs été couronnée de succès ? Ginny a-t-elle subi un changement substantiel ? Ou bien sommes-nous en présence d'une « guérison par transfert », où elle a simplement appris comment se comporter différemment, comment apaiser et amadouer le Dr Yalom désormais intériorisé ? Le lecteur devra en décider. Je suis pour ma part satisfait de notre travail, et optimiste sur les progrès de Ginny. Il demeure bien des zones de conflit, que je considère avec équanimité. J'ai renoncé depuis longtemps à l'idée qu'en tant que thérapeute je dois tout faire. L'important est que Ginny se sente désormais débloquée et qu'elle puisse adopter une attitude différente face à de nouvelles expériences. J'ai confiance en sa capacité à continuer à évoluer, et cette opinion est confortée par des éléments tout à fait objectifs.

Sa relation avec Karl est terminée, ce qui, rétrospectivement, était une mutation positive pour eux deux ; elle écrit vraiment et, pour la première fois, s'épanouit dans un emploi de responsable, ce qui représente un véritable défi (à mille lieues de ses postes de surveillante de terrains de jeu ou d'agent de la circulation), elle s'est constitué un cercle social et s'est engagée dans une relation plus satisfaisante avec un autre homme. Adieu les paniques nocturnes, les rêves de désintégration si effrayants, les migraines, la timidité paralysante et l'effacement.

Mais j'aurais été comblé même sans ces mesures observables. J'ai du mal à l'avouer, puisque j'ai consacré une si grande partie de ma carrière professionnelle à une étude rigoureuse et quantifiable des aboutissements en psychothérapie. Le paradoxe est difficile à assumer, mais plus difficile encore à éluder. L'« art » de la psychothérapie porte pour moi une double signification : « art » par le fait que mener une thérapie nécessite l'utilisation de facultés intuitives qui ne dérivent pas de principes scientifiques, et « art » dans le sens keatsien, car la thérapie établit sa propre vérité qui transcende l'analyse objective. La vérité est une beauté dont Ginny et moi avons fait l'expérience. Nous nous connaissions, nous étions profondément touchés l'un par l'autre et nous partagions des moments splendides et uniques.

1er mars 1974

Postface de Ginny

Karl et moi avions déménagé depuis huit mois et nous n'avions que rarement réussi à partager des moments ensemble, à nous sentir proches. Mon monde rétrécissait. Karl partait en voyage, il se liait avec ses collègues. Il menait sa vie loin de la maison. À l'occasion, nos sensibilités communes, notre sens de l'humour et un dîner nous plaçaient côte à côte. Mais même quand nous passions du temps ensemble, nous nous retrouvions comme des objets inanimés – une chaise et un canapé l'un à côté de l'autre dans un hall d'hôtel. Je devais interroger Karl pour qu'il me raconte des bribes de sa journée ou me donne quoi que ce soit. Il gardait même pour lui les merveilles de ses absences – les longues histoires de ses jours. Ma conversation, à moi, semblait venir de nulle part, puisque je n'étais allée nulle part. J'avais peur, certaine que Karl sentait la tension et la claustrophobie de mon esprit.

J'ai accepté que mes limites se rétrécissent, mais j'ai commencé à éprouver un sentiment de répétition, revivant encore et toujours la même partie de ma vie, que je n'arrivais plus à dépasser. J'aimais Karl d'un demi-amour ; il se perdait dans notre oubli. Je n'avais pas de véritable emploi, juste des piges. Mon rythme de travail était saisonnier – quand il faisait chaud et que je me sentais belle, je façonnais ma vie sur le modèle de celle d'un enfant. Les journées sont devenues très vite bizarres, avant de s'allonger, menaçantes. Je menais une vie miniature de rêveuse endurcie et j'avais honte, je m'excusais sans cesse, parce que la circonférence de ma vie avait à peu près la taille d'un pion. Les heures du jour et de la nuit s'additionnaient contre moi.

J'éprouvais une aversion pour la vie. Moi qui avais pour habitude, le matin, de me réveiller vite, en forme, comme un garçon de ferme, je rêvais, ces derniers temps, de traire mon propre sang, et que tout cesse enfin. Ce muret que je devais constamment escalader était devenu un rempart. Je me rebellais par le fantasme de l'écriture, exclue, existant fortement seule – comme d'habitude. Avec le silence, je construisais des dialogues incessants. J'entraînais ma vie amoureuse avec Karl dans des rêves plus accomplis, la nuit, tandis qu'il dormait. Pendant ce temps, ma vraie voix dans le vrai monde, elle, diminuait.

Comment Karl et moi avions-nous pu aussi vite abandonner toute forme de séduction entre nous ? Il n'y avait aucune anticipation. On s'ennuie ou on se prépare à partir, en écoutant le tic-tac d'une horloge. Karl et moi étions des mécanismes d'horloge.

Ça n'avait pas toujours été le cas. Le Dr Yalom nous avait donné générosité et espoir l'un envers l'autre. En Californie, quand Karl tentait de survivre sans véritable emploi sur son CV ni aucune fiche de paie digne de ce nom, je me souviens qu'il se réfugiait à la bibliothèque pour essayer d'écrire. Un jour, il avait rapporté une page énumérant ses buts et, petite victoire, me l'avait lue. Aucun but ne m'incluait, juste quelques rares sous-entendus. Cela après plus de deux ans de vie commune. Ça m'avait blessée et je lui en avais parlé. Je n'ai pour autant pas révélé ce que je pensais, alors même que ça coulait dans mes larmes. Je voulais faire partie de sa vie, pas être réduite à quelques années de loyer en commun. Je voulais, avec lui, une vie qui changerait d'un jour à l'autre, qu'il construirait, qui lui tiendrait à cœur. Ne pas être un simple sac de voyage auquel il pensait chaque fois qu'il déménageait.

Comme nous avions connu ce moment de partage – lui ses écrits, moi mes angoisses –, il m'avait promis que de beaux jours nous attendaient et, à l'époque, pour être honnête, je croyais que c'était vrai. Enfin, bon. Une bonne soirée nous attendait. Nous avons joué aux dés sur la feutrine verte et j'ai gagné. Nous avons fait un second dîner vers 23 h 30, fumé et mangé un yaourt en écoutant de la musique. Nous nous sommes caressés longtemps et nous avons fait l'amour. J'ai réagi et je me suis sentie merveilleusement bien, mais je suis restée de ce côté de la conscience et ça m'a attristée – un euphémisme. Je n'ai jamais réussi à m'évader de ce schéma, à me détendre, à oublier. Je me disais, amère : « Que tu es ridicule ! Toujours à cheval sur ton muret ! » Mon esprit était trop lourd et refusait de céder à mon corps. Je ne pouvais m'échapper de ce train-train qui hantait mon esprit, quand nous faisions l'amour mais aussi au quotidien quand j'étais avec Karl.

Chaque jour était pire que le précédent, insidieusement. Je n'avais alloué aucun moment à une destination ou une activité qui engagerait mes seules capacités.

J'avais choisi d'être un lézard dans le désert, caressé par le soleil. Sauf que je possédais des nerfs et un cerveau humains. Je vivais, ironique et acerbe. Mes paniques du soir ont augmenté, sans plus se dissiper au matin. Mon esprit était en pleine débandade dans mon corps. Je gisais, impuissante, sacrifiée, jusqu'à ce que le lever du jour rassemble mes sentiments ; mon corps meurtri pouvait alors repartir. Je suis sûre que ces paniques étaient causées par l'absence d'espoir entre Karl et moi, et la certitude que je serais bientôt abandonnée. (Si je tentais de rappeler le Dr Yalom à ma mémoire, à ces moments-là, c'était uniquement pour l'inscrire dans mon mélodrame.)

Karl a fini si apathique qu'il ne portait même plus de jugements sur moi. Il m'ignorait. Je pouvais lui répondre sur des questions pratiques, m'affirmer de cette manière, grâce au Dr Yalom, mais je ne pouvais exiger des sentiments de sa part. Je ne pouvais l'interroger sur notre avenir. Comme le dit John Prine : « Une question n'en est pas vraiment une, si vous connaissez la réponse. » J'avais peur. Karl sentait ma tension. Je crois que c'était la vérité qui me rendait tellement tendue. Lorsque vous êtes seul à tenir à une relation, c'est à vous de procurer toutes les émotions. Il n'y avait aucune intuition de la part de Karl. Je fabriquais des chansons d'amour et des invitations. Des nuits entières d'intimité et de ratages. Il n'y avait que la nuit que je parvenais à être proche de lui, quand il était endormi.

Je crois que j'ai perdu de vue la personne que Karl est devenu, surtout qu'il ne laissait guère d'indices dans la maison que j'aurais pu suivre. Tous menaient au travail. Il n'y avait aucune générosité. Karl savait parfaitement s'amuser, bavarder, jouer et exprimer sa sensibilité latente, mais il réduisait terriblement l'éventail. En fait, il l'avait même refermé. Je suivais, interdisant à mes désirs de le gêner, de l'influencer, d'éclairer notre vie.

J'étais comme un enfant en manque d'affection face à son beau-père cruel. La situation tournait au ridicule. Je me levais pour lui céder mon siège, alors qu'il allait de toute manière descendre au prochain arrêt.

Finalement, désespérée, incapable de consommer mon propre silence et la résistance partagée de notre vie, j'ai dit : « Karl, rien ne va plus entre nous. » Et il a répondu : « Je sais. Je veux partir. Je suis épuisé. » Le lendemain soir, il n'était plus là.

Karl est parti. Ce n'est pourtant pas ce jour que ma vie s'est effondrée, juste l'écho qui me revenait d'un long cri de séparation. J'ai peur. Je n'arrive plus à manger et je ne parierais pas sur le sommeil qui m'attend. J'ai tenté de faire la distinction entre ce qui n'était que besoin, dépendance et commodités, et ce qu'étaient mes vrais sentiments et mon amour pour Karl. La radio, la télé, les livres – siens ; plus le silence, l'envie, le rire, les balades en voiture. J'essaie d'éprouver, à propos de Karl, un sentiment honnête, qui ne soit pas brouillé par les nécessités et la nausée. J'essaie de donner vie à ma propre présence.

Je ressens toujours la présence de Karl, son nom m'est encore familier, pas très lointain, pas parti depuis des années. Je le cite encore et je connais ses désirs et ses réticences. Je suis certaine que Karl était bien plus qu'une simple habitude. On peut jouer du piano par habitude. J'y ai renoncé au bout de sept ans – sans larmes. Le départ de Karl est parfois une sensation, parfois une réalité. La plupart du temps, c'est une tristesse qui existe sans être née d'un fait particulier. Après plusieurs semaines, pourtant, je me suis rendu compte que je ne pouvais pas rester à ce niveau de perception parfaite d'une situation douloureuse. Karl ne reviendra pas, ça ne se produira pas, même si je le souhaite, bien peu judicieusement, de tout mon être (nous savons à quel point c'est un tout). Je m'éveille de rêves où Karl se moquait de moi, et je le perds dans mon sommeil comme je l'ai perdu dans ma vie.

Cette période de tristesse et d'humidité est devenue insupportable. Je savais que j'avais deux options si je laissais la timidité et la condamnation me retenir dans cet état de rejet : un désir de mort et une mort certaine. Ma bouche n'était plus un sourire mais une fissure. Pour résumer, je m'infligeais à moi-même trop de ma peine, et c'était bien mérité – le retour de bâton d'années d'immobilisme, dans l'attente, menant la vie propre d'une ardoise vide. Le départ de Karl était trop lié au vide et à l'ennui de ma vie pour être tout à fait pur et sentimental.

J'ai peur parce que je me suis toujours sentie ensevelie jusqu'au bout des doigts, invisible, alors qu'autour de moi les gens m'aidaient, riaient avec moi. J'ai donc toujours dû me positionner de telle manière qu'on ne puisse pas m'éviter, et l'un des rôles de Karl dans ma vie était de me permettre de rencontrer des gens.

Je pourrais vivre de déchets et d'idées intelligentes. J'avais l'impression, si je m'écartais de ma position, si j'étais juste quelques degrés à côté du courant, que personne ne me reverrait jamais, que je gâcherais toute possibilité d'un hasard heureux.

Il est vrai que j'ai laissé ma vie au hasard, jusqu'à présent. J'ai frissonné de peur et évolué dans mes transes. Si la vie doit m'accompagner, je ne dois pas attendre, je dois sortir et vivre. Il semble que j'ai consacré toute mon énergie aux comptes rendus, attendant la prochaine coïncidence. (Coïncidence – un beau nom pour un cheval qui gagne de temps en temps, mais perd le plus souvent.) J'ai laissé mon âme défiler, regardant les autres agir.

Maintenant, c'est moi qui dois agir, me lancer dans une vie ouverte vers l'extérieur, ce qui est tout l'opposé de Ginny, comme dirait le Dr Yalom, une vie où je n'utilise pas de médiateurs pour me protéger du monde et m'y faire ma place, où je ne pars pas dans des rêves à la moindre chose que je fais, où je tente d'engager des conversations directes dans lesquelles mes problèmes irrésolus ne sont pas discrètement exploités pour me flageller et me rabaisser. Personne ne peut entrer dans mon esprit et en sortir une pensée, personne d'autre que moi.

Je me rends désormais compte du fossé qu'il y a entre « penser » et ce que j'ai fait spontanément depuis si longtemps : m'inquiéter. En m'inquiétant, je ne faisais que ressasser les mauvaises solutions. Penser a, au contraire, quelque chose de progressif, ça prend de l'ampleur. Je ne l'ai jamais fait. Fantasmer, c'est une pensée de nature morte, en sachant que vous ne mettrez pas vos visions à exécution. J'étais habituée à laisser d'autres se charger du côté pragmatique de la vie, tandis que je devenais le génie des digressions.

Aucun homme ne fera le serment de vivre avec mon osmose jusqu'à ce que la mort nous sépare. Je dois exister, prendre corps, sans quoi il n'y aura rien. Non, désormais, je dois avancer, téméraire, sans aucun chant magique, aucune coïncidence. Je suis juste ordinaire.

L'existence est devenue difficile. Plus de vie amoureuse pour l'adoucir. Pourtant, même en regard des normes des mélodrames les plus sirupeux, le temps du deuil était passé. Il m'arrivait de dire des trucs idiots, qui visaient à me consoler au lieu de me pousser à aller de l'avant : « Je ne verrai plus jamais Karl les yeux fermés, je ne le toucherai plus jamais dans son sommeil, au matin. » Si je devais continuer à pleurer et à chérir les souvenirs de Karl et de notre temps passé ensemble, je serais comme une ado qui réécoute sans cesse les tubes de l'année précédente.

J'ai occulté le dernier éclair qui m'aurait fait reconnaître que Karl ne reviendra jamais ; j'ai perdu trois centimètres des doux nuages qui entourent mon cerveau et lui évitent de voir parfaitement la détresse, mais aussi le bonheur. Les larmes de glacier, qui prendront des mois à s'écouler de mon esprit, sont toujours là, mais je les oublie. Je ne pleure plus guère. Je tente d'ignorer la nostalgie croissante de ces larmes.

Il y a davantage de silence et les rares larmes sont entourées de colère.

Douleur, j'ai appris à te connaître et je ne vais plus gâcher de mon temps précieux pour toi ! Que ce doit être décevant pour le Dr Yalom de m'entendre tempêter et délirer à la gloire des larmes et des cauchemars ! Je ne vais plus tenter de me définir par la douleur et les larmes. Je n'en ai plus besoin pour me rendre humaine. Je ne veux plus rentrer dans ce jeu-là.

Par ailleurs, tout au fond de moi, au-delà du sentiment désespéré d'abandon, il y a un sentiment de justesse – je souhaitais réellement que Karl et moi ne soyons plus ensemble, je voulais sortir de cette relation, je bouillais dans l'espoir qu'il prenne la décision, même si, comme d'habitude, une inertie sidérante, faite de pitié et de peur, me maintenait dans cette situation.

Chaque jour semble un peu plus long
L'amour est toujours un peu plus fort
Quoi que l'avenir nous réserve,
Aspires-tu jamais à mon amour ?

Je finirai bien par connaître un amour comme le tien[1].

Étrangement, j'en suis arrivée à mieux accepter la perte de Karl que la fin de ma thérapie avec le Dr Yalom, alors que je n'ai pourtant pas le sentiment de m'être vraiment investie. Je n'ai jamais tout à fait cru au moi émacié que je faisais entrer chaque semaine

---

1. « Everyday », de Norman Petty et Charles Hardin.

dans la vie du Dr Yalom. Je savais qu'au-dehors (dans le monde réel) je pouvais être vive, théâtrale, heureuse et amie de longue date de personnes merveilleuses qui croyaient en moi. J'avais aussi des conversations et des jours normaux, ou quasi normaux, avec Karl. Je ne voulais pourtant pas renoncer à cette partie de moi qui touchait le Dr Yalom, parce qu'il semblait que le peu que je disais dans le cabinet résonnait plus fort, proje-tait des échos plus profonds que les petites phrases et les blagues que je servais à l'extérieur. Je jouais souvent la morte, mais que je fusse idiote à mourir ou juste morte, je gardais une légèreté, un optimisme et un goût de la vie. Je le savais. Je n'ai jamais vraiment laissé la douleur m'atteindre.

Parfois, je jouais un rôle dans son cabinet, domp-tant mon esprit pour qu'il coïncide avec la séance. Je pouvais feindre l'indignation, mais jamais la colère. Pourtant, j'avais envie de creuser plus profondément et d'accéder à quelque chose de réel, quelque chose en moi qui pourrait être un début, pas simplement quelque chose que je traînais. Un geyser émotionnel plutôt que notre crachotement vaudevillesque, avec le Dr Yalom utilisant son hameçon psychiatrique et moi mes répliques timides pour baisser le rideau.

Mes comptes rendus eux aussi étaient parfois délibérément sombres et sérieux, ou négligés et légers. J'avais l'impression de ne disposer d'aucun autre vocabulaire que celui qui était déjà en moi. Je ne parvenais pas à atteindre les mots curatifs qu'il voulait lire. J'étais incapable de lui répondre avec son jargon clinique, de donner la réplique au psychiatre qu'il est. Chaque fois que le Dr Yalom m'a posé une question à des fins de guérison, je suis restée silencieuse ou, pire, je souriais bêtement. Parce que je savais à quel point il serait facile de recourir à mon ancien moi. Je voulais trouver quelque chose de nouveau, différent du stimulus des nerfs et des illusions qui m'habillaient.

Je ne me défendais pas. Dans un sens, je laissais d'autres écrire le scénario et je suivais, percevant bien des paroles, mais ne prononçant que de rares répliques. Une des questions les plus prévisibles du Dr Yalom était : « Qu'est-ce que vous aimez chez moi, chez Karl ou chez vous ? » Cette question était pour moi aussi lointaine que l'inverse : « Ginny, y a-t-il quelque chose que vous me reprochez ? »

Je savais qu'il tentait de m'attirer dans la réalité, et je suppose que je connaissais la réalité, mais elle n'avait aucun impact sur moi. Je ne supporte pas de regarder les gens de manière objective, même si je n'hésite pas à les écraser d'une métaphore. M'adapter et accepter me semble plus facile que juger. Je déteste mettre les gens à distance en les limitant à leur rôle – mère, père, psychiatre. Chacun a ses raisons propres et particulières d'être qui il est. Je crois que je pourrais tous les défendre, même à mes dépens, dans mon silence, parce que ça me fait plus mal encore de les rabaisser ou de les haïr.

Je crois avoir réussi quelque chose de personnel avec vous, docteur Yalom. Vous avez tenté de le mettre sur le compte de la thérapie, et j'ai été un peu soupçonneuse, voire, pire, sarcastique (ça demande moins d'énergie), quant à ce que vous me faisiez avaler, alors même que je me disais affamée.

Je crois qu'il y aura toujours une zone irréconciliable, un fossé dans la thérapie : nos buts étaient différents. Vous ne pouviez pas savoir ce que ça faisait d'être vide ou, inversement, furieusement vivante et inspirée. Quand j'ai été libre, je me suis rendu compte que mon but devrait être de rechercher cette sensation de chaleur, de recoins subconscients, de droiture. Les réponses que je donnais à vos questions directes souvent ne me ressemblaient pas. Je ne m'intéressais pas à une hiérarchie de questions et de réponses. Tout ce temps, je ne briguais pas tant le changement, mais un homme à qui je pourrais parler comme je le faisais avec vous, qui m'interrogerait et me comprendrait, qui aurait votre patience, et qui serait pourtant distinct de moi.

Docteur Yalom, vous m'avez toujours soutenue et encouragée. Vous tentiez de me sortir de la marée basse dans laquelle j'étais embourbée pour que je regagne le flot des choses. Je vous regardais, fascinée parfois, mais dès lors que vous n'étiez plus dans mon champ de vision, il n'y avait guère de courant. De nouveau, aujourd'hui, je vous attire près de moi, comme de petites vagues, et j'ai l'illusion de bouger, de ne plus être greffée à l'immobilisme du crépuscule ou à une empreinte dans le sable.

Je pense que toutes ces comparaisons, toutes ces métaphores que je vous jetais à la figure dans mes comptes rendus et au détour de nos conversations (il y en a eu tant) sont une chose, et j'en suis une autre.

Je les utilisais comme un voile, en attendant de pouvoir m'adresser à vous directement.

Je ne suis pas restée à me complaire dans mes souffrances. Peut-être n'ai-je pas les tripes pour me laisser tout à fait abattre. Ce moment n'existe que dans mes fantasmes. (Après toutes les prémonitions, tous les présages que je vous ai servis, concernant ce qui m'arriverait si j'étais abandonnée, peut-être que la moindre des choses aurait été en effet d'expirer.)

Pendant un mois, ma vie s'est faite dans la douleur et l'intimité mais, par la suite, ma résilience a repris le dessus et j'ai découvert que mes amis étaient toujours là. Il ne me manquait que la présence engourdissante de Karl et son malheur.

La moitié de la journée a déjà passé sans que j'éprouve d'angoisse. Grâce à des amis qui m'ont aidée, j'ai trouvé un emploi qui consiste à faire des recherches et à écrire. Ce n'est pas le salut, mais je suis payée et je peux maintenant cesser de faire des promesses que je ne peux pas tenir. J'ai toujours dilapidé mon argent sans jamais l'utiliser pour construire un avenir ou viser un but. Les gens sains semblent plus disposés à prendre le contrôle de leur vie, tandis que les gens renfermés comme moi lâchent prise.

Il faut que je change. Je sais le chemin qu'il me reste encore à parcourir. Les amitiés m'effraient quand je me rends compte que je ne peux être une simple présence, un esprit, toute ma vie. Mes amis disent qu'ils attendent davantage de moi. C'est le genre de messages que Karl m'a envoyés, sauf qu'il transparaît là plus d'amour et de générosité. Tous ces changements me font bien sûr grincer des dents, puisque les défis me paralysent. Je sais que je devrai faire mieux que quelques déclarations et des airs entraînants. Chaque tâche doit être repensée à un niveau humain. Mes meilleurs amis me disent de choisir mes mots et d'aborder les choses de manière plus chronologique, d'opérer des choix. Je dois, dans ma vie, faire le contraire de ce que Ginny ferait.

Non seulement j'ai cessé de souffrir mais, en dépit de ma résistance initiale, j'ai rencontré un autre homme. Je suis surprise que le passé se soit interrompu si rapidement. Il m'aime, il est attiré par moi, et je suis à tel point attirée par lui que je n'arrive pas à garder mes mains loin de son corps. Je me retrouve plus femme et moins gamine. Mon cerveau a, en partie, cessé de tout calculer, il est plus à l'aise avec les voix qu'avec les simples échos, les simples rêves que je lui offrais auparavant. Ma confiance se manifeste par des vagues de chaleur dans le ventre et une énergie constante. Peurs et craintes ont disparu. Peut-être se sont-elles transformées en ironie, ce qui est plus doux et moins plat. Quoi qu'il en soit, l'ironie est une bien piètre chose comparée aux belles journées que je vis.

De nombreux problèmes subsistent malgré tout. Je sais que ma vie dépend d'un certain sentiment de sécurité : avoir mon propre petit nid, un peu d'argent, mes nouveaux amis que je veux voir souvent et une meilleure amie si précieuse, plus proche et plus présente que mon ombre. Je suis par ailleurs toujours aussi désorganisée ; la table de la cuisine s'étend sur tout le sol, dans toute la pièce. Je me sens bien souvent dispersée, tant en ce qui concerne mon bazar qui jaillit des placards que les choses à faire.

Peut-être que ça tournera mal. Alors je pourrai me relever. Moi qui ne rapetissais qu'en reculant devant les problèmes et en vous assommant de mon silence, je veux réussir quelque chose de personnel dans ma vie, sans être dans la représentation. Mon esprit est vraiment détendu, comme si j'avais étudié le monde à travers une série de mirages, que j'ai tenté de vous décrire laborieusement, docteur Yalom. Désormais, quand je me creuse la tête pour exhumer des faits, je regrette de ne pas avoir essayé de parler davantage, de ne pas avoir osé dire des choses même moins pures, d'avoir choisi au lieu de cela d'attendre la phrase parfaite dont l'émotion serait à cent pour cent réelle.

Mon regard se perdait dans votre cabinet, errant de-ci, de-là, sans se poser. Je suis convaincue qu'aujourd'hui mon regard se poserait sur votre visage et que, de fait, je pourrai non seulement me voir, mais que je pourrai aussi vous parler clairement ou être silencieuse. Vous êtes le « vous » sous-entendu de ces pages.

Les morceaux d'hier sont désormais recollés. Ma douleur perdure – mais ma joie aussi.

Dans votre cabinet, j'enfilais les plaisanteries comme on fait défiler les perles amères d'un chapelet entre ses doigts. J'étais heureuse de votre simple compagnie, toujours naturelle et généreuse, mais j'avais peur de vivre comme le reste du monde. Je ne cherchais pas vraiment un cabinet de thérapeute, mais un petit nid rassurant ; j'ai tenté de vous entraîner dans mon hibernation et mon calme impuissant. Vous ne m'avez pas laissée hocher la tête et prétendre que je rêvais. En accomplissant votre œuvre, vous nous avez tous deux rendus à la vie.

Chaque fois que je me recroquevillais, vous me déployiez.

1er mars 1974

Table

Du même auteur :

Thérapie existentielle (1980), traduit par Laurence Richard, Galaade, 2008.

Inpatient Group Psychotherapy (1983), non traduit.

Le Bourreau de l'amour. Histoires de psychothérapie (1989), traduit par Anne Damour, Galaade, 2005.

Et Nietzsche a pleuré (1992), traduit par Clément Baude, Galaade, 2007.

Mensonges sur le divan (1996), traduit par Clément Baude, Galaade, 2006.

The Yalom Reader (1997), édité par Ben Yalom, non traduit.

La Malédiction du chat hongrois. Contes de psychothérapie (1999), traduit par Dominique Letellier, Galaade, 2008.

L'Art de la thérapie (2002), traduit par Anne Damour, Galaade, 2013.

The Theory and Practice of Group Psychotherapy (2005), 5e édition, non traduit.

La Méthode Schopenhauer (2005), traduit par Clément Baude, Galaade, 2005.

Le Jardin d'Épicure. Regarder le soleil en face (2008), traduit par Anne Damour, Galaade, 2009.

En plein cœur de la nuit (2011), traduit par Anne Damour, Galaade, 2010.

Le Problème Spinoza (2012), traduit par Sylvette Gleize, Galaade, 2011.

Créatures d'un jour (2015), traduit par Sylvette Gleize, Galaade, 2015.

Comment je suis devenu moi-même, traduit par Françoise Adelstein, Albin Michel, 2018.

Une question de mort et de vie, avec Marilyn Yalom, traduit par Philippe Blanchard, Albin Michel, 2021.